Pieter Heubach

Zur Problematik der Inklusion von Kindern und Jugendlichen mit Beeinträchtigungen im Sport, vor dem Hintergrund der Behindertenrechtskonvention

GRIN Verlag

Bibliografische Information der Deutschen Nationalbibliothek:

Die Deutsche Bibliothek verzeichnet diese Publikation in der Deutschen National-
bibliografie; detaillierte bibliografische Daten sind im Internet über http://dnb.d-
nb.de/ abrufbar.

Impressum:

Copyright © 2012 GRIN Verlag GmbH
Druck und Bindung: Books on Demand GmbH, Norderstedt Germany
ISBN: 978-3-656-40547-4

Dieses Buch bei GRIN:

http://www.grin.com/de/e-book/209215/zur-problematik-der-inklusion-von-kindern-
und-jugendlichen-mit-beeintraechtigungen

GRIN - Your knowledge has value

Der GRIN Verlag publiziert seit 1998 wissenschaftliche Arbeiten von Studenten, Hochschullehrern und anderen Akademikern als eBook und gedrucktes Buch. Die Verlagswebsite www.grin.com ist die ideale Plattform zur Veröffentlichung von Hausarbeiten, Abschlussarbeiten, wissenschaftlichen Aufsätzen, Dissertationen und Fachbüchern.

Besuchen Sie uns im Internet:

http://www.grin.com/

http://www.facebook.com/grincom

http://www.twitter.com/grin_com

Wissenschaftliche Hausarbeit

Zur Ersten Staatsprüfung für das Lehramt an

Regelschulen

im Fach:

Sport

Thema:

Zur Problematik der Inklusion von Kindern und Jugendlichen mit
Beeinträchtigungen im Sport, vor dem Hintergrund der
Behindertenrechtskonvention

vorgelegt von:

Heubach, Pieter

Erfurt, den 19.November 2012

VORWORT

<u>Ein Traum</u>

Wir leben in einer Gesellschaft, an der alle gleichberechtigt teilhaben

Kinder mit und ohne Behinderungen wachsen gemeinsam auf

Alle Kinder besuchen einen gemeinsamen Kindergarten und eine gemeinsame Schule

Lehrkräfte sind inkludiert ausgebildet

Lehrkräfte arbeiten gemeinsam mit spezialisiertem Personal

Niemand erhebt sich über einen anderen

Niemand grenzt andere aus

Es ist uninteressant, welche Hautfarbe einer hat

Menschen mit Behinderungen werden nicht komisch angesehen

Jeder wird als Individuum akzeptiert

Jeder wird individuell gefördert

Wenn uns ein Mensch mit geistiger Behinderung anspricht, reagieren wir ohne Angst und Vorbehalte

Wenn ein Volksfest gefeiert wird, feiern wir Seite an Seite mit allen Menschen

Sport verbindet, Sport hält gesund, Sport macht Freude

Sport treiben heißt gemeinsam trainieren, gemeinsam spielen, gemeinsam kämpfen,

aber auch gemeinsam feiern

Menschen mit Behinderungen sind Mitglieder in Sportvereinen für Menschen ohne Behinderungen

Menschen ohne Behinderungen sind Mitglieder in Sportvereinen für Menschen mit Behinderungen

Vereine sind auf inkludierten Sport ausgerichtet

Vereine suchen nach Lösungen und nicht nach Problemen für inkludierten Sport

Geräte und Umgebung für inkludierten Sport sind überall vorhanden

Geräte und Umgebung für inkludierten Sport werden von der gesamten Gesellschaft finanziert

Barrieren gibt es nicht, für keinen von uns, alle öffentlichen Gebäude, Automaten und Verkehrsmittel

sind frei zugänglich

Barrieren gibt es nicht, alle öffentlichen Texte und Formulare sind für jeden verständlich

Wir leben in einer Gesellschaft, an der alle gleichberechtigt teilhaben

INHALTSVERZEICHNIS

TABELLENVERZEICHNIS

ABBILDUNGSVERZEICHNIS

1 PROBLEMSTELLUNG

„Toleranz sollte eigentlich nur eine vorübergehende Gesinnung sein; sie muß zur Anerkennung führen. Dulden heißt beleidigen" (Goethe J.-W., Maxime und Reflexionen, 1833)

Dieses Zitat aus "Maximen und Reflexionen" von Johann Wolfgang Goethe soll verdeutlichen, was Inklusion bedeutet. Ungleichheit gibt es zur Genüge in jeder Gesellschaft. Das Ziel jedoch ist, die Verschiedenheit in der Gesellschaft anzuerkennen und gleichzeitig die Bedingung für eine gleichberechtigte Teilhabe aller zu erreichen. Das ist Inklusion.

Um diese Vision populärer zu machen, tourte die "Aktion Mensch" bis Anfang Oktober 2012 durch insgesamt 15 deutsche Städte. Das Projekt wurde nicht nur von zahlreichen Inklusionsexperten, Bürgermeistern und Ministern unterstützt. Auch Andreas Bourani, ein bekannter Musiker, beteiligte sich durch ehrenamtliches Engagement an der Aktion. Er trat im Rahmen der Tour dreimal auf und drehte während der sechs Wochen dauernden Städtetour auch das Musikvideo zu seinem Lied "Wunder". An diesem inkludierten Musikvideo wirkten über 1000 Menschen mit, es wurde in Gebärdensprache übersetzt, im Fernsehen ausgestrahlt und ist auf der Homepage von "Aktion Mensch" zu finden. Durch das Engagement vieler freiwilliger Helferinnen und Helfer konnte die Tour weitere 15.000 Unterstützer für die Idee der Inklusion gewinnen (vgl. Aktion Mensch, 2012a).

Auch Thüringen war ein Anlaufpunkt der Städtetour. In Erfurt nahmen 500 Zuschauer an dieser Aktion teil. Es stellte sich heraus, dass sich die Landeshauptstadt Thüringens bereits 2002 der "Erklärung Barcelona" und damit der Erklärung für eine barrierefreie Stadt anschloss. Jedoch wird seitens der Unterstützer dieser Erklärung eingestanden, dass es bis zu ihrer vollständigen Umsetzung noch ein weiter Weg sein wird. Besonders im Bereich Schule existieren noch große Hürden, die es zu überwinden gilt.

Inklusion beginnt in den Köpfen der Menschen und sollte daher in allen Orten, ob Großstadt oder Dorf, gefördert werden. Um den Gedanken der Inklusion auch im Bereich der Arbeit zu etablieren, startet die "Aktion Mensch" einen Wettbewerb, der es sich zum Ziel setzt, große und kleine Betriebe für einen inkludierten Weg zu gewinnen (vgl. Aktion Mensch, 2012b).

Mit dem Wissen, dass Inklusion noch nicht in allen Bereichen der Gesellschaft umgesetzt wird und auch noch nicht werden kann, setzt sich die vorliegende Arbeit mit dem Thema Inklusion im Sport auseinander. Ein Fokus liegt dabei auf der Betrachtung der Möglichkeiten zur Veränderung der sozialen Reaktion gegenüber Kindern und Jugendlichen (KuJ) mit Behinderung mithilfe von Sport. Es bietet sich an, gerade die Lebenswirklichkeit von KuJ zu betrachten, denn in dieser Lebensphase werden wichtige Weichen im Bezug auf die Inklusion auch im Erwachsenenalter gestellt.

Doch zunächst widmet sich die vorliegende Arbeit der Definition der grundlegenden Begriffe, um ein verbindliches und einheitliches Fundament für die folgende Untersuchung zu legen. Im Anschluss wird der geschichtliche Hintergrund der Inklusion näher betrachtet. Ein Fokus liegt hierbei auf der Entwicklung im organisierten Sport, der sich aus Schul- und Vereinssport zusammensetzt. Wie Inklusion an Schulen und in Vereinen umgesetzt wird, wird im anschließenden Abschnitt dargestellt. Den Abschluss des theoretischen Teils bilden Ausführungen zur UN-Behindertenrechtskonvention. Diese wird zunächst vorgestellt, um im Anschluss den aktuellen Stand ihrer Umsetzung anhand von Beispielen im Bereich Sport und Schule zu veranschaulichen.

Im Methodikteil werden die der Untersuchung zugrunde liegenden Personen, Verfahren sowie deren Durchführung und Auswertung vorgestellt. Grundlage der Untersuchung ist ein selbst erstellter Fragebogen, mit dessen Hilfe Lehrkräfte und Übungsleiterinnen und Übungsleiter hinsichtlich ihrer Einstellungen und Erfahrungen zum Thema Inklusion im Sport befragt wurden. Dabei konnte angenommen werden, dass ein Großteil sich zurückhaltend bis negativ zur Inklusion äußert, da die Grundstrukturen, Materialien, finanzielle Mittel oder die erforderlichen Ausbildungen zur Umsetzung der Idee der Inklusion in den betroffenen Bereichen oft nicht vorhanden sind.

Das darauffolgende Kapitel widmet sich der Darstellung, Interpretation und Diskussion der Untersuchungsergebnisse, bevor eine abschließende Betrachtung und Ausblick die vorliegende Arbeit abrunden.

2 ZUR THEORIE DER INKLUSION

2.1 Spezifische Aspekte zur Inklusion von Kindern und Jugendlichen mit Beeinträchtigungen

2.1.1 Definitionen der Begrifflichkeiten

Die Vorgehensweise zur Erläuterung der Begrifflichkeiten vollzieht sich in zwei Schritten. Zunächst findet die Enzyklopädie von Brockhaus Anwendung, anschließend wird die Fachliteratur hinzugezogen. Zunächst wird der Begriff Behinderung definiert, danach die Begrifflichkeiten Integration und Inklusion konkretisiert sowie im Anschluss durch eine Gegenüberstellung voneinander differenziert. Für die vorliegende Arbeit ist die Definition dieser Termini unerlässlich, legen sie schließlich das Grundlagenwissen, auf dem sie sich stützt.

2.1.1.1 Behinderung

Bei der Frage nach der Definition des Begriffs Behinderung sollte überprüft werden, ob diese zu einem besseren Verständnis von Menschen mit Behinderung führt oder ob sie das Verhältnis und die Einstellung gegenüber dieser Personengruppe eher negativ beeinflusst. Zum einen kann die genaue Bestimmung von einzelnen Arten der Behinderungen als Orientierung für den Umgang mit Menschen mit Behinderungen dienen. So ist es beispielsweise von Vorteil, wenn Personen, die ehrenamtlich (z.B. Trainer, Betreuer für Ferienfreizeiten) oder beruflich (Physiotherapeut, Lehrer) mit Menschen mit Behinderung zu tun haben, über diese Kenntnisse verfügen. Zum anderen kann eine kategoriale Einstufung von Menschen dazu führen, dass schon im Vorfeld ein Denken in Schubladen aufgebaut und diesen Menschen so von Beginn an mit Voreingenommenheit gegenüber gestanden wird (vgl. Rheker, 1993, S. 17).

Brockhaus unterteilt den Ausdruck in zwei Unterpunkte: „Definition von Behinderung [...] [und] Neues Verständnis von Behinderung." (Brockhaus, 2006a, S. 497)

Demnach sind

„Behinderte, Menschen, die in ihren phys., intellektuellen und psych. Funktionsfähigkeiten nicht nur vorübergehend beeinträchtigt sind und einen individuell spezif. Unterstützungsbedarf haben, um selbstbestimmt und

gleichberechtigt am Leben der Gesellschaft teilhaben zu können. Die rechtl. Feststellung von Behinderung erfolgt in Dtl. durch die Versorgungsämter."
(Brockhaus, 2006a, S. 497)

Definition von Behinderung

Leider gibt es laut Aussage der Brockhaus Enzyklopädie keine allgemein verbindliche und wissenschaftlich festgelegte Definition von Behinderung. Begründet wird dies durch die verschiedenen sozialen, kulturellen, medizinischen, historischen und politischen Zusammenhänge, welche den Begriff durch unterschiedliche Perspektiven definieren. Jedoch hat die Weltgesundheitsorganisation (WHO) einen Versuch unternommen, eine allgemeingültige Definition aufzustellen. Im Jahre 1980 veröffentlichte sie die ICIDH (International Classification of Impairments, Disabilities and Handicaps), welche von den einzelnen Mitgliedstaaten übernommen wurde. Die ICIDH definiert als eine Behinderung für einen Menschen, „wenn eine Schädigung (engl. Impairment) festgestellt wird, aus der sich eine Fähigkeitsstörung (Disability) ergibt, die zu einer Beeinträchtigung (Handicap) bei der Lebensgestaltung führt" (Brockhaus, 2006a, S. 497).

Durch dieses Handicap kann die betroffene Person eine gesellschaftliche Benachteiligung erfahren, welche im schlimmsten Fall die Isolation des Menschen zur Folge hat.

Neues Verständnis von Behinderung

Durch ein Umdenken weg von dem Krankheitsfolgemodell hin zum bio-psycho-sozialen Modell von Krankheit und Gesundheit stehen nun nicht mehr die Schädigungen im Vordergrund, sondern die Fähigkeiten von Menschen mit Behinderung nehmen ihren Platz ein. Somit entstand 2001 eine neue Klassifikation mit dem Namen ICF (International Classification of Functioning, Disability and Health). Diese beruht auf der Erkenntnis, dass jegliche Umstände einer Person und seiner Umwelt einbezogen werden müssen, um den Begriff Behinderung zu verstehen.

In der folgenden Skizze werden die Wechselwirkungen zwischen den Komponenten der ICF verdeutlicht:

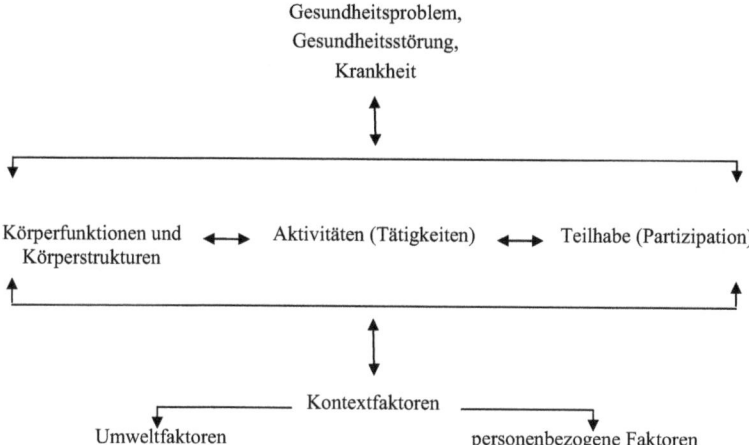

Abb. 2.1.1: Das bio-psycho-soziale Modell der ICF (nach Brockhaus, 2006a, S. 498)

Anhand dieser Darstellung erkennt man die Zusammenhänge der einzelnen Faktoren für das Verständnis von Behinderung. Das neue Verständnis von Menschen mit Behinderung geht nun

> „[...] prinzipiell von Menschen als handelnden Subjekten aus, die die Chance und das Recht zur Teilhabe (Partizipation) an relevanten Bereichen ihrer Gesellschaft und ihrer Umwelt haben. [...] Eine Behinderung wird nach der ICF-Definition als Beeinträchtigung der Funktionsfähigkeit verstanden. Unterschieden werden dabei Beeinträchtigungen in drei Bereichen:
>
> 1. Funktion (z.B. geistig/seel., sensor. Funktionen) und Struktur (z.B. des Nervensystems, der Augen und Ohren des menschl. Organismus);
>
> 2. Tätigkeiten (Aktivitäten) aller Art (z. B. Lernen und Wissensanwendung, Kommunikation, Mobilität);
>
> 3. Partizipation (Teilhabe) an unterschiedl. Lebensbereichen (z.B. persönl. Versorgung, soziale Beziehungen, Bildung und Ausbildung, Erwerbsarbeit, soziales und staatsbürgerliches Leben)." (Brockhaus, 2006a, S. 497f.)

Zugunsten einer kurzen und übersichtlichen Darstellung werden in der folgenden Tabelle die Unterschiede zwischen den Konzepten von ICIDH und ICF zusammengefasst.

Tab. 2.1.1: Zusammenfassung ICDH und ICF (ICF, 2005, S. 5)

	ICIDH	ICF
Konzept	kein übergreifendes Konzept	Konzept der funktionalen Gesundheit (Funktionsfähigkeit)
Grundmodell	Krankheitsfolgenmodell	bio-psycho-soziales Modell der Komponenten von Gesundheit
Orientierung	defizitorientiert; es werden Behinderungen klassifiziert.	ressourcen- und defizitorientiert: Es werden Bereiche klassifiziert, in denen Behinderungen auftreten können. In diesen werden Fähigkeiten und Defizite aufgezeigt.
Behinderung	formaler Oberbegriff zu Schädigungen, Fähigkeitsstörungen und (sozialen) Beeinträchtigungen; keine explizite Bezugnahme auf Kontextfaktoren	formaler Oberbegriff zu Beeinträchtigungen der Funktionsfähigkeit unter expliziter Bezugnahme auf Kontextfaktoren
grundlegende Aspekte	Schädigung Fähigkeitsstörung • (soziale) Beeinträchtigung	Körperfunktionen und –strukturen Störungsbegriff: Schädigung (Funktionsstörung, Strukturschaden) Aktivitäten, Störungsbegriff: Beeinträchtigung der Aktivität Partizipation [Teilhabe], Störungsbegriff: Beeinträchtigung der Partizipation
soziale Beeinträchtigung	Attribut einer Person	Partizipation und deren Beeinträchtigung definiert als Wechselwirkung zwischen dem gesundheitlichen Problem (ICD) einer Person und ihren Umweltfaktoren
Umweltfaktoren	bleiben unberücksichtigt	sind integraler Bestandteil des Konzept und werden klassifiziert
Personenbezogene (persönliche) Faktoren	werden höchstens implizit berücksichtigt	werden explizit erwähnt, aber nicht klassifiziert

18

	ICIDH	ICF
Anwendungsbereich	nur im gesundheitlichen Kontext	

Im Verlauf dieser Arbeit wird ausschließlich die Definition von Behinderung aus den Richtlinien der UN-Behindertenrechtskonvention genutzt. Im „Übereinkommen der Vereinen Nationen über die Rechte von Menschen mit Behinderungen" wird im Artikel 1 folgende Bestimmung festgehalten:

> „Zu den Menschen mit Behinderungen zählen Menschen, die langfristige
> körperliche, seelische, geistige oder Sinnesbeeinträchtigungen haben, welche sie
> in Wechselwirkung mit verschiedenen Barrieren an der vollen, wirksamen und
> gleichberechtigten Teilhabe an der Gesellschaft hindern können." (Hüppe, 2010,
> S. 12)

Die Bezeichnung „Menschen mit einer Behinderung" löst den Begriff „Behinderte" ab und stellt so das Individuum in den Mittelpunkt (vgl. Doll-Tepper, 2002, S. 17). Auch Rheker (1993, S. 22) stellt die Forderung, dass der Begriff „Behinderte" aus folgenden Gründen keine Verwendung findet. Zum einen existiert eine große Vielfalt von Behinderungstypen, bei der jeder einzelne wiederum verschieden ausgeprägt ist. Zum anderen beinhaltet der Begriff eine Charakterisierung und Gruppierung in eine bestimmte Richtung, was die Isolierung von Menschen mit Behinderungen fördert. Man sollte sich bewusst machen, dass eine Behinderung nur einen geringen Teil des Individuums selbst ausmacht.

2.1.1.2 Integration

Laut Brockhaus ist Integration Im Allgemeinen die „(Wieder-)Herstellung einer Einheit; Einbeziehung in ein größeres Ganzes" (Brockhaus, 2006c, S. 370). Neben der allgemeinen Definition findet eine weitere Differenzierung in den Bereichen Mathematik, Molekulargenetik, Philosophie, Psychologie, Soziologie und Wirtschaft statt. Wichtig für diese Arbeit ist die Definition in der Soziologie:

> „Bez. 1) für eine gesellschaftl. Prozess, der durch einen hohen Grad harmon.,
> konfliktfreier Zueinanderordnung der versch. Elemente (Rollen, Gruppen,
> Organisationen) sowohl in horizontaler (arbeitsteiliger, funktionsspezialisierter)

als auch vertikaler (herrschafts-, schichtenmäßiger) Hinsicht gekennzeichnet ist, sowie 2) für Prozesse der bewusstseinsmäßigen oder erzieher. Eingliederung von Personen und Gruppen in oder ihrer Anpassung an allgemein verbindl. Wert- und Handlungsmuster. Der Grad der I. bestimmt das Ausmaß des Konsens' der Gesellschafts-Mitgl. Aber die gemeinsamen Ordnungsprinzipien und damit die gesellschaftl. Stabilität. Totale I. bedeutet ein »Einfrieren« des gesellschaftl. Status quo und eine Unfähigkeit zu Wandel und Anpassung. Zu geringe I. gefährdet bes. in Industriegesellschaften den empfindl. Funktionszusammenhang komplexer gesellschaftl. Reproduktionsbedingungen." (Brockhaus, 2006c, S. 370f.)

Zudem interessant ist auch die Definition von Integrationspädagogik, die unkommentiert wie folgt bestimmt wird.

„Integrationspädagogik, Teilgebiet der Pädagogik, das sich in Theorie und Praxis mit der gemeinsamen Erziehung von behinderten und nichtbehinderten Kindern, insbes. in Kindergarten und Schule, beschäftigt. Integrationsklassen bestehen v.a. an Grundschule, i.d.R. sind zwei Lehrer (Grundschullehrer und Sonderschullehrer oder Erzieher) anwesend. Die räuml. Gestaltung der Schule, v.a. der Klassenzimmer, und die Unterrichtsmethoden müssen an die Bedürfnisse der Behinderten angepasst werden." (Brockhaus, 2006c, S. 371)

Laut Semmerling (2004, S. 740) werden durch den Begriff der Integration „inhaltliche Probleme gesellschaftlicher Entwicklung aufgenommen, und in ihren Voraussetzungen, Auswirkungen und Lösungsmöglichkeiten für Bildungsprozesse untersucht". Im Bezug auf das derzeitige Schulsystem kommt er zu der Erkenntnis, dass „Differenzierung und Integration [...] als wechselwirksam miteinander verbundene Prinzipien gesehen [werden]; der Integration wird insgesamt die regulative Funktion zugedacht" (Semmerling, 2008, S. 741). Weiterhin findet sich dort ausführlich die „historische Grundlegung [...] [und] die Integration als konstritutives Regulativ der Theorientwicklung in der Didaktik" (Semmerling, 2004, S. 742-749) wiedergegeben.

Für den Sport heißt Integration das Eingliedern eines Sportlers/Mitglieds in eine/n Mannschaft/Verein. Dabei gibt es unterschiedliche Organisationsformen wie der Integrationssport in Regelschulen, Sportvereine für Menschen mit Behinderungen und

Vereine für Menschen ohne Behinderungen (vgl. Ministerium für Stadtentwicklung, Kultur und Sport des Landes Nordrhein-Westfalen, 1996, S. 19).

Weis deutet auf das integrative Spannungsfeld zwischen Sporttreiben und Wettkampf hin, wenn er sagt: „Sport mag integrieren, Wettkampf trennt dabei geleichzeitig desto stärker, je ernster er genommen wird" (Weis, 2003, S.271).

2.1.1.3 Inklusion

Um diesen Begriff eindeutig zu bestimmen, hilft die Brockhaus Enzyklopädie eher wenig mit der Definition „[lat. »Einschließung«, »Einsperrung«] die, -/-en, die Relation des Enthaltenseins, v.a. in der Mengenlehre gebräuchlich [...]" (Brockhaus, 2006c, S. 305f.) und bietet eine allgemeine und recht eindeutige Bestimmung des Begriffes. Das „Lexikon zur Soziologie" hingegen untergliedert Inklusion wie folgt:

„[1] In der sozialwissenschaftlichen Systemtheorie die Einbeziehung einer
größeren Zahl von Einheiten (Personen, soziale Rollen, soziale Mechanismen) in
spezifische Funktionskreise, wie sie im Prozess der funktionalen
Ausdifferenzierung sozialer Systeme erforderlich wird. In T. Parsons` Theorie
[...] gilt I. als einer der Aspekte des Entwicklungsprozesses, besonders der
modernen Gesellschaften.

[2] Ein differenzierungstheoretisches Konzept für die Teilhabe von Personen an
gesellschaftlichen Teilsystemen. Die Lebensführung der Personen in der
modernen Gesellschaft ist durch eine rollenförmige multiple Partialinklusion in
die verschiedenen Teilsysteme (u.a. Wirtschaft, Bildung, Massenmedien, Sport,
Familie) gekennzeichnet." (Fuchs-Heinritz, 2011, S. 306.)

Schaut man nun in den Bereich der Pädagogik, wird der Begriff wie folgt definiert:

„Inklusion [lat. »Einschluss«]: Über die Systemtheorie eingeführter Begriff, der
die Einbeziehung von Personen in die funktional ausdifferenzierten
Sozialsysteme bezeichnet. Den Funktionsprinzipien gemäß ist damit die
Unterscheidung von Laien und Profession, also Schüler/Lehrender [Lernender]
vs. Lehrer, Klient vs. Arzt etc. verbunden. Ein- und Ausschluss (Exklusion)
unterliegen selbst historisch-gesellschaftlichen Prozessen, wie z.B. bei der
Ausgrenzung Behinderter aus dem Bildungssystem, oder generell, für die I. in
Arbeitsverhältnissen sichtbar wird. Der Begriff der I. wird in der Handhabung der

Differenz von I. und Exklusion deshalb auch zunehmend genutzt, um die Folgen funktionaler Differenzierung für Menschen und gesellschaftliche Strukturen sichtbar zu machen." (Tenorth & Tippelt, 2007, S. 338)

Das Inklusionskonzept selbst stellt allerdings keinen Teilbereich der Sonderpädagogik dar, vielmehr ist es ein Querschnittbereich der Erziehungswissenschaften. Dabei geht es von der Verschiedenheit des einzelnen Menschen aus, wodurch Heterogenität und Vielfalt mehr ein Gewinn für die Gesellschaft darstellt als eine Schwierigkeit, die bezwungen werden muss. Die Veränderung der Strukturen und Sichtweisen sind zwingend erforderlich, um jedem Individuum die erforderliche Hilfe und Förderung zu ermöglichen, gleichberechtigt am gesellschaftlichen Leben teilzuhaben (vgl. Doll-Tepper & Schmidt-Gotz, 2008, S. 363f.).

Booth nahm eine Untergliederung in drei Ebenen vor:

- Die Perspektive auf Teilhabe von Individuen,

- - die Perspektive auf die Teilhabe an Systemen und

- - die Perspektive auf die Teilhabe an Werten." (Hinz, 2010, S. 5)

2.2 Gegenüberstellung von Integration und Inklusion

„In der internationalen Diskussion ist der Begriff Integration durch Inklusion abgelöst worden. Dieser Begriffswandel markiert nicht nur einen Etikettenwechsel, sondern eine Ausweitung und Akzentverlagerung von der Einfügung in zu einer Veränderung des sozialen Ganzen selbst." (Hölter, 2008, S. 97)

Im vergangenen Kapitel wurde bereits der Unterschied zwischen der Integration und der Inklusion hervorgehoben. Jedoch ist dieser Unterschied nicht jedem bewusst, was dazu führen kann, beide Begriffe synonym zu gebrauchen, bzw. falsche Schlüsse aus einer falsch verstandenen Definition zu ziehen. So ist der Begriff Integration noch im heutigen gesellschaftlichen Diskurs stark von der Eingliederung von Immigranten besetzt, deutlich seltener dagegen im Bezug auf körperlich oder geistig beeinträchtigte Personen. Des Weiteren besitzt die Integrationsentwicklung viele qualitative und quantitative Probleme, die ein Umdenken in Richtung Inklusion zur Folge haben. Ein quantitatives Problem ist beispielsweise, dass gemeinschaftlicher Unterricht ein ergänzendes System blieb. Somit hat der gemeinschaftliche Unterricht zwar einen Platz im gegliederten Schulsystem bekommen, wirklich verschmolzen ist er mit ihm jedoch nicht. Ein weiteres Problem ist die finanzielle Förderung integrativer Maßnahmen von Inklusion, welche derzeit zu kurz kommt. Genau diesem Stillstand wirkt der Inklusionsgedanke mit folgenden Kernpunkten von Hinz entgegen und legt somit entscheidende Unterschiede zwischen den beiden Begriffen fest:

- „Menschen mit Behinderungen werden als Minderheit betrachtet und nicht mehr als ‚functionally limited', gleichzeitig werden sie jedoch nicht mehr als abgegrenzte Gruppe gesehen.

- Nicht nur die Dimensionen mehr oder weniger behinderter Entwicklungsmöglichkeiten, sondern aller Dimensionen von Heterogenität sind hier im Blick: Neben der ability auch gender, ethnicity, nationality, first language, races, classes, religions, sexual orientation, physical conditions und andere mehr.

- Inklusion orientiert sich deutlich an der Bürgerrechtsbewegung, kämpft gegen jede Form von gesellschaftlicher Marginalisierung und vertritt die Vision einer inklusiven Gesellschaft. In dieser Betrachtung wird der Begriff Inklusion quasi übersetzt verwendet. Dies geschieht insofern bewusst, als alle bisherigen Übersetzungsversuche nicht haben überzeugen können. Weder ‚einschließende' Pädagogik, die eher Assoziationen zum Gefängnis aufkommen lässt, noch eine einbeziehende Schule (Bierwer 2001, 277), die wiederum und weiterhin Außenstehende in etwas hineinzieht, führt hier weiter." (Hinz 2004, 46f.)

Da es in der Literatur immer wieder zu Überschneidungen der Begriffe der Inklusion und Integration gibt und einige Autoren diese Begriffe offenbar als gleicher ansehen und nutzen, soll die folgende abschließende Tabelle die Unterschiede deutlich machen:

2.2 Gegenüberstellung von Integration und Inklusion

Tab. 2.2.1: Gegenüberstellung Integration und Inklusion (In Anlehnung an Hinz, 2002, S. 359)

Praxis der Integration	Praxis der Inklusion
• Eingliederung von Kindern mit Behinderungen in die allgemeine Schule	• Leben und Lernen aller Kinder in der allgemeinen Schule
• Differenziertes System je nach Schädigung	• Umfassendes System für alle
• Zwei-Gruppen-Theorie (mit und ohne Behinderung)	• Theorie einer pädagogisch ununterteilbaren heterogenen Gruppe
• Aufnahme von Kindern mit Behinderung	• Profilierung des Selbstverständnisses der Schule
• Individuumzentrierter Ansatz	• Systematischer Ansatz
• Fixierung auf die administrative Ebene	• Beachtung der emotionalen, sozialen und unterrichtlichen Ebenen
• Ressourcen für Kinder mit besonderem Bedarf	• Ressourcen für ganze Systeme (Klassen, Schulen)
• Spezielle Förderung für Kinder mit Behinderungen	• Gemeinsames und individuelles Lernen für alle
• Individuelle Curricula für einzelne	• Ein individualisiertes Curriculum für alle
• Förderpläne für Kinder mit Behinderungen	• Gemeinsame Reflexion und Planung aller Beteiligter
• Anliegen und Auftrag der Sonderpädagogik und SonderpädagogInnen	• Anliegen und Auftrag der Schulpädagogik und SchulpädagogInnen
• SonderpädagogInnen als Unterstützung für Kinder mit Behinderungen	• SonderschulpädagogInnen als Unterstützung für heterogene Klassen und KollegInnen
• Ausweitung von Sonderpädagogik in die Schulpädagogik hinein	• Veränderung von Sonder- und Schulpädagogik
• Kombination von Schul- und Sonderpädagogik	• Synthese von Schul- und Sonderpädagogik
• Kontrolle durch ExpertInnen	• Kollegiales Problemlösen im Team

Integration versteht die Eingliederung einer kleinen in eine größere Gruppe. Somit muss sich die kleinere Gruppe der größeren anpassen, indem sie deren Regeln und Bedingungen übernimmt. Dadurch kann es passieren, dass diese überwiegend der Fremdbestimmung unterworfen ist. Die größere Gruppe ist aufgrund ihrer numerischen und anderweitigen Überlegenheit oft weniger bereit, sich ähnlich stark an der Integration der Minderheit zu beteiligen (vgl. Hüppe, 2012, S. 92).

Bei der Inklusion ändert sich die Gesellschaft dahingehend, dass individuelle Unterschiede zur Normalität gehören und somit jede Person anerkannt wird. Damit bekommt jeder Mensch die Chance auf ein freies und selbstbestimmtes Leben in der Gesellschaft. Durch die Barrierefreiheit aller Einrichtungen und Institutionen ist es überflüssig, diese in separierter Form anzubieten (vgl. Hüppe, 2012, S. 92).

Anzumerken ist, dass die Begriffe Integrationssport und integrativer Behindertensport nur im deutschen Sprachraum existent sind, dagegen in der internationalen Verkehrssprache integration, inclusion und sogar infusion im Bezug auf körperliche Ertüchtigung und Sport von Menschen mit Behinderungen verwendet wird (vgl. Doll-Tepper, 2002, S.20.). Zusammenfassend lässt sich feststellen, dass die internationale Diskussion den Inklusionsgedanken aufnimmt. Er nutzt die Integration optimiert ihre Gedanken und erweitert das Verständnis (vgl. Sander, 2003). Inklusion ist im Besitz eines Index, der Schulen klare Leitlinien gibt und international entwickelt, genutzt und angesehen wird (vgl. Boban & Hinz, 2003).

2.3 Geschichtlicher Hintergrund der Inklusion

Um den geschichtlichen Hintergrund der Inklusion plausibel darzustellen, teilt sich dieses Kapitel in drei Teile. Während sich der erste Abschnitt kurz mit der historischen Entwicklung der Gesellschaft auseinandersetzt und sich dabei mit der Frage beschäftigt, ob Menschen mit Behinderung schon immer ausgeschlossen waren, bzw. wieso sie ausgeschlossen wurden, beschäftigt, fokussiert der mittlere Teil in einem Abriss die Bedeutung und Wende von der Exklusion zur Inklusion. Der dritte Teil in diesem Kapitel wendet sich der Geschichte des Behindertensports zu, um Inklusion im Sport besser verstehen zu können. Hierbei tritt die Frage, warum es bis heute separate Vereine gibt, die ausschließlich Menschen mit oder ohne Behinderung aufnehmen, in den Blickpunkt.

2.3.1 Überblick der historischen Entwicklung der Gesellschaft zu Menschen mit Behinderungen

Die Bedeutung der geschichtlichen Entwicklung der Gesellschaft kulminiert in der Frage, wie es dazu kommen konnte, dass Menschen mit Behinderung, obgleich geistiger oder körperlicher Art, als „minderwertig" oder „Untermenschen" eingestuft wurden, so dass man sie unter dem Deckmantel der Euthanasie ermordete. Erst aus dem Verständnis der Geschichte resultieren die Erkenntnisse, die auch für Betrachtungen der Inklusionen im Sport von großer Bedeutung sind.

Zu Beginn des 18. Jahrhunderts herrschte überwiegend der sozialökonomische Haushalt, der sich komplett selbst versorgte. Jener bestand aus dem Hausherren, seiner Familie und dem Gesinde. Diese große Anzahl von Menschen unter einem Dach verlangte geordnete Verhältnisse. Jeder hatte Pflichten, denen er nachkommen musste, aber auch Rechte, die in dieser Kooperationsgemeinschaft bestanden. Der Großteil des Lebens spielte sich in diesem Haushalt ab. Aber was passierte hier mit einem Menschen mit Behinderung – einem Kind mit einer Behinderung oder einem von Demenz betroffenen Großelternteil beispielsweise? Da niemand von der Arbeit im Haushalt ausgeschlossen wurde, steuerten auch sie ihr Bestmögliches hinzu. Nun stellt sich jedoch die Frage, wer sich um sie kümmerte? Ohne Frage besteht ein Abhängigkeitsverhältnis zwischen stärkeren und schwächeren Menschen. Die Schwächeren sind auf die Stärkeren angewiesen und in der damaligen Gesellschaft wurde die Maxime der Fürsorge in einer Gemeinschaft gelebt. So war es selbstverständlich, dass die Stärkeren sich um ihre hilfebedürftigen Mitmenschen kümmerten.

Zur jener Zeit war „das menschliche Handeln eine raumzeitliche Einheit aus produzierender und sozialer Tätigkeit, aus dem Bearbeiten von Sachen und der sozialen Sorge um Menschen" (Dörner, 1994, S. 370).

Aber auch Menschen mit Behinderung, die weder einer Arbeit nachgingen, noch in einem Haushalt eingegliedert waren, fühlte man sich solidarisch verbunden. Hier sprach man von „würdigen Armen", wusste, dass sie keiner Arbeit nachgehen konnten und spendete daher gerne Almosen (vgl. Dörner, 1994, S. 370ff.).

Wie kam es nun, dass Menschen mit Behinderungen aus der Gemeinschaft verdrängt wurden und sie den Menschen ohne Beeinträchtigungen immer fremder und verstörter vorkamen?

Ein wahrscheinlicher Grund ist die Industrialisierung, das Zeitalter der Moderne zur Mitte des 18. Jahrhunderts. In diesem Zeitraum entwickelte sich das System der Kleinfamilie. Kurz umschrieben wurde die Arbeit aus den Haushalten in die Fabriken verlegt. Damit entfiel für Menschen mit Behinderung ein beträchtlicher Teil ihrer Betätigungsmöglichkeiten. Waren auch die Frauen berufstätig, verschärfte sich dieser Zustand weiter. Die Fürsorge hatte in vielen Familien nicht mehr genügend Platz – körperlich und geistig beeinträchtigte Personen wurden pflegebedürftiger und fingen aus damaliger Sicht an, eine Last für die moderne Gesellschaft zu werden. Aus dieser Problematik entstand die „Soziale Frage", mit deren Lösung sich Professor Autenrieth an der Uni Tübingen beschäftigte. Er riet im Jahre 1806 dazu, die gleichmäßige Verteilung von psychisch Kranken über die Gesellschaft, beispielsweise in einer Pflegefamilie, vorzunehmen. Dadurch solle die Belastung gleichmäßig verteilt werden. Weiterhin sprach er jedoch nicht nur von der „Last" sondern auch davon, dass infolgedessen „die Originalität und Kreativität wahrgenommen und allen zugute kommen könnte" (Dörner, 1994, S. 374). Autenrieth kam zu diesem Zeitpunkt aus den USA und empörte sich über die Einrichtungen, welche psychisch Kranke in riesigen Gebäuden einsperrte. Mit Entsetzen stellte er fest, dass diese Einrichtungen nun auch in seinem Heimatland Zuspruch fanden. Behörden und andere Vereinigungen stellten soziale Institutionen wie Krüppelheime, Zuchthäuser, Gefängnisse, Irrenanstalten, Waisenhäuser,

Kindertagesstätten, Pflegeanstalten und Seniorenheime für die betroffenen Mitglieder der Familien bereit, um die familiäre Pflegeperson als Arbeitskraft in der Produktion zu sichern. Damit war ein wesentlicher Grundstein für die Isolierung der Schwächeren gelegt. Die Pflege und das Kümmern um die bedürftigen Familienmitglieder war nun nicht mehr länger die Aufgabe der Familie, wodurch sich das Verständnis füreinander allmählich aus den Köpfen der Gesellschaft auf ein Minimum reduzierte, da an ihrer Stelle das Bewusstsein der Selbstversorgung trat. Dörner formulierte diese Entwicklung folgendermaßen:

„Während sie [Behinderte] in den alten Haushalten im Rahmen ihrer
Möglichkeiten auch an der Arbeit beteiligt waren, wurden sie in den sozialen
Institutionen grundsätzlich von der Möglichkeit abgeschnitten, sich durch
Bearbeiten von Sachen zum Nutzen von Dritten als Menschen zu verwirklichen,
worüber die Würde des Menschen sich legitimiert." (Dörner, 1994, S. 374)

Den Schwächeren zu helfen, das Ziel der Gründer von sozialen Einrichtungen, verlor an Bedeutung und der Mensch wurde immer mehr zu einem Objekt von Versorgung, Therapie, Wirtschaft, Verwaltung, Verwissenschaftlichung und Erziehung. Die Kluft zwischen dem sozialen System und dem System der Wirtschaft wurde immer größer. Es war nur eine Frage der Zeit bis zur „Medizinisierung" der sozialen Frage (vgl. Dörner, 1994, S. 370ff.).

Die ersten sozialen Einrichtungen ab 1800 waren noch von der Strömung der Aufklärung beflügelt – den Menschen aus seiner selbstverschuldeten Unmündigkeit zur Mündigkeit verhelfen – und kümmerten sich hingebungsvoll um ihre Schützlinge. Doch die Entwicklung der Gesellschaft war ein rasanter Prozess und führte dazu, dass die Erwartungen der Gesellschaft an solche Anstalten überhandnahmen. Wie in der reinen Marktwirtschaft typisch, wurden die Kosten mit dem Nutzen abgewogen. Somit wich im 19. Jahrhundert das pädagogische Denkmodell dem medizinischen. Verrückte sind nun Kranke, die es mit allen medizinischen Mitteln zu heilen galt. So geschah es sich, dass immer mehr Menschen in solchen Anstalten für „geistig tot" erklärt wurden und sich die Theorie vom „Untermenschen" unaufhaltsam und schleichend in den Köpfen der Gesellschaft verankerte. Das Füreinanderdasein, Helfen, ein Wesenszug, der zum Menschsein gehört, wurde professionalisiert, neue Berufsgruppen kristallierten sich heraus, sprich das „füreinander da sein" wurde kommerzialisiert. Die Aufgabe, anderen zu helfen, übernahmen andere und so verloren viele die Befähigung zum Helfen und die Empathie für Hilfebedürftige. Die Wirtschaft hatte enormen Einfluss auf die Kultur, sodass zum Ende des 19. Jahrhunderts das ökonomische Prinzip massiv in den Vordergrund trat sowie das „Überleben des Tüchtigen". Um 1890 herum glaubte man zu wissen, dass die Geisteskrankheit eine Erbkrankheit sei. Dies führte dazu, dass diese Personen nicht nur vom anderen Geschlecht getrennt eingesperrt wurden, sondern man sah es als effektiver an, sie zu sterilisieren. Solch eine Operation wurde erstmals im Jahre 1892 von dem Schweizer August Forel durchgeführt, damals ein wertgeschätzter Sozialreformer und Psychiater. Zu dieser Zeit störte sich kaum jemand an der Verwendung des Begriffs „Untermenschen" für körperlich und geistig beeinträchtigte Personen, was nicht nur die totale gesellschaftliche Ausgrenzung dieser bedeutete, sondern gipfelten 1920 schließlich in der „Freigabe der Vernichtung lebensunwerten Lebens" (Dörner, 1994, S. 379).

Begründet wurde die Tötung folgendermaßen:

> „Wenn ich als mündiger Bürger dieses Recht [aktive Sterbehilfe] etwa bei Krebs
> für mich beanspruche, dann müssen diejenigen, die nicht für sich selbst sprechen
> können, also geistig Behinderte, psychisch Kranke, Altersverwirrte und
> Bewußtlose, vom Staat dieselbe Gnade zugesprochen bekommen, da sie sicher
> noch mehr als ich unter ihrer hoffnungslosen und qualvollen Existenz leiden."
> (Dörner, 1994, S. 380)

Zu dieser Zeit begründete man das Töten von Menschen mit einer Behinderung also zum einen durch radikal ökonomische Erwägungen, dass soziale Einrichtungen (zu) viel Geld kosten und zum anderen trat das oben genannte psychologische Mitleid in den Fokus, dass selbst in der heutigen Zeit noch Vertreter findet Frage (vgl. Dörner, 1994, S. 370ff.).

Die weitere Entwicklung bis zum Ende des Zweiten Weltkrigs ist hinlänglich bekannt. Anzumerken ist, dass schon im Ersten Weltkrieg circa 70.000 psychisch Kranke in Anstalten getötet wurden, als „Ausgleich" für die gefallenen gesunden Soldaten Frage (vgl. Dörner, 1994, S. 370ff.).

Erst langsam entwickelte sich nach Ende des Zweiten Weltkriegs eine Integrationsbewegung. Im Jahr 1958 entstand der noch heute existierende gemeinnützige

Verein „Lebenshilfe e.V." – zur damaligen Zeit hieß er „Lebenshilfe für das geistig behinderte Kind e.V.". Der Verein wurde in Marburg von Eltern und Fachleuten erweckt und machte es sich zur Aufgabe, die Anstalten durch Wohn- und Arbeitsräume zu ersetzen, die sich an der Gesellschaft ausrichten. Um die Fehler der Vergangenheit nicht zu wiederholen, wurden Gesetze, z.B. das Schwerbehindertengesetz, und Institutionen, z.B. Behindertenwerkstätten, geschaffen, die eine Verbindung des sozialen Systems mit dem Wirtschaftssystem ermöglichten. Dörner sieht 1994 eine Vision der Entwicklung für die Zukunft die besagt,

> „[dass] es auf kommunaler Ebene überall ein Forum geben [wird], auf dem sich
> regelmäßig alle, die im Naturschutz, in der Entwicklungshilfe und in der
> Behindertenförderung sich engagieren, treffen und austauschen; denn sie alle
> können voneinander lernen, da sie historisch dasselbe tun und derselben
> Entkolonisierungsbewegung angehören." (Dörner, 1994, S. 390)

Nimmt man sich einen Augenblick Zeit, um diese Zukunftsvision von Dörner im Jahre 2012 zu reflektieren, kommt man zu einem eher ernüchternden Ergebnis. Allein die Entwicklung des Schulsystems zeigt, wie weit der Weg bis zu diesem Ziel noch ist (vgl. Dörner, 1994). Auch in der heutigen Zeit gibt es vier hauptsächliche Schultypen: die Grundschule, die Regelschule, das Gymnasium und die Sonderschule, die einen Sonderstatus einnimmt, welcher im Folgenden näher erläutert wird.

Die Entstehung von Sonderschulen entspringt der sozial-religiösen Einstellung. So gründete sich bereits vor etwa 200 Jahren eine Schule für Taubstumme, was als „Akt der Teilhabe [...] [und als] Befreiung aus der Isolation" (Häberlein-Klumper, 2009, S. 35) angesehen wurde.

Solche Einrichtungen zielten darauf ab, Kinder anzunehmen, die – aus welchen Gründen auch immer – aus der Gesellschaft ausgeschlossen wurden. Wie dieser Ausschluss zustande gekommen war, wurde im oberen Abschnitt bereits angeschnitten. Zusammengefasst waren es folgende drei Gründe:

1. Die Entstehung von Kleinfamilien

2. Durch die Folgen des Wirtschafts- und Produktionssystems wurde die Arbeit ausgelagert, der Leistungsgedanke wurde übermächtig und die Menschen nach ihrer

Befähigung von Arbeitsleistung und ihrer Bildung gruppiert. Erwerbs- und bildungsunfähige Personen erklärte man zu behinderten, letzten Endes zu nicht lebenswerten „Untermenschen".

3. Da sich kaum einer mehr um pflegebedürftigen Familienmitglieder kümmern konnte, entstand die soziale Frage, welche in der „Fremdpflege" und somit der Exklusion endete (vgl. Häberlein-Klumper, 2009, S. 36).

2.3.2 Von der Exklusion zur Inklusion – ein kurzer Abriss

Im oberen Teilkapitel wurde der Terminus Exklusion angesprochen, doch was bedeutet er konkret und welche Ebenen gibt es zwischen diesem Begriff bis hin zur Inklusion? Hinz (2004, S.) hat dazu eine Systematik erstellt, die im Folgenden vorgestellt wird.

Die Exklusion stellt einen Zustand dar, in der Personen aus einem bestimmten System ausgeschlossen werden. So wurden Kinder mit geistigen, aber auch körperlichen Beeinträchtigungen aus dem Bildungs- und Erziehungssystem ausgeschlossen.

Die erste Ebene auf dem Weg zur Inklusion, die den betroffenen Personen etwas Teilhabe ermöglicht, ist Segregation. Hierbei werden die Menschen nach bestimmten Kriterien in eigens für sie entwickelte Institutionen und somit auch von der Mehrheitsgesellschaft isolierte gesellschaftliche Systeme untergliedert. Ein treffendes Beispiel hierfür ist die Schule. Die Kriterien sind hierbei die Leistungen, aber auch das soziale Milieu, aus dem die Kinder stammen. Der Teil der Kinder, welcher die Kriterien erfüllt, befindet sich im Normalbereich und besucht die Regelschule. Kinder, die die Kriterien überdurchschnittlich erfüllen, besuchen das Gymnasium und die Gruppe, welche den Durchschnitt nicht erfüllen, werden in das System der Sonderschulen eingestuft. Anhand der Beschreibung der Segregation lässt sich feststellen, dass unser derzeitiges unterteiltes und gelebtes Schulsystem der Ebene der Segregation entspricht.

Von der Segregation weiter zur Inklusion passiert man die Ebene der Integration. Fest steht, dass auch hier anhand von bestimmten Kategorien die durchschnittliche Person ermittelt wird, deren Gruppe deutlich größer ist als jene, die die Anforderungen deutlich über- oder untererfüllen. Es wird versucht, Personen, die den Durchschnitt knapp nicht erreichten, besonders aber die, welche ihn deutlich unterschreiten, mit dem Durchschnitt wieder zu vereinen. Ziel ist es, Menschen einzubeziehen, die durch Exklusion und

Segregation ausgeschlossen waren. Um am Beispiel von Schule zu bleiben, bedeutet dies, dass Menschen mit Behinderungen in den Schulunterricht eingebunden werden. Zu erwähnen ist hierbei, dass diese Schüler mit sonderpädagogischer Unterstützung eingegliedert werden und – wie eben beschrieben – den Großteil die „Normalen" ausmachen, diese also den Integrationsprozess positiv oder negativ beeinflussen können.

Die Inklusion schließlich steht für den vollständigen Abbau von jeglichen Barrieren zwischen verschiedenen Gruppen und kann am ehesten mit dem Leben vor der Industrialisierung verglichen werden. Demnach bilden alle Menschen eine gemeinsame Gruppe, in der es keinen dominanten Personenkreis gibt. Es stellt sich nicht mehr die Frage, wer wie integriert werden könnte, da sich die Gruppe von vornherein in einem heterogenen Zustand befindet und alle Teil derselben Gruppe sind. Niemand muss mehr bestimmte Kriterien erfüllen, um zu beweisen, dass er in die Gruppe gehört. Die Marginalisierung und der Ausschluss von einzelnen Menschen existiert bei der Inklusion nicht mehr.

Betrachtet man die Allgemeine Pädagogik, stellt man fest, dass Heterogenität und Vielfalt der Menschen nichts Exotisches darstellen. Aus diesem Grund erübrigen sich spezifische Ansätze bzw. Konzepte vollends. Die Inklusion entfaltet sich in der Allgemeinen Pädagogik und stellt keinen autarken Gegenstand mehr dar (vgl. Hinz, 2004). Wird nun die Sonderpädagogik fokussiert, kommt man zu dem Resultat, dass diese den Menschen differenziert betrachtet, sie sucht nach Sonderheiten und differenziert ihn immer weiter. Würde sie dieser Aufgabe nicht nachkommen, könnte sich die Sonderpädagogik der Allgemeinen Pädagogik anschließen oder gar abgeschafft werden (vgl. Wurzel, 2008, S. 138f.).

2.3.3 Vom Versehrtensport zu inkludierten Sportgruppen

Laut Aussage von Wedemeyer-Kolwe ist der heutige Forschungsstand über die Entstehung und Entwicklung des Behindertensports sehr gering. Dafür nennt er zwei Gründe:

> „[Erstens] tut sich die Sportgeschichte bis heute schwer damit, ihre Forschungen auf marginale und marginalisierte Gruppen in der Sporthistoriographie (und dazu gehört der Behindertensport) zu richten.

[Zweitens] produzieren Außenseitergruppen entweder nur wenig bis gar keine Quellen oder Eigenliteratur, oder sie wurden nicht systematisch gesammelt bzw. wurden für unwichtig erachtet und haben sich daher aufgrund ihres Randcharakters nur selten erhalten, was wiederum als gesellschaftliche Marginalisierung aufgefasst werden kann." (Wedemeyer-Kolwe, 2010, S. 348)

Menschen mit und ohne Behinderung besitzen grundsätzlich die gleichen Bedürfnisse, die bei jedem Individuum natürlich unterschiedliche Gewichtung erfahren. Nach der Maslow'schen Bedürfnishierarchie – eine ausführliche Definition des Begriffes ist im Anhang 1 zu finden – lässt sich die Bewegung, die den Sport ausmacht, in die physiologischen Bedürfnisse einordnen. Damit kann sie als ein Grundbedürfnis der Menschen und somit auch als Grundlage für die Entwicklung der Persönlichkeit und von Motivation betrachtet werden (vgl. Rheker, 1996, S. 25). Zwar existierte diese Theorie noch nicht schriftlich, aber 1910 gründet sich – womöglich mit ähnlichen Absichten – der erste deutsche Gehörlosensportverband (vgl. Fediuk, 2008b). Der Beginn von organisiertem Sporttreiben KuJ mit einer Beeinträchtigung ist bereits im 19. Jahrhundert zu finden. In den diversen Anstalten für blinde, gehörlose und körperbehinderte KuJ war der Sport in das Freizeit- und Schulleben integriert. Der Auftrag des Sports war zum einen die Befähigung zur Erlangung von Bildung und Produktivität für den Arbeitsmarkt sowie zum anderen das Erlernen von Disziplin, Selbstständigkeit, Ausdauer und Regeln. Parallel dazu begannen die Erwachsenen mit Behinderung damit, erste Sportverbände zu gründen. Während einige gehörlose Menschen den Anfang machten, folgten die blinden, die in der Weimarer Republik erste Sportgruppen bildeten (vgl. Wedemeyer-Kolwe, 2010, S. 348f.).

Der Ausgangspunkt für eine breite Entwicklung des Behindertensports ist letztlich in den beiden Weltkriegen zu finden. Während dieser ergänzten sportliche Betätigungen die medizinischen Behandlungen in den Lazaretten. Der Sport diente in diesem Zeitraum hauptsächlich zur Behandlung der psychischen Folgeschäden von Soldaten mit einer körperlichen Beeinträchtigung (vgl. Fediuk, 2008b).

Gleichzeitig hier bildete sich um 1919 eine zivile Selbsthilfeorganisation mit separaten Sportgruppen, deren Aufgabe – neben dem Erhalt der persönlichen Leistungsfähigkeit, dem Freizeitvergnügen und des Treffpunktes für Geselligkeit – darin bestand, den Erhalt oder die Wiederherstellung der Arbeitsfähigkeit zu gewährleisten.

Während der Zeiten des Nationalsozialismus' unterlagen die Menschen mit Behinerderung einer Einstufung in zwei Kategorien. Die erste Kategorie erfasste Arbeits- und bildungsfähige Menschen, die speziell gefördert wurden. KuJ, die dieser Kategorie angehörten, wurden in die Hitlerjugend eingegliedert und erhielten Sonderbanner wie z.b. Bann G für Hörgeschädigte, Bann B für Blinde, Bann K für Körperbehinderte. Lernschwache Kinder waren Teil der regulären Hitlerjugend. Neben der nationalsozialistischen Erziehung schloss dies auch den Sport ein. Auch Erwachsene mit Behinderungen, die das Regime als nützlich und somit lebenswert ansah, wurden in gesonderte Sportgruppen eingegliedert.

Arbeits- und bildungsunfähige beeinträchtige Personen hingegen waren Bestandteil der zweiten Kategorie. Diese Menschen wurden vollständig aus der Gesellschaft ausgeschlossen, viele von ihnen zwangssterilisiert und umgebracht.

Kriegsversehrte wurden durch die Einführung des Reichsversehrtensportabzeichens und von Leistungssportwettkämpfen besonders geehrt und gefördert. Auch bekamen sie gezielte Rehabilitationsmaßnahmen, um für ihr Land wieder „nützlich" zu werden (vgl. Wedemeyer-Kolwe, 2010, S. 349f.).

Auf diese Weise bildeten sich nach dem Zweiten Weltkrieg erste Sportgruppen von Kriegsversehrten heraus, sodass am 19/20. August 1950 die ersten deutschen Versehrtensportmeisterschaften in Leichtathletik und Schwimmen stattfanden. Diese Meisterschaften führten in den Jahren 1951/52 zur Gründung der Arbeitsgemeinschaft Deutscher Versehrtensport (ADV). Im Jahre 1960 fand die Umbenennung in Deutscher Versehrtensportbund statt. Aber nicht nur in Deutschland entwickelte sich der Behindertensport. In Großbritannien, genauer gesagt in London, wurden die „Stoke Mandeville Games" ins Leben gerufen, eine Sportveranstaltung für Querschnittsgelähmte, die parallel zu den Olympischen Sommerspielen ausgetragen wurde und sich später zu einem internationalen sportlichen Ereignis entwickelte. Diese Veranstaltung kann als Vorform der Paralympischen Spiele angesehen werden (vgl. Fediuk, 2008b).

Durch die Abnahme der Kriegsgeschädigten änderten sich grundlegende Strukturen. Eine Folge war die Abänderung des Verbandsnamen 1975 – mittlerweile hieß er „Deutscher Versehrtensportverband e.V." – in „Deutscher Behindertensportverband" (DBS). Das

Sportangebot reichte nun vom Leistungs- und Wettkampfsport über Präventions- und Rehabilitationssport bis hin zum Freizeitsport.

Offensichtlich ist jedoch, dass sich Sportgruppen, Vereine und Verbände entwickelten, die eine strikte Trennung von Menschen mit und ohne Behinderung vollzogen und nur die jeweilige „Gruppe" aufnehmen (vgl. Rheker, 1996, S. 80f; Fediuk, 2008a).

Eine schnelle Überwindung dieses Zustands ist derzeit nicht in Sicht. Dazu sei an dieser Stelle erwähnt, dass der Organisationsaufwand, der für die Arbeit mit Menschen mit einer geistigen und/oder körperlichen Behinderung notwendig ist, die Sportvereine vor große Probleme stellt. Sowohl damals als auch heute waren und sind enorme Defizite in dieser Organisation vorhanden, die das Arbeiten mit Kindern und Jugendlichen mit einer Behinderung erschweren. Auf diese Problematik wird im anschließenden Abschnitt noch näher eingegangen.

Um gemeinsamen Sport von Menschen mit und ohne Behinderung zu ermöglichen, muss jedoch als erster Schritt Kooperationsbereitschaft auf beiden Seiten vorhanden sein. Menschen mit Behinderung sollen und müssen inklusiver Bestandteil unserer sozialen Umwelt werden, auch um negative Einstellungen ihnen gegenüber abzubauen. Dies gestaltet sich deutlich schwieriger, wenn diese Gruppen noch nie miteinander zu tun gehabt hat, sei es im Kindergarten, in der Schule oder im Beruf. Es gibt zwar Bestrebungen und Theorien dazu, aber die Realität sieht oft noch anders aus. Dazu ausführlicher in den folgenden Kapiteln.

Sport kann und muss Begegnungssituationen zwischen Menschen mit und ohne Behinderung schaffen (vgl. Fediuk, 2008b). Auf welche Weise dies geschehen kann, zeigt das anschließende Kapitel.

2.4 Inklusion im Sport

Sport stellt einen wichtigen Faktor in unserem Leben dar. Wir treiben Sport, um körperlich fit zu bleiben oder es zu werden. Allerdings gibt es noch viel mehr Gründe, Sport zu treiben. Dazu zählen auch, seine körperlichen Grenzen kennenzulernen, diese auszutesten und auszubauen. Des Weiteren bietet Sport die Möglichkeit sich selbst etwas zu beweisen. Dies wird möglich durch die Auswahl von Individualsportarten. Ein Großteil der Menschen treibt Sport wiederum der Gemeinschaft wegen. Eine Sportgruppe ist Ausgangspunkt für das Knüpfen neuer Beziehungen, zudem gibt sie den Menschen verschiedene Zieldimensionen. Die Vielfalt der Möglichkeiten des Sports und dessen Institutionen bietet ein großes Angebot, um nicht nur die kognitiven und koordinativen Fähigkeiten zu schulen. Durch gemeinsamen Sport wird auch der soziale Umgang miteinander gelernt, gelebt und kann den Ausgangspunkt von Inklusion darstellen.

Betrachtet man die Inklusion im Sport, dürfen die Spiele, die ebenfalls dem Sport zugeordnet werden, nicht in Vergessenheit geraten. Sie stellen einen wichtigen Bezugspunkt für die Inklusion dar. Spiele werden unter anderem definiert als der Versuch, ein Problem zu bewältigen (vgl. Maslow, 1991, S. 167f.). In Bewegungsspielen und dem Spiel im Allgemeinen entstehen nicht nur Interaktionen, sondern auch Kommunikation – sowohl verbal oder nonverbal –, es werden Gefühle geweckt, Neugierde entsteht. Motivation und Emotionalität sind durchaus positive Nebenprodukte.

Dabei können Spielsituationen überall geschaffen werden, speziell aber in Vereinen und der Schule. In Letztgenanntem bestehen sowohl in den Pausenzeiten als auch in der Unterrichtszeit selbst die Möglichkeiten, Spielsituationen zu schaffen.

Das Spiele nicht nur in den Sportunterricht gehören und für den Kompetenzerwerb und die Kompetenzförderung nicht wegzudenken sind, sollte jedem Pädagogen klar sein. Um die Eigenschaften von Spielen kurz darzustellen, hilft die Untergliederung von Wilhelm (2006). Hierbei werden zusätzlich Beispiele und Möglichkeiten genannt, wie das Spiel die Inklusion körperlich- und geistig beeinträchtigter Personen unterstützt.

- Durch freie Spielzeiten – sowohl im schulischen Unterricht als auch im Verein, in dem KuJ ihre Spielgefährten und die Spiele aussuchen, wird die Interaktion und

Kommunikation gefördert. Dafür bieten die Trainer/Lehrer den KuJ eine Auswahl von Spielen entsprechend ihrer unterschiedlichen Entwicklung an. Die Spiele helfen somit, Beziehungen zu anderen aufzubauen, aber auch eigene Entscheidungen zu treffen, Kompromisse einzugehen und eigene Wünsche zugunsten der Mehrheit hintenanzustellen.

- Um kognitive Fertigkeiten, wie das Lesen und Buchstabieren, zu erlernen und zu verbessern, können Spiele hinzugezogen werden. So sind Kartenspiele durchaus in der Lage, eine höhere Motivation bei den Schülern hervorzurufen als ein Buch es vermag. Weiterhin können sich die möglichen Probleme im Lernprozess verringern, bezieht man das Buchstabieren in ein Spiel mit ein. Es ist festzustellen, dass sich das Lernspiel im heutigen zukunftsweisenden Unterricht im Methodenkatalog etabliert hat.

- In besonderem Maße fördert das Rollenspiel die Sprachentwicklung der Mitwirkenden. Es versetzt die KuJ in die Rolle einer anderen Person – in einem Stück spielt vielleicht ein Kind ohne Beeinträchtigung einen Rollstuhlfahrer oder einen Hörgeschädigten –, was das Verständnis über die Lage anderer verändern und verbessern kann.

- Speziell in der Schule sollten die Lehrkräfte es den KuJ in den Pausenzeiten ermöglichen, Bewegungsspiele durchzuführen. Dabei wird ihnen nicht nur die Aufgabe der Organisation zuteil, sondern auch die der Animation. Die Lehrkräfte sollten den KuJ Möglichkeiten anbieten, den Klassenraum zu verlassen, andere aus der Parallelklasse zu treffen und je nach Witterungsbedingungen Orte schaffen, die zum gemeinsamen Spielen anregen (vgl. Wilhelm, 2006, S. 120f.).

2.4.1 Inkludierter Schulsport und Vereinssport

Der Entwicklung und derzeitigen Lage von Schule und Verein widmet sich der folgende Abschnitt Hierbei liegt das Hauptaugenmerk auf der Entwicklung der Inklusion in den beiden Institutionen.

2.4.1.1 Ausgewählte Aspekte zum Schulsport

Dieser Abschnitt beschäftigt sich mit der Lage des Schul- und Vereinssportwesens. Als Beispiel für den Schulsport gerät der Thüringer Lehrplan näher in den Fokus. Weiterhin werden die Bedingungen von Sportunterricht aufgeführt und dargestellt, welche Voraussetzungen nötig sind, um inkludierten Unterricht zu verwirklichen.

Seit 1842 gehört Sportunterricht – zur damaligen Zeit hieß es Turnunterricht – in Preußen zum Bestandteil der Lehrpläne in den öffentlichen Schulen. Damals diente er zur „vernunfts- und naturbezogenen Erziehung des männlichen Geschlechts und zur Prävention von „entnervender Verzärtelung [...] [und] luxuriöser Weichlichkeit" (vgl. Stuttgarter Nachrichten, 15.5.2001).

Die Begriffe Freude und Spaß waren zu diesem Zeitpunkt Fremdwörter im Sportunterricht, da Sport nach Turnvater Jahn als Volkserziehung und der Vorbereitung zum Soldaten angesehen wurde. Diese Einstellung zog sich bis zur Neuzeit und so endete der militärische Aspekt des Schulsports erst mit dem Ende des Zweiten Weltkrieges. Überbleibsel dieser Zeit findet man noch vereinzelt in den verstaubten Ecken von Schulsportlagerräumen. Dort verstecken sich zum Beispiel noch Wurfgeräte, die einer Stielhandgranate ähneln (vgl Stuttgarter Nachrichten, 15.5.2001). Welche Ziele der heutige Sportunterricht in Thüringen verfolgt, verdeutlicht der kommende Abschnitt.

Der Schulsport in Thüringen

Zum Schuljahr 1999/2000 erschienen in Thüringen neue Lehrpläne für alle Fächer. Vorangegangen waren zwei vorläufige Lehrpläne von 1991 und 1995. Der derzeitige Lehrplan verfolgt das Ziel, auf Grundlage einer breiten Grundbildung Schüler zum Handeln zu befähigen und wurde nach dem mutmaßlichen Erwartungsbild der Schüler konzipiert.

Die Prämissen für den Sportunterricht waren unter anderem die Persönlichkeitsbildung aller Schülerinnen und Schüler (SuS), das Kennenlernen vielfältiger Sportangebote, die Sportmündigkeit, die Förderung der Mitgestaltung am Unterricht und die Berücksichtigung der Gegebenheiten an den Schulen. Eine weitere wichtige Prämisse war, dass Sportarten nicht nur auf wettkampftypische Ausprägungsformen reduziert werden.

Die pädagogische Begründung des neuen Lehrplans lässt sich in fünf Punkte gliedern.

1. Grundbildung ist das allgemeine Ziel

2. Im Mittelpunkt der Grundbildung steht der Begriff der Kompetenz

3. Die Lernkompetenz wird durch die Kompetenzbereiche Sach-, Sozial-, Selbst- und Methodenkompetenz unterstützt

4. Der Sportunterricht nutzt Spiel, Sport und Bewegung für die Bildung und Erweiterung der Kompetenzbereiche

5. SuS werden zur Handlungsfähigkeit erzogen, das heißt, sie werden in die Lage versetzt, aus einem Repertoire sportlicher Angebote individuell zu entscheiden und dieses in seiner Freizeit zu betreiben.

Wie der Sport an den Thüringer Regelschulen organisiert wird, zeigt die folgende Abbildung:

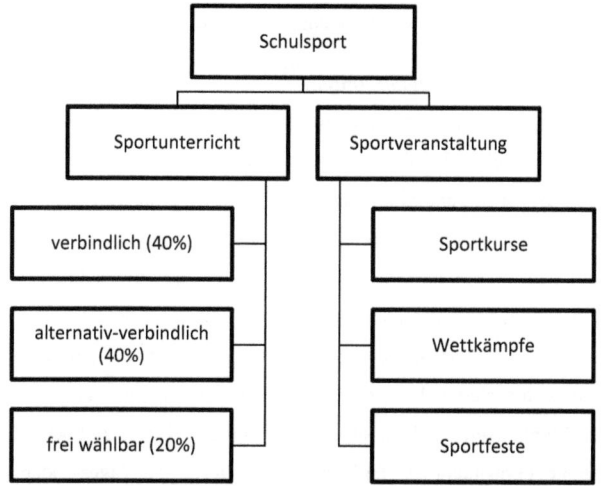

Abb. 2.4.1: Organisation des Sports an den Thüringer Regelschulen
(In Anlehnung an den Thüringer Lehrplan für Regelschulen; Rusch, 1991, S. 80)

Wie anhand der Skizze erkennbar wird, ist der Sportunterricht an Regelschulen von Offenheit und Verbindlichkeit geprägt. Die Teilung erfolgt in 40% verbindlichen, 40% alternativ-verbindlichen und 20% frei wählbaren Unterricht. Im Vergleich zu den vorherigen Lehrplänen ist der Entscheidungsfreiraum für die Lehrkraft enorm erweitert worden. Über Lehr- und Lernmethoden, die sich im Rahmen der problemorientierten und induktiven Unterrichtsgestaltung finden, entscheidet der Sportlehrer selbst. Möglichkeiten der Subjektorientierung findet er unter anderem durch das Anknüpfen an Erfahrungen, dem Beachten von Interessen und Interessenkonflikten und die Einbeziehung der Schüler oder Lehrerkollegen. Über die Ziele und Themen soll jedoch nicht nur willkürlich entschieden werden, der Lehrplan verlangt eine didaktische Legitimation und das aktive Miteinbeziehen der SuS. So haben die SuS laut Lehrplan nicht nur das Recht auf Mitgestaltung, sondern auch die Pflicht (vgl. Thüringer Lehrplan, 1999).

Zusammenfassend ist festzustellen, dass der Lehrplan von 1999/2000 das Lernen nicht nur als Lernen in einem bestimmten Fach sieht, sondern auch als fächerübergreifende Zielstellung. Die Fächer beziehen sich somit aufeinander, ohne dabei ihre eigene Spezifik zu verlieren. Der Schwerpunkt des Sportunterrichts liegt auf der Kompetenzentwicklung, ein für die Inklusion nicht wegzudenkender Begriff.

Sportunterricht und seine Bedingungen

Guter Sportunterricht ist entwicklungsorientiert. Der Sportlehrer muss davon ausgehen, dass jeder einzelne Schüler und jede einzelne Schülerin einzigartig in seiner/ihrer Lernfähigkeit ist, welche es zu stärken und zu entwickeln gilt. Dabei ist es ist nicht mehr das Ziel, die unterschiedlichen Lernentwicklungen unter den SuS gering zu halten, vielmehr geht es darum, jeden in seinem derzeitigen Entwicklungsverlauf zu fördern. Somit besitzt jedes Kind und jeder Jugendliche einen Förderbedarf, der nur auf ihn zugeschnitten ist. Heterogene Klassen – und dies trifft auf jede Klasse zu – brauchen einen individualisierten Unterricht im Rahmen des gemeinsamen Lehrplans, damit die SuS die Möglichkeit erhalten, auf ihrem jeweiligen Niveau zu üben, zu lernen und somit koexistente Lernsituationen herbeizuführen. Durch die Tages- oder Wochenplanarbeit kann dies durch einen speziell für den Einzelnen angefertigten Plan und Materialien durchaus gelingen. Jedoch bedarf es auch gemeinsamer Lernsituationen, die das gemeinsame Arbeiten und soziale Kompetenzen fördern. SuS müssen lernen, dass die Klasse – später weitere Bereiche der Schule – ihre Gemeinschaft ist, in der niemand ausgeschlossen wird. Gelingen kann dies durch ein gemeinsames Thema oder Ziel und die Schaffung von kooperativen, subsidiären Lernsituationen, z.B. den Bau einer Menschenpyramide oder das Erlernen einer Choreografie mit Musikunterstützung im Freien Turnen. Diese Situationen bedürfen der Kommunikation und Kooperation der SuS. Weiterhin fördert es das Lernen nicht nur miteinander, sondern auch voneinander (vgl. Rehle, 2009).

Laut Rehle ergeben sich daher

„folgende Kriterien für die Planung individualisierender und gemeinsamer
Lernsituationen:

- Jede individualisierte Lernaufgabe ist grundsätzlich auf Austausch, Ergänzung
  und Gemeinsamkeit (gemeinsames Thema oder gemeinsames Vorhaben oder
  gemeinsame Arbeitsformen) zu beziehen.

- Aufgabenstellungen sollten so weitreichend und umfassend sein, dass jedes
  Kind auf seinem Niveau einsteigen und seinen Teil zum gemeinsamen
  Vorhaben beitragen kann.

- Die Arbeitsprodukte der Kinder sind unter pädagogisch-diagnostischer
  Perspektive zu sehen und zu bewerten. Lernprozessanalyse zeigt Anhaltspunkte
  für etwaige Hilfestellung und somit für weiterführendes Lernen." (Rehle, 2009,
  S. 184)

Besonders der letzte Punkt unterstützt die Gegner der Leistungsbewertung durch das
derzeitige Notensystem und fordert ein sachliches, differenziertes und
entwicklungsorientiertes Bewertungssystem (vgl. Rehle, 2009, S. 191f.).

Inkludierter Sportunterricht

Die Verschiedenheit der Köpfe diagnostizierte schon der Pädagoge Johann Friedrich
Herbart und verwies dabei auf die heterogenen Lerngruppen. Richtet sich der Blick auf
das heutige Schulsystem, wird klar, dass es einem differenzierten, selektiven Aufbau
gleicht (vgl. Hinz, 2010). Der Ruf nach der Abschaffung von Sonderschulen ertönte
bereits vor Jahrzehnten. So forderte Eberwein im Jahre 1970 Chancengleichheit für alle
KuJ durch eine Eingliederung der Sonderschule in die Regelschulen und stellte folgende
Grundanliegen (Anforderungen) an sie:

4. „Egalisierung der Bildungschancen

5. Soziale Integration

6. Unterrichtsdifferenzierung

7. Veränderte Didaktik und Lehrerausbildung." (Lingenauber, 2003, S.39)

Die Umsetzung seiner Anliegen sollte durch speziell ausgebildete Pädagogen erfolgen, die in kleinen heterogenen Klassen stärker auf den Einzelnen eingehen können und so stark differenzierte und individualisierte Lerninhalte vermitteln, was spezifische Methoden, eine spezielle sonderpädagogische Curricula und angepasste Lehrmittel erfordert (vgl. Merz-Atalik, 2008).

Er vertritt die Ansicht, dass es eine Gruppe von SuS mit einer Behinderung gibt, für die es weiterhin zwingend notwendig war, die Form der Sonderschule zu besuchen. Diese sollten aber keineswegs ausgegrenzt werden:

> „Sonderschulen für Geistigbehinderte, Sehbehinderte, Höhrbehinderte, Spastiker, Taubstumme und Blinde, die wegen der Besonderheit ihre heilpädagogischen-therapeutischen Auftrags nicht in das Gesamtschulsystem integriert werden können, sollten nach Möglichkeit als selbstständige Schulart den Gesamtschulen bzw. Bildungszentren additiv angegliedert werden, um so zu verhindern, daß sie als moderne, demokratisch legitimierte Gettos den Kontakt zur allgemeinen, gesellschaftlichen Wirklichkeit verlieren." (Lingenauber, 2003, S. 41)

Derzeit werden KuJ mit Behinderungen noch immer im Bildungssystem isoliert. Durch das Sonderschulwesen entsteht ein Ungleichgewicht zwischen den Bildungschancen von KuJ mit und ohne Behinderung. Dies kann sogar als ein Verstoß gegen das Gleichheitsgrundsatz von Artikel 1 und 3 des Grundgesetzes angesehen werden, indem es deutlich heißt, dass „niemand [...] wegen seiner Behinderung benachteiligt werden [darf]" (vgl. Grundgesetz Artikel 3 Satz 3). Mehrere Untersuchungen im nationalen und internationalen Rahmen haben gezeigt, dass das gemeinsame Unterrichten von SuS mit und ohne Beeinträchtigung in Gegenüberstellung mit dem Sonderschulwesen für die SuS mit Behinderung mindestens die gleichen Ergebnisse in der Entwicklung aufweist. Ebenso wäre die Verlagerung von SuS mit Behinderungen in Regelschulen nicht nur kostenneutral, auch die pädagogischen Rahmenbedingungen hätten mindestens die identische Qualität. Die Studien heben hervor, dass, wenn Kinder mit Beeinträchtigungen Regelschulen besuchen würden, sie mindestens die gleiche Qualität wie auf einer Sonderschule erhielten und sogar darüber hinaus.

Doch die Entwicklung inklusiver Schulen kommt nur schleppend voran. Zwar entschied die Kultusministerkonferenz am 6. Mai 1994 darüber, dass die automatische Zuweisung von KuJ mit Behinderungen auf eine Sonderschule dem Grundsatz der Gleichheit nicht entspräche und entfernten die entsprechenden Paragraphen. Die Zahlen zeigen jedoch ein Zögern bei der Umsetzung. 2002 wurden 495.300 SuS eingeschult, welche man als sonderpädagogisch förderbedürftig einstufte. Ganze 13 Prozent davon wurden in Regelschulen eingeschult. Erschreckende 83 Prozent besuchten weiterhin die Sonderschule (vgl. Eurich, 2008).

Doch wie kommt diese Zahl zustande? Liegt es an Eltern, der Schule oder dem Staat?

Seit längerem wird vereinzelt das gemeinsame Unterrichten von Schülerinnen und Schülern (SuS) mit und ohne Behinderung in Deutschland ausgeübt. Jedoch herrschen noch enorme Defizite bei der gleichberechtigten Teilhabe aller am Unterricht. Dass das im Unterrichtsfach Sport genauso ist, zeigte sich schon im „Ersten Deutschen Kinder- und Jugendsportbericht", in dem deutlich auf die Probleme im Bezug auf KuJ mit Behinderung im Sportunterricht verwiesen wurde.

Welche Bedeutung hat für KuJ mit Behinderungen die Teilnahme am Sportunterricht? In den letzten Jahrzehnten gewann das Thema der Inklusion immer mehr an Bedeutung und wurde im Besonderen mit dem Fokus auf die Umsetzung in Klassenzimmern debattiert. Die Betrachtung von Inklusion im Schulsport aus der sportdidaktischen und sportwissenschaftlichen Perspektive blieb eher verhalten. Dies wird auch daran deutlich, dass derzeit kein eigenes Fachgebiet zur Thematik „Sport und Sportunterricht mit Menschen mit Behinderung" existiert und in der jüngsten deutschlandweiten „DSB-SPRINT-Studie" in keiner Weise der Schulsport von KuJ mit Beeinträchtigungen erfasst und berücksichtigt wird. Weiterhin scheint ersichtlich, dass die Wichtigkeit der Thematik unterschätzt wird, betrachtet man die Auswertung der Umfrage im „Jugendgesundheitssurvey". Dort wurden 5.650 SuS nach ihrer Gesundheit befragt. Das Ergebnis ist alarmierend. 11,5 Prozent der SuS offenbaren, dass sie durch eine Behinderung oder eine chronische Krankheit eine Beeinträchtigung im Alltag und demzufolge auch in der Schule, speziell im Sportunterricht erleben. Auch ist zu erwarten, dass die Anzahl der chronischen Erkrankungen durch Umweltfaktoren – Allergien und Diabetes – eher zu- als abnimmt.

Sport kann verschiedene Probleme lösen helfen und so kommt diesem gleichfalls die Aufgabe zu, Kinder speziell zu fördern, die lernunauffällig sind, jedoch eine körperliche

Beeinträchtigung besitzen. Zudem besitzen viele KuJ, die speziellen Förderbedarf im Bereich der Kognition benötigen, auch Probleme in der Motorik sowie das Soma betreffend und müssen dementsprechend im Sportunterricht berücksichtigt werden. Nun stellt sich die konkrete Frage, wem eigentlich ein spezieller Förderbedarf zugewiesen werden kann? Laut Kultusministerkonferenz haben diejenigen SuS sonderpädagogischen Förderbedarf, „die in ihren Bildungs-, Entwicklungs- und Lernmöglichkeiten so beeinträchtigt sind, dass sie im Unterricht der allgemeinen Schule ohne sonderpädagogische Unterstützung nicht hinreichend gefördert werden können" (Doll-Tepper & Schmidt-Gotz, 2008, S. 362). Nicht berücksichtigt werden hierbei jedoch die SuS, welche primär einer Förderung im Sportunterricht bedürfen.

Hieraus lässt sich folgendes Fazit ableiten. Inklusiver Unterricht von SuS mit und ohne Behinderungen muss sowohl die SuS mit sonderpädagogischen Förderbedarf neben den KuJ ohne Beeinträchtigung einbeziehen, aber auch die SuS mit chronischen Erkrankungen. Ein inklusiver Sportunterricht hat das Ziel, unter der Berücksichtigung der Individualität jedes Schülers und jeder Schülerin, zu fördern und zu fordern. Die Relevanz von der Kenntnis über die Art der Behinderung – insbesondere bei geistigen Beeinträchtigungen – und die dementsprechende sonderpädagogische Förderung rückt hier eher in den Hintergrund, um Schubladendenken und mögliche Unterforderungen zu vermeiden. Hauptaugenmerk ist vielmehr die Individualität, denn in Klassen existieren ganz unterschiedliche Mehrheiten bzw. Minderheiten von SuS, deren Bedarf nach Förderung und Hilfe oft stark differiert.

Ein Pädagoge sollte sich der Tatsache bewusst sein, dass Schulklassen von Heterogenität geprägt sind – längst nicht nur im Sinne der KuJ mit und ohne Behinderungen, sondern unter anderem auch dem sozialen Milieu und der ethnischen Herkunft. Jeder Schüler lernt anders, denkt anders – ist schlicht und ergreifend anders als alle anderen. Insofern sind Klassen seit jeher heterogen, der Unterschied zu früher besteht heute darin, dass versucht wird, diese Heterogenität durch stärker individualisierten Unterricht Rechnung zu tragen.

Doch inkludierter Unterricht bedeutet nicht, dass die Lehrkraft allein diese Aufgabe zu bewältigen hat, jedes Niveau in der Klasse zu bedienen. Als große Unterstützung werden sonderpädagogische Fachkräfte in den Unterricht etabliert, die das kollektive und individuelle Lernen stärken. Sie haben die Aufgabe, mit allen SuS zu arbeiten, erarbeiten gemeinsam mit der Lehrkraft neue Methoden und bringen neue Lern- Arbeits- und Lehrmittel in den Unterricht ein. Die Lehrkraft ist nicht mehr auf sich allein gestellt und bekommt kompetente Unterstützung. Weiterhin besitzt sie einen kompetenten Ansprechpartner, mit dem sie Probleme besprechen und effektiv Lösungen finden kann (vgl. Doll-Tepper & Schmidt-Gotz, 2008, S. 361-370).

Viele Lehrkräfte sind sich bewusst, dass SuS und deren Förderung im Mittelpunkt stehen. Einige sehen sich jedoch noch selbst als Mittelpunkt des Unterrichtsgeschehens an und haben Bedenken, wenn es darum geht, den Unterricht nicht mehr allein zu führen. Wichtig ist jedoch, dass die Bezugspersonen der SuS, z.B. der Lehrer mit dem Physiotherapeuten, keinen Hierarchiekampf austragen, sondern die Fähigkeiten des anderen akzeptieren und gleichrangig vor den SuS und mit ihnen agieren. Jeder Beteiligte genoss eine andere Ausbildung und kann somit sein Fachwissen zum Wohl aller SuS einbringen. (vgl. Sowa, 2000b)

Eine weitere Möglichkeit, die Unterrichtsqualität für SuS mit Behinderungen zu verbessern besteht darin, Experten zu konsultieren. So können im Sport Fachkräfte in Bereichen der rehabilitativen Funktionsgymnastik oder der Physiotherapie hinzugezogen werden, um die individuellen Bewegungsbedürfnisse der SuS zu befriedigen. Zumindest sind solche Maßnahmen auf der Grundlage der UN-Behindertenrechtskonvention möglich (siehe Kapitel 2.5). In der Praxis gestaltet sich dieses Unterfangen aufgrund finanzieller und bürokratischer Hürden jedoch wohl noch oft schwierig.

Ein kurzer Rückblick auf die Maslow'sche Bedürfnishierarchie zeigt, dass wenn das Bewegungsbedürfnis – in Form von Bewegungs-, Sport- und Spielangeboten – bei Kindern erfüllt ist, dies nicht nur gesundheitlich positive Effekte beinhaltet, sondern die Wege offen stehen für eine bessere körperliche und geistige Entfaltung.

Der Nutzen inkludierten Sportunterrichts ist nicht nur auf der Seite von körperlich und geistig beeinträchtigten SuS zu finden. Auch die SuS, denen die Beteiligung am sportlichen Geschehen schwerfällt und die sich oft gedemütigt und diskriminiert sehen, kann geholfen werden. Die Umgestaltung der Organisation und Zielorientierung auf die individuelle Leistung und Entwicklung bietet sehr gute Aussichten auf neu entfachte Begeisterung und daraus folgende gesteigerte Aktivität. Dies erfordert die Auswahl von speziellen Methoden und Inhalten, die unter der Beachtung von Mehrperspektivität der sportlichen Unterrichtsstunden alle SuS berücksichtigt und somit ein positives Lernklima erzeugt.

Zusammengefasst ist das primäre Ziel von Sportunterricht, alle SuS zur Handlungsfähigkeit im Sport zu führen. Dieses Ergebnis ist gleichzusetzen mit dem Erreichen von gleichberechtigter Teilhabe aller am sportlichen Leben.

Doch wie sieht es in der Wirklichkeit aus? Das oft noch gelebte Leistungsprinzip verbunden mit dem häufig körperbetonten Handeln veranlasst viele Erziehungsberechtigte dazu, ihre Kinder vom Sportunterricht auszuschließen. Durch die Mithilfe der Ärzte werden somit die KuJ zu mindestens sportlichen Außenseitern, die anstelle von gemeinschaftlichem Sport diesen womöglich isoliert durchführen, beispielsweise durch Krankengymnastik. Dabei entgehen ihnen viele freudvolle und kommunikative Aspekte des Sports. Stattdessen wird ihnen vor Augen geführt, wie hilfebedürftig und abhängig von anderen sie sind.

Ein kurzer Ausflug in die USA zeigt, dass dort der gemeinsame Unterricht seit einigen Jahrzehnten per Gesetz geregelt und eine Aussortierung von SuS mit Behinderung nicht möglich ist. Deutschland hingegen hält an seiner langen Tradition des Sonderschulwesens fest. Sehr langsam entwickelt sich die Tendenz zur Eingliederung von KuJ mit Beeinträchtigungen in allgemeine Regelschulen. Dabei richtet sich der Fokus nun auf die Ausbildung der Lehrkräfte an den Universitäten. Während in den USA die Lehrkräfte, speziell die Sportlehrer, auf heterogene Gruppen vorbereitet werden, fehlt dies in Deutschland völlig oder wird nur kurz angeschnitten. Durch ihre spezielle Ausbildung ist es Sportlehrkräften aus den USA möglich, eine größere Anzahl von SuS in ihren heterogenen Gruppen zu unterrichten als dies in Deutschland der Fall ist; zudem arbeiten sie in den USA häufig zu zweit (vgl. Doll-Tepper & Schmidt-Gotz, 2008, S. 361-370).

Die Gesetzgebung in der Bundesrepublik Deutschland unterstützt zwar die Inklusion von KuJ mit Behinderungen, jedoch sieht die Realität anders aus, was das folgende Fallbeispiel von Gabriela Thumser verdeutlicht.

Als Frau Thumser, Mutter von drei Mädchen, zum vierten Mal schwanger wurde, erhielt sie einige Wochen später eine Mitteilung über ihr ungeborenes Kind. Die Ärzte diagnostizierten das Down-Syndrom. Thumser war sich der Konsequenzen, die die

Geburt eines Kindes mit Down-Syndrom mit sich brachte, bewusst und gebar ihr Mädchen Clara. Dieses Kind stellte sich als wissbegierig und neugierig heraus und wurde von Thumser wie ein Kind ohne körperliche und geistige Behinderung behandelt. Clara besuchte die Vorkindergartengruppe und anschließend einen integrativen Kindergarten. Dort machte sie große Fortschritte in ihrer Entwicklung. Am Ende ihrer Kindergartenzeit beherrschte sie alle Großbuchstaben und konnte auf vielfältige Weise am sozialen Leben teilhaben. Ihre Eltern begannen, nachdem Clara in den Kindergarten kam, sofort mit den Bemühungen, sie in eine normale Grundschule einzuschulen. Man zeigte zwar überall Bereitschaft, solch ein Unterfangen zu unterstützen, doch im Gegenzug herrschten viele Vorbehalte. Zwei Jahre vor ihrer Einschulung im Jahre 2003 änderte sich das Bayrische Gesetz über Erziehungs- und Unterrichtswesen (BayEUG) dahin gehend, dass die Lernzielgleichheit aufgehoben und SuS aktiv am Unterrichtsgeschehen teilnehmen mussten. Am Ende des Jahres 2003 begannen erste Gespräche mit der Grundschule in Augsburg, die eine Außenklasse einrichten sollte. Im Gespräch mit der Rektorin wurde deutlich, dass diese dem Projekt ablehnend gegenüber stand, indem sie sagte, dass sie keinerlei Aktivitäten einleitet, um für dieses Projekt zu werben. Letztendlich kam die Klasse aus Mangel an Schülern nicht zustande und das Projekt wurde verschoben. Eine weitere „Bewerbung" an einer freien Evangelischen Schule ergab, dass das Schulkonzept zwar Integration vorsieht, es jedoch zu viele organisatorische Probleme gäbe, dieses umzusetzen. Auch eine Anfrage an einer Montessori-Schule, die freie Kapazitäten besaß und Integration in ihren Präambeln verankert hatte, wurde negativ beantwortet. In der Hoffnung, dass eine Außenklasse im Jahre 2005 zustande kommen könnte, verblieb Clara ein weiteres Jahr im Kindergarten. Leider kam keine Außenklasse zustande, der Rektor zeigte jedoch Bereitschaft, bei Clara eine Einzelintegration vorzunehmen. Ende Oktober begannen die Gespräche mit der zukünftigen Klassenlehrerin. Diese gab sich sehr viel Mühe, besuchte Clara im Kindergarten, um sie näher kennenzulernen. Eine weitere Hürde war der Antrag auf Schulbegleitung, der viele Gutachten, Anträge und Gespräche erforderte.

Nachdem alle Hürden gemeistert waren und die Lehrerin Clara bereits vier Monate begleitete, versetzte das Schulamt sie in die mobile Reserve, wo sie trotz großer Bemühungen aufseiten von Familie Thumser bleiben musste. Der Versuch, die neue Klassenlehrerin auf Clara vorzubereiten, scheiterte an der Zurückhaltung der Pädagogin.

Zwar besuchte sie die Familie, vermied dabei aber jeglichen Kontakt mit Clara. In der Schule ging Clara mit einem ehemaligen Kind aus ihrer Kindergartengruppe gemeinsam in eine Klasse und wurde im Allgemeinen von ihren Mitschülern ohne Probleme aufgenommen. Anders verhielt es sich mit der Klassenlehrerin. Weder ermöglichte sie Clara die aktive Teilnahme am Unterricht noch kümmerte sie sich um sie und gab die Verantwortung in allen Belangen an die Schulbegleiterin ab. Seit Januar versuchte nun die Schule mitsamt dem Rektor, Clara in eine Sonderschule zu überführen. Trotz einer inszenierten Gesprächsrunde mit Fachleuten hielten sie an diesem Entschluss fest und so konnte die Familie ihre Tochter nur mit der Hilfe eines Anwalts weiterhin an der Schule halten.

Aufgrund verschiedener Probleme wurde die Schulbegleiterin seitens der Familie gekündigt und Clara durfte ohne Betreuung nicht mehr in die Schule. Die Juristin im Schulamt zeigte jedoch Verständnis für die Lage und erlaubte der Familie, Clara ohne Begleitung in die Schule zu schicken, übernahmen jedoch keinerlei Haftung und knüpften diese Möglichkeit an die Bedingung, dass keine Schulbegleiterin mehr Clara betreuen dürfe. Das Ergebnis war enttäuschend. Die Schülerin wurde durch die weitere Nichtbeachtung der Lehrerin ausgegrenzt. Es gab für sie keine Aufgaben, weder im Unterricht, noch außerhalb in Form von Hausaufgaben. Am Ende des Schuljahres wurde ein Beratungsrektor von der Regierung zur den Thumsers geschickt mit der Aufgabe, Clara in eine Sonderschule zu überweisen. An dieser Stelle ist die Inklusion vollends gescheitert. Clara besuchte daraufhin die Sonderschule. Zwar gab es die Möglichkeit, dass sie eine andere Grundschule besuchen könne, jedoch mit der Folge, dass ein anderes Kind mit einer Behinderung diese verlässt (vgl. Thumser, 2009, S. 96-107).

Was lässt sich nun anhand dieses aktuellen Fallbeispiels feststellen? Positiv ist hervorzuheben, dass Inklusion bis zum Ende der Kindergartenzeit stattgefunden hat. Clara wuchs in einem normalen Umfeld auf und besuchte wie alle Kinder in ihrem Alter den Kindergarten, was zur Folge hatte, dass auch die Kinder in der Kindereinrichtung mit Clara in Kontakt kamen und lernten, miteinander zu spielen, zu basteln, und vieles mehr. Clara bildete einen Teil der Gruppe. Ganz anders verlief ihre Schulzeit. Völlig unverständlicherweise behinderte das Schulamt die weitere Inklusion von Clara. Warum wird eine Lehrerin versetzt, die sich mit Herzblut für die Aufnahme eingesetzt und monatelang vorbereitet hat? Wie kann es sein, dass eine Lehrerin oder ein Lehrer sich weigert, sich auf ein Kind mit einer Beeinträchtigung einzulassen? Warum erschwert der Staat es einer Familie, ihr Kind mit Down-Syndrom gleichberechtigt wie alle anderen auch aufwachsen zu lassen? Ist es überhaupt noch möglich, einem Kind, das die Sonderschule besucht, eine annähernd normale Kindheit zu ermöglichen? Wenigstens die letzte Frage kann mit der Beschreibung von einem Tagesablauf eines Kindes beantwortet werden, der eine Sonderschule 20 km von seinem Zuhause entfernt besucht.

Michael ist acht Jahre alt und besucht eine Sonderschule. Jeden Tag kommt 7.30 Uhr eine Bus der Lebenshilfe und fährt ihn dorthin. An der Schule angekommen, muss er so lange im Fahrzeug warten, bis die Schultür geöffnet wird und man ihn in die Pausenhalle führt. Dort warten alle auf das Klingelzeichen. Wenn dies ertönt, gehen die SuS in die Klassenräume. Der Klassenlehrer lässt einen Sitzkreis bilden, in dem sich gegenseitig von dem Geschehen des letzten Tages berichtet wird.

Gegen 15.20 Uhr ist die Schule zuende und Michael wartet auf den Bus. Erst gegen halb fünf abends kommt er zu Hause an, wird von seiner Mutter empfangen, geht auf sein Zimmer und spielt noch ein wenig. Danach darf er sich etwas im Fernseher anschauen und geht 20 Uhr zu Bett (vgl. Sowa, 2000a, S.21f.).

Dadurch, dass Sonderschulen seltener vertreten sind als Regelschulen, kommt es zu erheblichem Freizeitverlust durch die Fahrtzeiten (vgl. Karl, 1991, S. 25). Diese sind darüber hinaus auch nicht zu vergleichen mit der Fahrt in einem regulären Schulbus. Während dieser schon als gesellschaftliches „Mikrosystem" angesehen werden kann – die Hierarchiekämpfe untereinander, wer darf hinten sitzen, wer steigt als erster ein, Gespräche und Verabredungen – werden KuJ mit Beeinträchtigungen von jenen ohne Behinderungen durch gesonderte Fahrzeuge eindeutig getrennt und somit isoliert. Noch schlimmer wird es, wenn die Regelschule ganz in der Nähe von der Wohnung des beeinträchtigten Kindes liegt und es sehen kann, dass die Nachbarskinder in diese Schule gehen, auf dem Weg dorthin spielen, raufen, rennen. Einem solchen Kind wird es durch die fehlende gemeinsame Sozialisationsinstanz Schule deutlich erschwert, Freunde in seiner Umgebung und außerhalb der Sonderschule zu finden. Insofern begünstigen Sonderschulen die soziale Ausgrenzung ihrer Schüler. Aber nicht nur die Ausgrenzung durch den Besuch einer anderen Bildungseinrichtung oder ein langer Fahrweg erschwert es KuJ mit Behinderungen, sich in die Gesellschaft einzugliedern. Weitere Faktoren stellen die vermehrten Besuche beim Arzt, die Rehabilitationsmaßnahmen, Krankengymnastik und andere zusätzliche Therapien dar, die die Freizeit der Kinder ebenfalls beschneiden und den Kontakt zu anderen Kindern erschweren.

Voraussetzungen für inkludierten Unterricht

Ein inklusiver Unterricht muss viele Fragestellungen lösen, bevor er richtig umgesetzt wird. Im vorherigen Abschnitt wurde das Problem der häufigen außerschulischen oder isolierten Krankengymnastik und anderer Rehabilitationsmaßnahmen angesprochen. Dem kann entgegengewirkt werden, indem die therapeutischen Maßnahmen Teil des Unterrichtsgegenstandes werden. Dafür drängt sich der Sportunterricht geradezu auf. Betrachtet man den Schwimmunterricht, stellt man schnell fest, dass sich dieser besonders hierfür eignet (vgl. Schuler, 2000). Ein Musterbeispiel gibt die Schweiz ab. Für eine spezielle Entwicklungsförderung aller SuS arbeiten dort bereits in den Grundschulen Therapeuten/Therapeutinnen und andere Fachkräfte gemeinsam mit den Lehrkräften (vgl. Hölter, 2008, S. 115f.).

Um eine positive Entwicklung der Schulen in Richtung Inklusion zu gewährleisten müssen die Dimensionen von Kulturen, Strukturen und Praktiken verstanden und umgesetzt werden. Hinz ist der Auffassung,

„dass Entwicklungsschritte in Richtung Inklusion produktiv zu werden versprechen, wenn sich

• Schulkulturen auf gewaltfreie Kommunikation und eine lebensbereichernde Pädagogik stützen und Werte wie Gleichwürdigkeit und Authentizität betonen,

• Schulstrukturen an Prinzipien von Democratic Schools orientieren und entspezialisierte, systematisch angelegte schulinterne und –externe Unterstützungssysteme etablieren und

• Schulpraktiken auf Ansätze des kooperativen Lernens in heterogenen Gruppen und Formen bürgerzentrierter Planung einbeziehen." (Hinz, 2010, S. 21)

Das folgende „Inklusionsdreieck" trägt zur Veranschaulichung der oben genannten Punkte bei:

Kulturen

1. Gemeinschaft bilden
2. Inklusive Werte verankern

Abb. 2.4.2: Das Inklusionsdreieck (In Anlehnung an Hinz, 2010, S. 20)

Dass jede Schule auf Anhieb eine inklusive Schule werden kann, ist freilich eine in jeder Hinsicht utopische Vorstellung. Eher stellt Inklusion einen Prozess dar, den jede Schule beschreiten kann, wenn sie dies möchte und dabei unterstütze wird. Ein Grundstein auf dem Weg zur Inklusion ist die Ressourcenanalyse der eigenen Schule, was einen Schulentwicklungsprozess erst möglich macht. Sie bildet die Rahmenbedingung und Grundvoraussetzung für die Entwicklung einer Schule zur inklusiven Schule.

Esslinger-Hinz nimmt für die Analyse von Ressourcen eine Unterteilung in internale und externale Ressourcen vor. Als internale Ressourcen sind die Personen und die Umwelt der Personen zu verstehen. Die personalen Faktoren lassen sich in drei Bereiche einteilen: Erstens in schulrelevante Kompetenzbereiche, zweitens in materielle Ressourcen und schließlich in die allgemeinen psychischen und physischen Ressourcen. Bei den schulrelevanten Kompetenzbereichen wird eine direkte Unterteilung zwischen den Lehrkräften – berufliches Wissen, Sach-, Methoden-, Medienkompetenz, Kooperationsfähigkeit – und SuS – Verantwortung, Solidarität, Leistungsstand, Fähigkeit zur Selbst- und Mitbestimmung – vorgenommen. Bei den allgemeinen psychischen und physischen Ressourcen geht es beispielsweise um die Bereiche Interessen, Gesundheit,

Optimismus und der motivationalen Bereitschaft. Die materiellen Ressourcen sind z.B. das Taschengeld der SuS oder das Einkommen der Lehrpersonen.

Wird von der Umwelt der Personen gesprochen, sind die Netzwerke und Kontakte gemeint, diese werden auch als soziale Ressourcen bezeichnet. Bei den sozialen Ressourcen handelt es sich bei der Lehrkraft z.b. um externe Hilfe, wie Beratungsgespräche und Bezugspersonen. Bei den SuS geht es unter anderem um die Bildungsnähe des Elternhauses und um die Peers, denen die SuS angehören.

Externale Ressourcen sind hingegen jene, die sich außerhalb von Personen befinden. Diese lassen sich zum einen in der Schule selbst finden, zum anderen in ihrer Umwelt. So handelt es sich bei der Institution Schule um strukturelle Ressourcen, wie Zeit-, Raum-, Arbeitsstrukturen, um ökologische Ressourcen, wie Architektur und Raumwahrnehmung, um materielle, finanzielle Ressourcen, z.b. den baulichen Zustand des Gebäudes und die Ausstattung der Schule, sowie schulkulturelle Ressourcen, wie Werte, Image und Normen der Schule.

Bei der Umwelt der Schule handelt es sich um die Netzwerke und Kontakte, z.B. Elternverein, Kontakte zu Stadt, Gewerbe und Künstler als Ressourcen und die ökologischen Ressourcen, wie z.B. die Lage der Schule und die soziale Situation im Stadtgebiet.

Indem Ressourcen der Schule einen Handlungsraum bereitstellen, wird Schule gestaltet. Wird die Schule im Fokus der Bedürfnishierarchie von Maslow gesehen, isz davon auszugehen, dass die Schule als Institution Grundbedürfnisse aufweist, die erfüllt werden müssen. Dabei bieten bedürfnisorientierte Konzepte Lösungsvorschläge an. Um konkrete Veränderungen herbeizuführen, ist es erforderlich, dass die Schulen als erstes das Ziel und den Willen besitzen, inklusive Schulen zu werden. Hierbei haben sie die gesellschaftlichen, schulpädagogischen und personellen Anforderungen zu berücksichtigen. Als nächstes steht die Durchführung einer Ressourcenanalyse an. Dabei wird geklärt, welche Ressourcen zur Verfügung stehen und wie diese eingesetzt werden können. Wobei die gezielte Nutzung und Einbeziehung dieser erst den letzten Schritt zu einer inklusiven Schule darstellt (vgl. Esslinger-Hinz, 2006, S. 45-70).

Ein weiteres Problem, dem sich Schulen stellen müssen, die sich der Inklusion verschreiben wollen, ist der materielle Widerstand. Dieser kann zu einem guten Teil durch Kreativität und gegenseitige Unterstützung überwunden werden. Personeller Widerstand kann jedoch zu einem ernsten Problem werden. Diesem können Schulen, die inklusiv werden wollen, durch Aufklärung wie Elternabende, Tage der offenen Tür, Schulprojekte oder Lehrer-Eltern-Stammtische entgegenwirken.

Die Inklusionsbewegung ist eine relativ junge Bewegung, kann sich aber auf die Integrationsforschung und deren über dreißigjähriger Tradition stützen.

Vorurteile in Bezug auf die Integration und deren Widerlegung werden im Folgenden aufgeführt, jedoch hier zugleich in abgewandelter Form auf die Inklusion bezogen.

Das erste Vorurteil besagt, dass Inklusion zwar möglich ist, jedoch nicht alle KuJ einbezogen werden können. Dem ist zu widersprechen. In den 70er Jahren gab es erste Bestrebungen, Kinder mit Behinderungen in Grundschulen einzugliedern. Eine Vorreiterrolle übernahm hierbei die Flämingschule in Berlin. Des Weiteren sind Schulversuche mit gemeinsamem Unterricht in Grund- und Regelschulen seit den 1980er Jahren in Deutschland immer wieder unternommen worden. Diese führten zur heutigen Schulpolitik, die sich – wenn auch schleppend – zum Gedanken der Inklusion hin entwickelt. Ein inklusiver Weg ist möglich, vorausgesetzt, wie schon erwähnt, es stimmen die Rahmenbedingungen wie beispielsweise die Klassenfrequenz oder das Zweipädagogensystem.

Weitere Vorurteile gehen davon aus, dass sich SuS mit Behinderungen benachteiligt fühlen könnten und durch den ständigen Leistungsvergleich mit ihren Mitschülern bloßgestellt und denunziert fühlen.

Jedoch belegen Studien, dass SuS mit sonderpädagogischem Förderbedarf keinesfalls diese Erfahrung machen. So schätzten mehr als 90 Prozent der Lehrer und Eltern das Wohlergehen der Kinder mit Behinderungen als positiv ein und konnten keine negativen Auswirkungen auf die Kinder ohne Beeinträchtigung feststellen. Auch die Problematik des ständiges Leistungsvergleichs ist leicht zu lösen, denn dieser sollte in der heutigen Pädagogik eher die Nebensache sein, wenn nicht sogar ganz aus den Köpfen verschwinden. Hier, wie auch fast überall, ist eine engagierte Lehrkraft nicht wegzudenken.

Weitere Bedenken gegen Inklusion bestehen dahingehend, dass die soziale Akzeptanz von SuS mit Behinderungen auf Seiten ihrer Mitschüler vorrangig negativ geprägt ist. Auch diese Befürchtung erweist sich als nicht stichhaltig. Gerade in der Fähigkeit, die gefühlten Schranken zwischen den Menschen zu verringern, liegt eine der großen Stärken der Inklusion. Durch sie entsteht ein alltäglicher Umgang mit Menschen mit Behinderung, der die soziale Akzeptanz zu erhöhen und einen gehemmten, unsicheren oder gar unwürdigen Umgang der Menschen untereinander zu vermeiden hilft. Je mehr Kontakt entsteht, desto mehr schwinden die Vorurteile und so ist erwiesen, dass die Akzeptanz von KuJ mit Beeinträchtigung in heterogenen Klassen deutlich höher ausgeprägt ist als in homogenen Klassen.

Einige Eltern, Lehrer und Politiker sind der Meinung, dass SuS mit Behinderungen in Regelschulen weniger Förderung bekommen als in Sonderschulen. Ein Blick in die internationale Schulforschung verdeutlicht hingegen, dass keine Erkenntnisse darauf hindeuten, dass SuS mit einer Beeinträchtigung eine geringere Leistungsförderung in Regelschulen bekommen würden. Im Gegenteil: Studien ergaben vielmehr, dass die Leistungsentwicklung mindestens identisch, in vielerlei Hinsicht sogar positiver verlief als an Sonderschulen.

Eine weitere Sorge ist, dass Kinder ohne eine Behinderung benachteiligt werden und einen Leistungsabfall in einer inklusiven Klasse verzeichnen würden. Dem wird widersprochen, vorausgesetzt der Unterricht erfolgt differenziert. Durch eben dieses differenzierte Unterrichtssystem ist es möglich, alle SuS ihrem individuellen Leistungsstand entsprechend unabhängig voneinander zu fördern. Es gibt sogar Stimmen, die behaupten, dass dadurch die SuS ohne Beeinträchtigungen bessere Lernergebnisse erzielen. Weiterhin lernen SuS einen besseren sozialen Umgang miteinander (vgl. Merz-Atalik, 2008, S. 13-16).

Immer wieder ist von mehrperspektivischem Unterricht die Rede. Meist wird der Begriff zwar zu Papier gebracht, aber die Realität sieht in einigen Bundesländern weiterhin anders aus. So ist der geschlechtlich getrennte Sportunterricht noch immer in einigen Bundesländern verankert. Soll dies die Grundvoraussetzung für inkludierten Unterricht sein? Wie soll Inklusion von KuJ mit Behinderung durchgesetzt werden, wenn noch nicht einmal die Gleichbehandlung der Geschlechter in der Schule gegeben ist (vgl. Wurzel, 2008, S. 139f.)?

Die Umstrukturierung hin zu einer inklusiven Schule ist ein schwerer und langwieriger Prozess, der mit sehr viel Formalien, Stress, Hartnäckigkeit und Herzblut verbunden ist. Es ist aber auch ein lohnender Prozess. Ein Prozess, der allen KuJ die Möglichkeit bietet, sich frei unter anderen KuJ zu entwickeln. Eine Gemeinschaft, in der niemand ausgeschlossen wird.

2.4.1.2 Ausgewählte Aspekte zum Vereinssport

Dieser Abschnitt setzt sich zum einen mit der Entwicklung des Vereinssports, zum anderen mit der Bedeutung des Vereinssports für KuJ mit und ohne Behinderungen auseinander. Damit wird das Sporttreiben von KuJ im außerschulischen Bereich näher betrachtet.

Der Sportverein

Sportvereine

> „sind soziale Organisationen, die sich idealtypisch durch die Merkmale
> freiwillige Mitgliedschaft, Unabhängigkeit vom Staat, Orientierung an den
> Interessen der Mitglieder, demokratischen Entscheidungsstrukturen und
> ehrenamtliche Mitarbeit [...] auszeichnen." (Anders, 2003, S. 549)

Durch die obengenannten Punkte, insbesondere aber durch die ehrenamtlichen Mitarbeiter wird gewährleistet, dass Vereine unabhängig von staatlicher Gewalt agieren können. Des Weiteren nehmen sie durch ihre nicht gewinnorientierte Organisationsstruktur einen Platz als Verbindungsstück zwischen Ökonomie und Staat ein. Ihre Aufgabe besteht unter anderem auch darin, Probleme sowohl in der Sozialpolitik als auch kulturpolitisch entgegenzuwirken (vgl. Markowetz, 2007, S. 377f.).

Seit dem Jahr 1816 gibt es die ersten Sportvereine, die einen großen Teil zur Entwicklung unserer heutigen Gesellschaft beitrugen. Heute sind etwa 28% der Deutschen in diversen Sportvereinen organisiert. Somit wird ein bedeutender Anteil der Freizeitaktivitäten der Deutschen in Sportvereinen betrieben. Besonders in ländlichen Gegenden bilden sie oft den Mittelpunkt des gesellschaftlichen Lebens. Die eben genannten Tatsachen zeigen, dass Sportvereine schon jetzt eine enorme Unterstützung für die Inklusion bieten können und bereits bieten. Anders als bei homogenen Sportvereinen für KuJ mit Behinderungen liegt der Organisationsgrad bei den 7-14-jährigen bei 68%.

Trotz der noch immer dominierenden Wettkampfsportarten in den Vereinen, 32% bieten Fußball, 17% Tischtennis, 14% Volleyball, 11% Leichtathletik, ist eine Entwicklung in Richtung Freizeitsport, welcher sich nicht am Wettkampfbetrieb orientiert, zu verzeichnen. Weiterhin stellen sich immer mehr Vereine auf die individuellen Bedürfnisse ihrer Mitglieder ein, was sich beispielsweise durch präventive Gesundheitsorientierung und die Einrichtung von Bewegungszentren bemerkbar macht. Sportvereine leben durch die ehrenamtliche Tätigkeit, Etwa jedes dritte Mitglied eines Sportvereins ist ehrenamtlich aktiv (vgl. Anders, 2003).

2.4.1.3 Kinder und Jugendliche ohne Behinderungen in Sportvereinen

Das folgende Kapitel setzt sich mit der Frage auseinander, welche Bedeutung die Vereine in der Entwicklung von KuJ einnehmen. Dabei spielt der Aspekt von Freizeit eine nicht unbedeutende Rolle. Auch beschäftigt sich dieser Teil der Arbeit mit den Gründen und motivationalen Aspekten, weshalb KuJ Vereine aufsuchen.

Zur Bedeutung von Vereinssport für Kinder und Jugendliche ohne Behinderungen

Der Vereinssport nimmt für viele KuJ eine wichtige Rolle in ihrem Leben ein. Dies zeigt sich unter anderem in der Ausweitung der Sportangebote, der Zunahme der in Sport investierten Zeit in Sport und der hohen Zahl von KuJ, die immer früher einen Sportverein aufsuchen (vgl. Rheker, 1996, S.96f.). Studien haben ergeben, dass in der Phase der Kindheit der Vereinssport eine enorme Bedeutung für die Identitätsentwicklung aufweist. So werden 41 Prozent der Kinder im Alter von vier Jahren Mitglied eines Sportvereins. Im Jahr 2006 waren im Altersabschnitt zwischen vier bis zwölf Jahren, neun von zehn Mädchen und Jungen Mitglied in einem Verein.

Unter den Gesichtspunkten von Peers und Freundschaften gelangen Strzoda und Zinnecker zu folgenden Erkenntnissen:

> „Bei Jungen ist offensichtlich alles entscheidend, ob sie an der sportiven Kultur
> teilnehmen oder nicht. Sportive Hobbys sind mit einer Zunahme sozialer
> Bindungen aller Art assoziiert, sowohl formeller (Verein, Schule) wie informeller

(Jugendliche). Jungen ohne Sporthobby haben weniger Möglichkeiten zu sozialen Kontakten und dürften deshalb Nachteile beim Erwerb sozialen Kapitals haben.

Bei Mädchen teilt sich das Feld der Hobbys. Auf der einen Seite finden wir Sport und Kunst/Musik. [...] Vereinfacht ausgedrückt sind es Mädchen, mit einem Sport-Hobby [...], denen aufgrund institutionellen Einbindungen besonders die Möglichkeit zu spezifischen Freizeitlaufbahnen und damit zur Ansammlung von kulturellem (und auch sozialem) Kapital gegeben ist." (Schmidt, 2008, S. 375)

Doch diese Erkenntnisse sind nicht neu. Schon 1927 hat Hetzer anhand von der Beobachtung der Kinder ähnliche Schlüsse gezogen. So sah er z.B., dass Regelspiele sowohl die kognitiven Fähigkeiten als auch die soziale Entwicklung fördern. Weiterhin entdeckte er, dass KuJ durch sportliches Können ein verbessertes Selbstwertgefühl aufweisen. Zudem stellte er soziale und gesellschaftliche Vorteile des Sporttreibens fest. Durch die Verpflichtungen einer Mannschaft im Sportverein entwickeln sich Fähigkeiten des Vereinsmitgliedes wie beispielsweise die Gemeinschafts- und Toleranzfähigkeit (vgl. Schmidt, 2008, S. 380ff.).

Durch regelmäßige Besuche in einem Sportverein eignen sich diese Personen wichtige Schüsselqualifikationen wie soziale Kompetenz, Eigeninitiative und Kulturbewusstsein, an. Zwar entscheiden die Eltern zu Beginn über den Verein und die Sportart, aber ab einem gewissen Alter erwerben die KuJ die Fähigkeit, die Sportangebote nach ihren Interessen zu wählen. Dabei lassen sich zwei markante Motive erkennen, die KuJ veranlassen, einen bestimmten Verein zu besuchen. Das erste Motiv ist der Einfluss anderer. Großeltern, Bekannte, Eltern, aber besonders im späteren Verlauf die Peers beeinflussen in hohem Maße die Entscheidung der KuJ über den Eintritt in einen bestimmten Verein und eine bestimmte Sportart. Das zweite maßgebliche Motiv ist von der sachbezogenen Ebene abhängig. Hierbei handelt es sich um das Agieren aufgrund der intrinsischen Motivation der KuJ, also um einen selbstständigen inneren Antrieb ihrerseits. Diese Motivation kann, bewusst oder unbewusst, in der Stärkung des Selbstwertgefühles oder ein Erreichen einer höheren sozialen Akzeptanz bestehen (vgl. Schmidt, 2008, S. 380ff.).

80 Prozent der Kinder fühlen sich in ihrem Sportverein wohl und 71,9 Prozent sind mit den Leistungen ihres Trainers, besonders im Bezug auf seine sozialen Kompetenzen,

zufrieden. So lässt sich abschließend sagen, dass die Bindung zum Sportverein an die Atmosphäre und die gute Stimmung – dies sagen 72,2 Prozent der KuJ aus – und das Zugehörigkeitsgefühl zu ihrer Mannschaft – diese Aussage machten 66,2 Prozent der Mädchen und Jungen – gekoppelt ist. Diese Zahlen unterstreichen, welch hohen sozialen Auftrag den Vereinen zukommt. Die Gewichtigkeit des Gemeinschaftsgefühls zeichnet sich nicht nur im Amateursport ab, sondern lässt sich in allen Leistungsklassen nachweisen. Sport mit KuJ bietet auch die Möglichkeit, sie auf ihr späteres Leben als Erwachsene vorzubereiten. Hier lernen sie den Umgang mit Erfolg, Niederlagen und Rückschlägen. Sie lernen den Umgang mit anderen, die Akzeptanz von Meinungen, das Einfügen in eine Gemeinschaft und vieles mehr. Somit lässt sich feststellen, dass Sportvereine in großer Verantwortung in Bezug auf die außerschulische Kinder- und Jugendarbeit stehen. Das Einbeziehen von allgemein-koordinativen und sportartenübergreifenden Srequenzen im Training, aber auch die Forderung nach pädagogisch-psychologisch qualifizierten Trainern ist für eine positive Entwicklung und die Erhaltung der Attraktivität von Sportvereinen für KuJ von Nöten (vgl. Schmidt, 2008, S. 380ff.).

Zur Problematik von Freizeit bei Kindern und Jugendlichen ohne Behinderungen

„Sich Wohlfühlen, das tun und lassen können, was Spaß und Freude macht, und das Leben in eigener Regie gestalten sowie viel mit Familie und Freunden unternehmen", so definiert Opaschowski (2007, S. 36) den Begriff Freizeit.

Opaschowski unterteilt Freizeit in vier Dimensionen: Als Eigen-, Bildungs-, Sozial-, und Arbeitszeit (vgl. Opaschowski, 1990, S. 17-73). Für das Freizeitverhalten von KuJ ist wohl die Dimension der Sozialzeit die bedeutendste Dimension; dort wird mit Freunden über wichtige Dinge gesprochen und gemeinsam etwas unternommen, Kommunikation findet statt.

Circa zwei Drittel aller Nachmittagsbeschäftigungen sind auf den Sport zurückzuführen. So ist auch hier festzustellen, dass sich das Freizeitverhalten der KuJ positiv für Sportvereine auswirkt. Schon in jungen Jahren veranlassen Eltern, dass ihre Kinder einen Sportverein aufsuchen und schaffen somit – neben dem Kindergarten und der Schule – einen weiteren Weg zur gesellschaftlichen Eingliederung und Sozialisierung.

50 Prozent der Kinder besuchen im Durchschnitt wöchentlich zweimal den Verein, 30 Prozent nehmen sogar bis zu fünfmal in der Woche am Training teil. Auch Mehrfachmitgliedschaften treten heutzutage vermehrt auf, so dass circa ein Drittel aller Vereinsmitglieder sich in etlichen Sportarten betätigt (vgl. Schmidt, 2008, S. 374).

2.4.1.4 Kinder und Jugendliche mit Behinderung in Sportvereinen

Das folgende Kapitel setzt sich mit der Frage auseinander, welche Bedeutung die Vereine in der Entwicklung der KuJ mit Behinderungen einnehmen. Dabei spielt der Aspekt von Freizeit eine große Rolle. Auch beschäftigt sich dieser Teil der Arbeit mit den Gründen und der motivationalen Aspekte, aus denen KuJ mit Behinderungen Vereine aufsuchen. Weiterhin wird die Problematik der Inklusion in Sportvereinen angesprochen und hierzu verschiedene Studien und Projekte, wie z.B. die PFiFF-Studie, vorgestellt.

Zur Bedeutung des Sportvereins für Kinder und Jugendliche mit Behinderungen

Es gibt verschiedene Sichtweisen zum Sport von Menschen mit Behinderungen, vom traditionellen Ansatz einer Behindertensportpädagogik über den medizinisch-therapeutischen Ansatz, dem interaktionsorientierten Ansatz bis hin zum Normalisierungsprinzip (vgl. Rheker, 1993, S. 54 und 1996, S. 8-17; Ministerium für Stadtentwicklung, Kultur und Sport des Landes Nordrhein-Westfalen, 1996, S. 22ff). Bei inkludiertem Sport geht es grundsätzlich um das Entgegenwirken von Aussonderung und Isolierung und zur Unterstützung der gesellschaftspolitischen Gleichheit aller.

Wenn man nach dem Gesetz der Gleichbehandlung – Grundgesetz Artikel 3, Absatz 3 – argumentiert, sollte jedem Menschen mit und ohne Behinderung die Möglichkeit gegeben werden, in jedem Sportverein aktiv zu werden. Fraglich ist jedoch, wie es die einzelnen Vereine sehen und der/die Betroffene selbst. Möchte er überhaupt in einen Verein mit Menschen ohne Behinderung? Aber nicht nur diese Sichtweisen spielen eine Rolle. Wenn beide Parteien oben genannte Fragen bejahen, rücken die Gegebenheiten des Vereins in den Blickpunkt. Wie sieht es mit den räumlichen Bedingungen aus, ist z.B. die Sporthalle barrierefrei und sind qualifizierte Trainer vorhanden, die Menschen mit Behinderung beim Sporttreiben begleiten?

Durch die Entwicklung der Behindertensportverbände ist anzunehmen, dass auch die Trennung in den Köpfen noch immer eine starke Bedeutung hat. Schaut man tiefer in die Struktur und die Geschichte von Behindertensportvereinen, so wird offensichtlich, dass viele noch immer ihr Hauptaugenmerk auf die Rehabilitation legen, während in den Sportvereinen für Menschen ohne Behinderungen ein Trend vom leistungs- und körperbetonten Sport in Richtung Spiel und Spaß erkennbar ist. Laut Rheker (1996, S. 103) und Markowetz (2007, S. 376f.) fühlen sich viele Mitglieder in ihrem Behindertensportverein sehr wohl, jedoch wünschen sie sich, dass auch Menschen ohne Behinderung in ihren Verein eintreten. Eine positive Tendenz seitens der Sportvereine für Menschen mit als auch jene ohne Behinderungen ist darin zu sehen, dass beide Seiten in Richtung heterogene Sportgruppen hinarbeiten. Jedoch ist die derzeitige Inklusionsgeschwindigkeit viel geringer, als es sich die Fachleute, Eltern, Betroffenen und der Staat selbst erhoffen. Ein großes Problem sind dabei die differenzierten Angebote sportlicher Maßnahmen auf beiden Seiten, die ein hohes Maß an Kooperationsbereitschaft und Inklusionsverständnis bedürfen, um die Schranken abzubauen.

Die Motive für den Eintritt in einen Verein müssen differenziert aus Sicht der Eltern und der KuJ mit Behinderung betrachtet werden. In der Regel wollen die Eltern, dass es ihrem Kind gutgeht. Dabei geht es um die körperliche Gesundheit und deren Erhaltung und Förderung, aber auch um die seelische, soziale Gesundheit ihres Schützlings. Anders hingegen ist es in der Regel bei den KuJ. Ihnen geht es zunächst wohl vielmehr um die Freude am Sporttreiben und – mit zunehmendem Alter mehr und mehr – sicher auch um die Aussicht, andere Menschen kennenzulernen. Positive Begleiterscheinungen wie eine bessere Fitness, ein möglicherweise gestiegener Bewegungsspielraum sind wohl eher gern in Kauf genommene als maßgebliche Motivationen – es sei denn, ihre Eltern haben sie im Vorfeld explizit auf diese Vorzüge hingewiesen und ihnen damit den Vereinsbeitritt schmackhaft gemacht. Generell ist davon auszugehen, dass KuJ mit Beeinträchtigungen ebenso gern Fußball und Badminton spielen oder schwimmen wie alle anderen KuJ auch.

Durch den Besuch eines Sportvereins wird die psychische und physische Entwicklung von KuJ mit Behinderung positiv beeinflusst. Sporttreiben verbessert nicht nur ihre Beweglichkeit und Kondition, das Vereinsleben hält noch weitaus mehr positive Aspekte bereit. Es fördert das Vertrauen in sich selbst und andere, die Konzentrationsfähigkeit, das Reaktionsvermögen und vieles mehr. Aber insbesondere trägt es dazu bei, die Selbstständigkeit und Selbstsicherheit von Menschen zu erhöhen, die einen Hilfebedarf haben. Menschen mit Behinderungen haben wie alle anderen auch einen Bewegungsdrang, der sie dazu verleitet, Sport zu treiben und zu spielen. Natürlich hat der Behindertensport präventive und therapeutische Funktionen. Doch muss auch neben lehrreichen und bildungsorientierten Sequenzen die soziale Seite berücksichtigt werden. Die Inklusion im Sport bietet Menschen mit Beeinträchtigungen eine höhere Lebensqualität und den Zugang zu einem normalisierten, gleichberechtigten Leben (vgl. Markowetz, 2007, S. 339-419).

Vorstellung ausgewählter Projekte und Studien

Viele Eltern sind auf der Suche nach einer inkludierten Lösung für ihr Kind mit geistiger oder körperlicher Beeinträchtigung. So geben viele ihre Schützlinge schon im Kleinkindalter in integrative Kindergärten, in denen sie mit Gleichaltrigen eine gemeinsame Kindheit erleben. Früher oder später stellt sich jedoch die Frage, wenn das Kind mit einer Beeinträchtigung im Kindergarten mit den anderen zusammen spielt und lernt, warum soll es nicht gemeinsam mit ihnen auch seine Freizeit verbringen und einen Sportverein aufsuchen? Doch in den meisten Fällen wird die Suche nach einem geeigneten Sportverein, der auch inklusiv agiert, zur Tortur. Viel zu hoch erscheinen bei vielen Trainern die Vorbehalte, noch dazu sehen viele dies vor allen Dingen mit zusätzlichen Problemen und einem erhöhten Zeitaufwand verbunden, den die ehrenamtlichen Mitglieder nicht aufbringen können – oder wollen. Finden die Familien dennoch einen Verein, so ist dieser oft wohnortfern anzutreffen (Markowetz, 2008, S. 183f.). Durch weite Entfernungen und viele Rückschläge bei der Suche wird sich bei den Familien eine nachlassende Motivation begünstigt, die den Gedanken entstehen lässt, dass es vielleicht doch besser wäre, einen Verein aufzusuchen, in dem nur Menschen mit Behinderung trainieren. Maslow vertritt die Ansicht, dass „wenn die Bedrohung überwältigend ist oder wenn der Organismus zu schwach oder hilflos ist, um mit ihr fertig zu werden, neigt er dazu, zu desintegrieren" (Maslow, 1991, S. 57). Übertragen bedeutet dies, wenn die Familie trotz intensiver Suche immer neue Rückschläge. z.B. durch das ablehnende Verhalten der Vereine gegenüber ihrem Kind, erfährt, kann es passieren, dass sie resigniert und die isolierte Lage ihres Kindes akzeptiert. Aber auch das Kind selbst kann dieses Verhalten entwickeln, wenn es z.B. in einem Verein immer separat und nie gemeinsam mit den anderen Kindern trainiert und spielt.

Im Folgenden werden Projekte und Studien vorgestellt, die sich mit inkludiertem Sport beschäftigen.

Es reicht nicht aus, in einem Bereich, z.b. dem Kindergarten, KuJ mit Behinderung einzubeziehen, diese aber in anderen Lebensbereichen, z.b. Sport und Freizeit, wieder zu isolieren (vgl. Rheker, 2008, S. 159). So entstand in Paderborn bereits 1982 ein Familiensportverein, in dem Familien mit ihren KuJ mit und ohne Behinderungen gemeinsam Sport treiben und weitere Freizeitaktivitäten, wie Spielfeste, Ausflüge und Wanderungen, organisieren (vgl. Ministerium für Stadtentwicklung, Kultur und Sport des Landes Nordrhein-Westfalen, 1996, S. 71f; Rheker 1993, S. 57-78; Rheker, 1996, S. 53-63; Rheker, 2008, S. 159-180). Voraussetzungen für die Organisation einer solchen Sportgruppe und viele Anwendungsbeispiele sind bei Rheker (1993, S. 85-214) zu finden. Ein weiteres langjähriges Praxisbeispiel, was erfolgreich gemeinsamen Sport seit dem Jahr 1985 mit Studierenden der Universität-Gesamthochschule Paderborn vollzieht, ist der Paderborner Ahorn-Panther e.V., der anfänglich zwei Sportangebote unterbreitete und heute in 15 Abteilungen 36 Sportgruppen trainiert (vgl. Rheker, 1996, S.83-95; http://www.ahornpanther.de/index.html).

Die Studie „Bewegung, Spiel und Sport mit behinderten Kindern und Jugendlichen"
Seit 1983 ermöglicht es die Universität in Paderborn ihren Studenten, eine Zusatzqualifikation im Bereich Behindertensport zu erlangen. Im Jahre 1987 begann das dreieinhalbjährige Projekt "Bewegung, Spiel und Sport mit behinderten Kindern und Jugendlichen". Dabei ging es um folgende Fragen:

- „Wieviele Kinder und Jugendliche mit Behinderungen treiben regelmäßig Sport?

- Gibt es eine ausreichende Zahl von geeigneten Sportangeboten oder existieren Defizite?

- Erreicht der organisierte Sport mit seinen Angeboten die Heranwachsenden mit Beeinträchtigungen, d.h., sind die Sportprogramme entsprechend auf die Adressatengruppen ausgerichtet?

- Welchen Stellenwert nimmt der Sport im Freizeitverhalten von KuJ mit Behinderung ein? Aus welchen Gründen treiben sie Sport, wie sehen sie selbst ihren Sport?

- Welcher Art sind die Zusammenhänge sportiver Praxis und Lebensorientierung? In welchem Maße beeinflussen etwa gesellschaftliche Zusammenhänge das Sportengagement und das Sportverständnis von KuJ mit Behinderungen?" (Ministerium für Stadtentwicklung, Kultur und Sport des Landes Nordrhein-Westfalen, 1996, S.13)

Neben einem qualitativen Interviewleitfaden gab es auch eine quantitative Befragung, bei der 166 KuJ mit Behinderungen einen Fragebogen erhielten, wovon 105 KuJ diesen mit Hilfe von Betreuern oder Eltern beantworteten. Dabei kamen unter anderem folgende Ergebnisse heraus:

- Die wichtigste Freizeitbeschäftigung ist Musik oder Radio hören. Passive und konsumierende Freizeitgestaltung nimmt somit einen Großteil der Freizeit ein,

- Der Bereich Kommunikation in der Freizeit ist weiterhin ein wichtiger Bestandteil, wird mit zunehmendem Alter jedoch geringer,

- Aktive Freizeitbeschäftigungen spielen für KuJ eine untergeordnete Rolle,

- 58,93 Prozent (allein beantwortet) und 71,27 Prozent (mit Hilfe beantwortet) sahen Sport als einen wichtigen Bereich in ihrem Leben,

- Sporttreiben nimmt eine wichtige Rolle im Leben der KuJ mit Behinderung ein.

(vgl. Ministerium für Stadtentwicklung, Kultur und Sport des Landes Nordrhein-Westfalen, 1996, S. 39ff.).

Weiterhin wurde untersucht, welche Motivation KuJ mit Behinderungen zugrunde liegt, wenn sie einen Sportverein aufsuchen. Eine zentrale Rolle spielte bei den KuJ der Spaß, gefolgt von Gesundheit und Fitness und dem sozialen Motiv. Weiterhin gaben 46,67 Prozent an, die Anregung zum Sport durch die Familie erfahren zu haben. (vgl. Ministerium für Stadtentwicklung, Kultur und Sport des Landes Nordrhein-Westfalen, 1996, S. 41ff.). In Bezug auf die Freizeitgestaltung von KuJ mit Behinderungen kam die Studie zu dem Ergebnis, dass diese noch immer große Benachteiligungen erfahren:

„Sie sind durch äußere Barrieren [...], durch Einstellungen und Vorurteile der nichtbehinderten Menschen und durch die Abhängigkeit von Institutionen bzw. Familienangehörigen ausgeschlossen." (Ministerium für Stadtentwicklung, Kultur und Sport des Landes Nordrhein-Westfalen, 1996, S. 49)

Inkludierter Sport ist primär im Bereich Freizeitsport anzutreffen. Dabei umfasst der Begriff Freizeitsport hier ein vielfältiges Angebot für alle Sporttreibenden, mit einem wechselseitigen Lernprozess, in dem sich Inhalte des Sportangebotes nach den Wünschen und Bedürfnissen der Mitglieder richten und die in inkludierten Gruppen ohne Erfolgs-, Leistungs- oder Konkurrenzzwang miteinander Sport treiben. Dies sind enorme Anforderungen für die Trainingsleiter/Trainingsleiterinnen (vgl. Ministerium für Stadtentwicklung, Kultur und Sport des Landes Nordrhein-Westfalen, 1996, 19ff.).

Die PFiFF-Studie

Ein weiteres Projekt trägt den Namen PFiFF – Projekt zur Förderung integrativer Ferien- und Freizeitangebote – und wird im Folgenden näher erläutert.

Das Modellprojekt PFiFF setzt sich für den Eintritt von KuJ mit Behinderungen in wohnortnahen Vereinen ihrer Wahl ein und schafft damit die Grundvoraussetzung für eine Eingliederung im Lebensbereich Freizeit (vgl. Markowetz, 2008, S. 186). Das von der Jugendstiftung in Baden-Württemberg durchgeführte, finanzierte und dem Assistenz-Modell zugrunde liegende Projekt wurde über einen Zeitraum von drei Jahren betrieben. Das Projekt ging von der Annahme aus, dass die Förderungsmöglichkeiten der Interaktionen von KuJ mit und ohne Behinderungen über ein großes Potenzial verfügen. Dies gilt es zu nutzen. Darüber hinaus versuchte das Projekt, den KuJ mit Beeinträchtigungen die Möglichkeit zu geben, einen Verein nach ihren Wünschen zu besuchen, was durch professionelle Begleitpersonen und Assistierende verwirklicht werden sollte. So gliederte sich das Projekt in folgende sechs Phasen:

1. „Erstgespräch mit den Eltern und Finden geeigneter Assistent/-innen

2. Kontaktphase der Assistentin/des Assistenten mit dem Kind und der Familie

3. Suche nach einem geeigneten Freizeitverein

4. Integration und Mitgliedschaft im Verein auf Probe

5. Reflexion der Mitgliedschaft auf Probe und der gemachten integrativen Erfahrungen

6. Stabilisierung der Integrationsmaßnahme und Überführung in die ‚Normalität'." (Markowetz, 2007, S. 380)

Bevor eine Familie diesen Entschluss fasst und einen Antrag auf Eingliederungshilfe nach den §§ 39/40 Absatz 1 Nummer 8 Bundessozialhilfegesetz (BSHG) oder § 35a Kinder- und Jugendhilfegesetz (KJHG) stellt, bietet PFiFF e.V. sich als Kontaktstelle an, bei der sie eine kostenfreie Beratung erhalten können. Nach dieser entscheiden die Eltern nun, ob sie einem Antrag auf Vermittlung ihres Kindes in einen Verein und die Begleitung der Maßnahme durch einen/einer Assistenten/Assistentin zustimmen. Fällt die Entscheidung für dieses Projekt, beantragen die Eltern bei den zuständigen Sozial- und Jugendämtern die Eingliederungshilfe.

Nach Zuspruch auf Eingliederungshilfe erfolgt der Kontakt zu einem/einer Assistenten/Assistentin. Dieser Kontakt ist gekennzeichnet durch Gespräche, Besuche mit Hospitationen und den Aufbau von gegenseitigem Vertrauen. Dabei wird ein Zeitraum von vier bis sechs Wochen veranschlagt, in der der/die Assistent/Assistentin ein bis zweimal in der Woche die Familie bis zu vier Stunden besucht. In dieser Zeit lernt er/sie auch die Familienstrukturen näher kennen.

Ist dies erfolgreich gelungen, beginnt die Suche nach einem geeigneten Verein für das Kind oder den Jugendlichen. Wichtig dabei sind die Wohnortnähe und die Berücksichtigung der Wünsche des KuJ. Durch die Wohnortnähe wird gewährleistet, dass mögliche neue Kontakte auch über den Verein aufrecht erhalten und gepflegt werden können. Zudem besteht die Möglichkeit, dass andere Kinder aus dem sozialen Umfeld der KuJ mit Behinderungen ebenfalls den Verein aufsuchen. Auch durch solche gemeinsamen Besuche können Vorurteile gegenüber Menschen mit Behinderungen abgebaut werden.

Die Kontaktaufnahme zum Verein nimmt der/die Assistent/Assistentin auf. Mithilfe seiner/ihrer Professionalität versucht er/sie, die verantwortlichen Trainer für seine/ihre Sache zu gewinnen. Im folgenden Schritt erfolgt die Eingliederung in drei Phasen und geschieht über einen Zeitraum von maximal neun Monaten.

Während der ersten Phase sind die KuJ Mitglieder auf Probe. Dabei hilft der/die Assistent/Assistentin dem jeweiligen KuJ in allen Dingen, damit ein möglichst reibungsloser Ablauf gewährleistet ist, der auch dem Trainer die Umstellung erleichtert. Ihm soll dabei das Gefühl vermittelt werden, dass das Kind/der Jugendliche keine zusätzliche Belastung für ihn darstellt. Weiterhin muss darauf geachtet werden, dass der/die Assistent/Assistentin das Kind/den Jugendlichen nicht in Abhängigkeiten bringt, dass er/sie nicht zu sehr auf ihn/sie fixiert.

In der zweiten Phase findet nach einem angemessenen Zeitraum eine Reflexion der gemachten Erfahrungen mit dem Kind auf Probe statt. Hierbei ist von besonderer Bedeutung, dass jeder, der an diesem Prozess beteiligt war, sich äußert, von den Eltern bis zu den Vereinsmitgliedern sollte jeder Meinung Beachtung geschenkt werden. Erst dann wir das Votum für oder gegen ein weiteres gemeinsames Vorgehen erteilt. Ist ein Abbruch der Maßnahme das Ergebnis, gilt es, dies nicht als Rückschlag zu sehen, sondern als Erfahrung. Wenn die mögliche erste Enttäuschung verwunden ist, ist ein zweiter Versuch oft die richtige Wahl, entweder im selben Verein oder in einem anderen, zu entscheiden.

Der ideale Fall ist natürlich ein gemeinsames positives Votum und damit der Übergang in die dritte Phase. Hier geht es um die Stabilisierung der Maßnahmen. Nun ist angedacht, dass sich der/die Assistent/Assistentin immer mehr vom Geschehen distanziert, die Rolle des Beobachters einnimmt. Zusätzlich gibt er/sie Anregungen für die Gestaltung des Trainings und überträgt so schrittweise die Verantwortung an den Trainer. Die Eingliederung des Kindes/Jugendlichen in den Status eines normalen Vereinsmitglieds und somit in die Normalität ist vollzogen (vgl. Markowetz, 2007, S 419-431; Markowetz, 2008, S. 183-198).

Sportvereine bieten einen idealen Raum, um soziale Kontakte zu entwickeln. Sie bieten die Möglichkeit als Inklusionsraum zu agieren für ein gemeinsames Handeln zwischen Menschen mit und ohne Behinderung. Die Individualität jedes Einzelnen darf jedoch nicht unberücksichtigt bleiben, so Markowetz:

> „Mit Blick auf die Wertschätzung der grundsätzlichen Gleichheit aller Menschen
> und die dennoch objektiv bestehenden individuellen Differenzen sollte es heute
> wie morgen im Freizeitbereich neben einem breiten integrativen Angebot nach

wie vor auch noch spezielle Angebote für sowohl nichtbehinderte als auch behinderte Menschen geben." (Markowetz, 2007, S. 379)

Behinderte helfen Nichtbehinderten

In den oben genannten Beispielen für Inklusion sind die Initiatoren ausschließlich Menschen ohne Behinderungen. Im nächsten Praxisbeispiel geht es darum, dass Sportler und Sportlerinnen mit Behinderung den SuS ohne Behinderungen helfen. "Behinderte helfen Nichtbehinderten" (BhN) – so nennt sich der Verein, im Internet zu finden unter „www.bhn-online.de" – wurde im Mai 1996 gegründet. Die Idee brachte Reinhild Möller aus den USA mit, wo ähnliche Schulprojekte bereits durchgeführt werden (vgl. Scheid, 2008, S. 143). Dabei gehen Sportler und Sportlerinnen mit körperlichen Behinderungen in die Schulen und stellen so den Kontakt mit KuJ ohne Beeinträchtigung her. Ziele des Projektes sind der Abbau von Berührungsängsten, der Ausbau von Handlungskompetenzen von SuS gegenüber Menschen mit Behinderungen, eine positive Entwicklung der Wahrnehmung und des sozialen Verhaltens im Bezug auf Menschen mit Behinderungen. Weiterhin wird das Ziel verfolgt, den Begriff Leistung in unserer Gesellschaft zu relativieren (vgl. Scheid, 2008, S.144).

Scheid fragte nach der Wirkung der Unterrichtsbesuche von Sportlern und Sportlerinnen mit Behinderung und nahm eine Evaluation an verschiedenen Gymnasien vor. Hier wurde festgestellt, dass eine ablehnende Haltung und Angst gegenüber Menschen mit körperlichen Behinderungen schon zu Beginn gering ausgeprägt war. Durch dieses Projekt wurden demnach Unsicherheiten abgebaut und das Interesse und die Neugierde am alltäglichen Leben und die sportliche Betätigung von Menschen mit körperlichen Behinderungen geweckt. Nach dem Abschluss des Projektes fühlten sich die SuS selbstbewusster und sicherer im Umgang mit Menschen mit körperlichen Behinderungen. Auch die Einstellung zum sportlichen Verhalten änderte sich enorm. Waren es im Vorfeld 40 Prozent der SuS, die ein sportliches Verhalten von Menschen mit körperlichen Behinderungen erwarteten, stieg die Zahl auf 80 Prozent nach Beendigung des Projektes (vgl. Scheid, 2008, S. 149-153). Zwei Drittel der befragten SuS waren am Ende der Meinung, dass, wenn sie einen/eine Mitschüler/Mitschülerin mit einer körperlichen Behinderung in ihrer Klasse hätten, dieser/diese den Schulalltag nicht negativ beeinflussen würde und konnten sich sogar vorstellen, mit ihm/ihr nach der Schule gemeinsam das Schwimmbad zu besuchen (vgl. Scheid, 2008, S. 154f.).

Aktuelle Studien zur Inklusion

2010 veröffentlichte die Bertelsmann-Stiftung die Ergebnisse zur Studie "Gemeinsam lernen. Inklusion leben". Dort wurde festgestellt, dass in Kindertagesstätten ein Inklusionsanteil von 61,5 Prozent erreicht wurde. Schaut man in den Bereich der Schulen, so sieht die Bilanz eher mager aus. Der Anteil der SuS, welche inkludierten Unterricht genießen, liegt bei durchschnittlich 18,4 Prozent. Bei genauer Betrachtung von Primar- und Sekundarstufe fällt auf, dass zwischen den beiden Stufen ein Bruch besteht: So werden in Grundschulen 33,6 Prozent der SuS inkludiert unterrichtet, während es bei den weiterführenden Schulen nur 14,9 Prozent der SuS mit Förderbedarf sind. Eine weitere Problematik ist die unterschiedliche Entwicklung der Bundesländer hinsichtlich der Inklusion an Schulen. Ein Blick an das untere Ende der Statistik zeigt, dass in Niedersachsen nur 6,6 Prozent der SuS inkludierten Unterricht erfahren. An der Spitze steht mit 41,9 Prozent Schleswig-Holstein. Eine weitere Feststellung war, dass Förderschulen den SuS mangelhaft Kompetenzen vermitteln, die wichtig für die Teilhabe an der Gesellschaft sind. So erreichten 76,3 Prozent aller Förderschulabgänger und Förderschulabgängerinnen keinen Hauptschulabschluss (vgl. Klemm, 2010, S.5ff.).

Der jüngste Forschungsbericht wurde im Juni 2012 veröffentlicht. Dieser beschäftigte sich mit der "Qualitätsbedingung schulischer Inklusion für Kinder und Jugendliche mit dem Förderschwerpunkt körperliche und motorische Entwicklung" und wurde vom Landschaftsverband Rheinland in Auftrag gegeben. Dieser Bericht beinhaltet die Ergebnisse der qualitativen – eine Befragung von 84 Personen – und quantitativen Studie, die in Nordrhein-Westfalen durchgeführt wurden. Bei der quantitativen Befragung wurden SuS, Lehrkräfte, Mitarbeiter an Schulen und Eltern befragt. Die Befragung wurde an Förderschulen, allgemeinen Schulen und Integrativen/Inkludierten Schulen durchgeführt. Insgesamt lag die Rücklaufquote der Fragebögen bei 57 Prozent, was 4011 zurückgesendete Fragebögen bedeutete. Die Fragen beschäftigten sich mit den aktuellen Einflussgrößen schulischer Inklusion. Dazu zählen die Beeinträchtigung der SuS, die Persönlichkeitsvariablen der SuS und das Elternhaus. Weiterhin wurde nach den Bedingungen gefragt, die einen inkludierten Unterricht ermöglichen. Als Grundbaustein für inkludierten Unterricht wurde dabei die Haltung und Einstellung aller Beteiligten als angesehen.

Ein weiterer Punkt ist auf der unterrichtsbezogenen Ebene zu beachten. So forderten viele Befragte eine Doppelbesetzung sonderpädagogischer Fachkompetenz und eine angemessene Klassengröße. Ziel der Studie war es unter anderem, herauszufinden, welche Voraussetzungen auf allen Ebenen geschaffen werden müssen, um gemeinsam zu lernen. Weiterhin wurde speziell darauf eingegangen, was SuS mit Förderbedarf für einen angemessenen Schulaufenthalt benötigen (Lelgemann, 2012).

Anzumerken ist, dass bei den genannten aktuellen Studien nur SuS mit körperlichen Behinderungen berücksichtigt wurden, SuS mit geistigen Behinderungen blieben außen vor. Es ist augenscheinlich, dass für diesen Personenkreis ein enormes Defizit bei der Eingliederung in die Gesellschaft vorliegt und besonders in den Schulen erhebliche Veränderungen von Nöten sind, um diese abzubauen.

Weiterhin ist zu erwähnen, dass in Jena eine positive Entwicklung zu inklusiven Sportvereinen zu sehen ist. So plant der SSC Jena ab März 2013 in Kooperation mit der Hockey Company Jena e.V. ein Projekt für inkludierten Sport. Unterstützung erfährt das Projekt durch den Deutschen Olympischen Sportbund (DOSB) durch finanzielle Mittel in Höhe von 7000 Euro. Logistische Hilfe erhält das Projekt vom Deutschen Hockey Bund e.V. (DHB) und hofft derzeit noch auf die Unterstützung der Universität Jena. Ziel des Projektes ist unter anderem die Vorbereitung der bereits existierenden Mannschaften auf inkludierten Sport (Anhang 2).

Zur Problematik von Freizeit bei Kindern und Jugendlichen mit Behinderungen

Seit einigen Jahren wird der Bereich Freizeit auch als wichtiger werdender Wirtschaftsfaktor angesehen. So entstehen immer mehr neue Berufsgruppen in dieser Branche und auch die Sportvereine entwickeln sich weiter und erhöhen ihre Sportangebote (vgl. Rheker, 1993, S. 34f). Die Anforderungen an solch eine Berufsgruppe sind dabei sehr komplex. Durch die Ausbildung von sogenannten Freizeitassistenten entstehen in diesem Bereich qualitativ gut ausgebildete Spezialisten, die verschiedenste Dimensionen von Sport kennen, nutzen und inkludierte Freizeit ermöglichen (vgl. Markowetz, 2008, S. 201-204).

„Die Bewältigung der Heterogenität, die Verwirklichung von Gerechtigkeit und Lebenschancen durch Freizeitassistenz ist dabei das Ziel und der Weg einer modernen Pädagogik und Didaktik der Freizeit und das Anliegen einer auf

Inklusion gerichteten Behindertenhilfe und Sozialen Arbeit im Lebensbereich Freizeit" (Markowetz, 2008, S.203f).

Der Bereich der Freizeit leistet für die Selbstbestimmung von KuJ mit Beeinträchtigungen einen wichtigen Beitrag. Hier können sie ihren Interessen nachgehen und soziale Kontakte nicht nur aufbauen, sondern auch außerhalb der Schule pflegen. Die selbstständige Freizeitgestaltung begünstigt eine Persönlichkeitsentwicklung, die sich in Richtung Eigenständigkeit und weg von einer (zu) hohen Abhängigkeit der Eltern vollzieht. Aber auch Freizeitrituale im Familienkreis, ...

„[...] eingespielte und liebgewordene Gewohnheiten geben den Menschen im Alltag Struktur und Halt. Gerade im Zusammenleben von Familienmitgliedern haben Rituale eine wichtige Stabilisierungsfunktion. Dahinter verbirgt sich das Bedürfnis nach Sicherheit und Geborgenheit, der Wunsch nach einem harmonischen Feierabend oder schönen Wochenende" (Opaschowski, 2008, S. 57).

Opaschowski benennt acht Bedürfnisse der Freizeit, die aus seiner Sicht auf alle Menschen mehr oder weniger zutreffend (vgl. Opaschowski, 1990, S. 92ff). Auch stellt er die Diskriminierung von Menschen mit Behinderungen fest (vgl. Opaschowski, 1976, S. 130). Leider gibt es eine Vielzahl von KuJ mit Beeinträchtigungen, die in der Ausübung ihrer Freizeit starkeingeschränkt sind. Die Gründe hierfür liegen beispielsweise in fehlender Mobilität und Zeit (vgl. Karl, 1991, S. 26-29).

Die folgende Systematisierung in Anlehnung an Markowetz, die dieser anhand anhand der Vorgaben von Opaschowski erstellte, bieten einen Überblick über die Freizeitbedürfnisse und deren Einschränkung bei Menschen mit Behinderungen:

Tab. 2.4.1: Überblick über die Freizeitbedürfnisse und deren Einschränkung bei Menschen mit Behinderungen (In Anlehnung an Markowetz, 2007, S. 338)

Übergeordnetes Bedürfnis	Konkrete Bedürfnisse	Benachteiligung für Menschen mit Behinderungen
Reaktion	Erholung, Ruhe, Wohlbefinden, angenehmes Körpergefühl	Abhängigkeit von anderen Menschen (z.B. Rückzugsorte, Zeiteinteilung, Hygiene)
Kompensation	Ausgleich, Ablenkung und Vergnügen	Unzureichende Mobilität durch eine nicht barrierefreie Umwelt, Mangel an Freizeitangeboten
Edukation	Kennenlernen, Weiter- und Umlernen in verschiedenen sachbezogenen und sozialen Handlungsebenen	Geringe Auswahl an Bildungseinrichtungen, eingeschränkte Berufswahl
Kontemplation	Selbsterfahrung und Selbstfindung	Abhängigkeit von oft zugeteilten Pflegepersonen, Bevormundung Isolation von Menschen mit Behinderungen von Menschen ohne Behinderungen
Kommunikation	Mitteilung, vielfältige soziale Beziehungen, Geselligkeit	Rückgang des Kommunikationsbedürfnisses durch Frustration und „sich-unverstanden-fühlen" Eingeschränkte Erreichbarkeit und Auswahl von Kommunikationspartnern
Integration	Zusammensein, Zugehörigkeits-gefühl und soziale Stabilität	Bezugspersonen oder Bezugsgruppen ohne Berücksichtigung der persönlichen Interessen Diskriminierung und Isolation in der Gesellschaft
Partizipation	Beteiligung, Mitbestimmung und Engagement	Fremdbestimmung durch andere Personen und Institutionen Entscheidungen werden von Stellvertretern getroffen
Enkulturation	Kreative Entfaltung, produktive Betätigung und Teilnahme am kulturellen Leben	Möglichkeiten kreativer und produktiver Freizeitgestaltung müssen erst geschaffen werden kulturelle Angebote sind häufig nicht behindertengerecht und nur schwer erreichbar.

Zwar stellte der Deutsche Bildungsrat im Jahr 1973 fest, dass die soziale Eingliederung von Menschen mit Behinderungen im Freizeitbereich die besten Voraussetzungen bietet (vgl. Deutscher Bildungsrat, 1973, S. 106), die Umsetzung und Schaffung von Möglichkeiten ist jedoch bisher eher gering ausgefallen (vgl. Rheker, 1993, S. 37).

Durch die Separation von KuJ mit Behinderungen in Form von Sonderschulen kommt es zu einem enormen Freizeitverlust (Karl, 1991, S. 26ff; Rheker, 1993, S.37). Darüber hinaus werden KuJ mit Behinderungen durch die weniger angebotenen aktiven Freizeitangebote dazu verleitet, ihre Freizeit eher passiv zu gestalten. Vor dem PC oder Fernseher zu sitzen, hat aber nicht nur gesundheitliche Nachteile (vgl. Rheker, 1993, S.37). Es kann zur Vereinsamung führen. Kritiker charakterisieren jedoch auch die Zeit in der integrativen Sportgestaltung einiger Vereine und im Sportunterricht für die KuJ mit Behinderungen als „gemeinsam allein" und „gemeinsam einsam" (vgl. Weichert, 2008, S.66). Für diese Entwicklung nennt Weichert drei Ursachen.

Als erste benennt Weichert die Grundeinstellung unserer derzeitigen Gesellschaft, die den Umgang mit Schwächeren missbillige und daher jegliches dahingehende Verhältnis vermeide. Dieses Verhalten ist auch unter Menschen mit Behinderungen anzutreffen, was als Minderwertigkeitshierarchie bezeichnet wird. Im Jahre 1991 gab es zu den ersten IPC-Weltmeisterschaften Boykottdrohungen, weil Athleten mit geistiger Behinderung teilnahmen. Im Jahr 1996 nahmen, trotz Beschwerden seitens der Sportler/Sportlerinnen mit körperlicher Behinderung, erstmalig Athleten mit geistiger Behinderung an den Paralympischen Spielen in Atlanta teil. (vgl. Doll-Tepper, 2002, S. 26). Einen Unterschied im Umgang mit Menschen mit Behinderungen macht das Geschlecht. Jungen ordnen sich den gesellschaftlichen Prinzipien mit ihren Hierarchie- und Dominanzaspekten eher unter als Mädchen, die ohne soziale Nachteile mit KuJ mit Behinderungen zusammen sein können (vgl. Schmerbitz & Seidensticker, 1997, S. 25-37).

Den zweiten Grund sieht Weichert in der Unsicherheit des Umgangs miteinander. KuJ ohne Behinderung, die in einem homogenen Umfeld aufgewachsen sind, wissen nicht, wie sie mit KuJ mit Behinderungen umgehen sollen und meiden sie dadurch.

Als dritte Ursache sieht Weichert die geringeren kognitiven, motorischen und oft insbesondere auch sozialen Kompetenzen von KuJ mit Behinderungen bezüglich ihrer Beziehungen zu anderen KuJ (vgl. Weichert, 2008, S. 66-67).

Markowetz hingegen sieht Inklusion im sportlichen Freizeitbereich deutlich positiver. Durch Inklusion könne „Entmedizinisierung, Entinstituionalisierung, Enthinderung und Entsstigmatisierung" (Markowetz, 2008, S.203) erreicht werden.

2.5 Inklusion im Sport unter Berücksichtigung der UN-Behindertenrechts-konvention

Dieses Kapitel stellt zunächst die UN-Behindertenrechtskonvention im Allgemeinen kurz dar, um anschließend auf die spezifischen Inhalte im Bezug auf den Sport einzugehen. Weiterhin wird hier die Umsetzung der Konventionen am Beispiel der Schulordnungen von Hamburg und Thüringen dargestellt.

2.5.1 Die UN-Behindertenrechtskonvention

Die UN-Behindertenrechtskonvention (BRK) ist ein Übereinkommen der Vereinten Nationen über die Rechte von Menschen mit Behinderungen. Die Konvention lässt sich in zwei Völkerrechtsverträge untergliedern. Der erste Teil des Übereinkommens umfasst 50 Artikel, die ein gleichberechtigtes Leben aller gewährleisten sollen. In den Artikeln 1 bis 30 finden sich daher ausführliche Bestimmungen im Bezug auf die allgemeinen Menschenrechte. Speziell der Artikel 3 der BRK nennt zusammenfassend acht Prinzipien, welche die Grundsätze der Konventionen darstellen:

a) „die Achtung der dem Menschen innewohnenden Würde, seiner individuellen Autonomie, einschließlich der Freiheit, eigene Entscheidungen zu treffen, sowie seiner Selbstbestimmung;

b) die Nichtdiskriminierung;

c) die volle und wirksame Teilhabe an der Gesellschaft und Einbeziehung in die Gesellschaft;

d) die Achtung vor der Unterschiedlichkeit von Menschen mit Behinderungen und die Akzeptanz dieser Menschen als Teil der menschlichen Vielfalt und der Menschheit;

e) die Chancengleichheit;

f) die Barrierefreiheit;

g) die Gleichberechtigung von Mann und Frau;

h) die Achtung vor den sich entwickelnden Fähigkeiten von Kindern mit Behinderungen und die Achtung ihres Rechts auf Wahrung ihrer Identität." (Hüppe, 2010, S.14f.)

In den darauffolgenden Artikeln bis einschließlich Artikel 30 werden die Grundsätze detailliert dargestellt. Ab Artikel 31 geht es primär um die Überwachung und Durchsetzung der BRK. So sollen die Vertragsstaaten die Entwicklung der Umsetzung überwachen und sich gegenseitig unterstützen. Weiterhin ist der Einsatz eines Gremiums vorgesehen, das eine überwachende Funktion innehat und in Kooperation mit den Staaten agiert.

Den zweiten Teil stellt das Fakultativprotokoll zum Übereinkommen über die Rechte von Menschen mit Behinderungen dar. Dieses enthält 18 Artikel, deren Inhalte die Schaffung eines rechtlichen Raumes und einer Institution außerhalb der Nationen vorsieht. Dieser Institution obliegt die Zuständigkeit der Annahme und Bearbeitung von individuellen Beschwerden hinsichtlich der Einhaltung der beschriebenen Rechte von Menschen mit Behinderungen. Weiterhin greift sie bei besonders schweren Menschenrechtsverletzungen ein. So entstand ein Ausschuss für die Rechte von Menschen mit Behinderungen, der betroffenen Personen oder Organisationen, die bei der Durchsetzung ihrer Menschenrechte auf nationaler Ebene gescheitert sind, die Möglichkeit bietet, ihre Probleme vorzutragen. Wenn eine Verletzung der Bestimmungen bei einem Vertragsstaat vorliegt, wird der betreffende Vertragsstaat aufgefordert, sofortige Maßnahmen für die Behebung der Verletzung einzuleiten.

Anlass für die Entstehung der BRK gaben die Vereinten Nationen, die feststellten, dass in vielen Staaten Menschen mit Behinderungen noch immer Benachteiligung und Isolierung erfahren. Nach einer vierjährigen Vorbereitungszeit akzeptierte die Generalversammlung der Vereinten Nationen 2006 die BRK, die seit 2008 völkerrechtlich wirksam ist. Nachdem Deutschland die Vereinbarung im März 2007 ratifizierte, ist die Konvention seit dem 26. März 2009 auch hier rechtswirksam gültig (vgl. Aichele, 2012, S. 42f.). Das Ziel der Konvention ist die gleichberechtigte Teilhabe aller Menschen an der

Gesellschaft, was verbunden ist mit der verbindlichen Einhaltung und Umsetzung der Menschenrechte für alle. Der Inklusionsgedanke ist dabei eine wichtige Maxime der BRK, denn er steht für die Gleichstellung aller in einem gesellschaftlichen System. Leider wurde dieses Vorhaben bei der offiziellen Übersetzung der BRK nicht berücksichtigt, diese erfolgte unter nur geringer Beteiligung von Menschen mit Behinderungen und ihrer Organisationen. Um dem entgegenzuwirken, beschloss der Verein „Netzwerk Artikel 3 – Verein für Menschenrechte und Gleichstellung Behinderter e.V." gemeinsam mit den betroffenen Menschen und ihren Vereinen eine Schattenübersetzung – diese werden von Organisationen angefertigt, die frei von der Regierung agieren. – durchzuführen und 2009 zu veröffentlichen. Eine Abwandlung der offiziellen Übersetzung ist z.B. das Ersetzen des Begriffs Integration durch Inklusion. Der Originaltext beinhaltet die Worte „inclusiv" und „inclusion", welche in der offiziellen Version als „Integration" und deren grammatische Formen übersetzt wurden (vgl. Hüppe, 2010, S. 4f.). Wie in dieser Arbeit schon ausführlich erklärt, sind die Begriffe Integration und Inklusion keineswegs gleichzusetzen. Daher wird im Folgenden ausschließlich die Schattenübersetzung Anwendung finden. Besonders in der Bildung ist es wichtig, diese Begriffe getrennt zu betrachten. So wird Inklusion namentlich hauptsächlich im Artikel 24 (Education) benannt. Dort heißt es:

> „(1) Die Vertragsstaaten anerkennen das Recht von Menschen mit Behinderungen auf Bildung. Um dieses Recht ohne Diskriminierung und auf der Grundlage der Chancengleichheit zu verwirklichen, gewährleisten die Vertragsstaaten ein inklusives Bildungssystem auf allen Ebenen und lebenslanges Lernen [...]."
> (Hüppe, 2010, S. 35)

Um Bildungsgleichheit zu erreichen, müssen die Vertragsstaaten laut BRK unter anderem dafür sorgen, dass...

> „[...] b) Menschen mit Behinderungen gleichberechtigt mit anderen in der Gemeinschaft, in der sie leben, Zugang zu einem inklusiven, hochwertigen und unentgeltlichen Unterricht an Grundschulen und weiterführenden Schulen haben;
> [...]

> [und] e) in Übereinstimmung mit dem Ziel der vollständigen Inklusion wirksame individuell angepasste Unterstützungsmaßnahmen in einem Umfeld, das die

bestmögliche schulische und soziale Entwicklung gestattet, angeboten werden."
(Hüppe, 2010, S. 36).

2.5.2 Spezifische Aspekte zur Umsetzung der UN-Behindertenrechtskonvention

Doch wie findet die Umsetzung der BRK in Deutschland statt? Am Beispiel der Schulgesetze in Hamburg und Thüringen wird die individuelle Entwicklung der Bundesländer im Bereich Bildung erkennbar.

Schulen in Hamburg

Pörksen beschäftigte sich mit der Umsetzung der BRK in Hamburg und kam zu folgenden Aussagen über das inkludierte Bildungssystem. Während in der Grundschule inkludierter Unterricht auch tatsächlich gemeinsamer Unterricht bedeutet, findet er im Anschluss in einem separierten Schulsystem statt. Derzeit lernen in Hamburg 45,3 Prozent der SuS mit sonderpädagogischen Förderbedarf in den Hauptschulen. Bei den Schulen mit mehreren Bildungsgängen sind es hingegen nur 18 Prozent. Bei Betrachtung der Schulen mit einem höheren Bildungsabschluss fallen die Zahlen sehr stark. So besuchen nur 4,9 Prozent der SuS mit sonderpädagogischen Förderbedarf ein Gymnasium und 4,5 Prozent eine Regelschule (vgl. Pörksen, 2012, S.24). Wichtig ist, dass die Eltern das Recht auf inkludierte Bildung ihrer Kinder durchsetzen. Sie sollten, wenn nötig, diesen Anspruch rechtlich geltend machen. Die rechtlichen Grundlagen sind seit 2009 im Hamburger Schulgesetz – § 12 Integration von Schülerinnen und Schülern mit sonderpädagogischem Förderbedarf und Betreuung kranker Schülerinnen und Schüler – verankert. So heißt es dort unter § 12 Absatz 1:

> „Kinder und Jugendliche mit sonderpädagogischem Förderbedarf haben das Recht, allgemeine Schulen zu besuchen. Sie werden dort gemeinsam mit Schülerinnen und Schülern ohne sonderpädagogischen Förderbedarf unterrichtet und besonders gefördert. Die Förderung kann zeitweilig in gesonderten Lerngruppen erfolgen, wenn dieses im Einzelfall pädagogisch geboten ist" (Hamburger Schulgesetz, 2012, S. 18).

Inklusion kann auch dadurch behindert werden, dass Eltern sich aufgrund verschiedener Sorgen und Ängste rund um das Thema Inklusion – z.B. vor der Ablehnung ihres Kindes durch Mitschüler – scheuen, diesen Weg zu gehen oder ihn aufgrund öfter auftretender

Beschwerlichkeiten nicht bis zum Ende beschreiten. Die BRK sagen jedoch klar aus, dass jeder das Recht auf Inklusion hat. Daher vertritt Pörksen die Ansicht, dass die Entscheidungsgewalt nicht bei den Eltern, sondern bei einem Familiengericht liegen sollte, das den Interessen des Kindes mehr Berücksichtigung schenkt (vgl. Pörksen, 2012, S.25ff.).

Weiterhin fordert Pörksen einen hochwertigen inkludierten Unterricht und Unterstützungsleistungen vonseiten des Staates (vgl. 2012, S. 27-32). Die BRK schließen nach seiner Meinung das Existenzrecht der Sonderschulen nicht aus. Problematisch sei nur, dass wenn weiterhin Sonderschulen in einem inkludierten Bildungssystem bestehen bleiben, es zu einer Entstehung von Randgruppen kommen kann, die nicht dem inkludierten Gedanken entsprechen (vgl. Pörksen, 2012, S. 32).

Schulen in Thüringen

Im Thüringer Schulgesetz ist im § 1 das Recht auf schulische Bildung wie folgt geregelt:

„(1) Jeder junge Mensch hat ein Recht auf schulische Bildung und Förderung. Das Recht wird nach Maßgabe dieses Gesetzes gewährleistet.

(2) Für den Zugang zu den Schularten und den Bildungsgängen dürfen weder die Herkunft und das Geschlecht des Schülers, die wirtschaftliche und gesellschaftliche Stellung seiner Eltern noch die Weltanschauung oder die Religion bestimmend sein." (Thüringer Schulgesetz, 2011, S.8)

Es ist festzuhalten, dass die Formulierung „Recht auf schulische Bildung" reichlich vage ausfällt. Ebenfalls auffallend ist, dass Kindern zwar unabhängig von den aufgezählten Eigenschaften der Zugang zu den Schularten und Bildungsgängen gewährt werden muss, dabei die Menschen mit Behinderungen jedoch nicht erwähnt wurden. Dies kann bei einem Rechtsstreit problematisch werden und sich zu Ungunsten von Menschen mit Behinderungen auswirken. Zwar verfolgt der Freistaat Thüringen offiziell das Ziel der Inklusion, so wurde 2008/2009 insgesamt 2.261 SuS (20,6%) mit einer körperlichen Beeinträchtigung an allgemeinen Schulen inkludiert unterrichtet. Davon ausgenommen sind jedoch SuS mit einer geistigen Behinderung (vgl. Klemm, 2010, S.41). Und nicht nur in diesem Bereich bedürfen die Thüringer Schulgesetze noch Abänderungen, wenn das ausgegebene Ziel Inklusion wirklich erreicht werden soll. So besagt das Gesetz § 4

Absatz 11 über die Schularten, dass Förderschulen noch immer verpflichtend sind, wenn die anderen Schulformen keine ausreichenden Möglichkeiten zur Förderung bieten:

> „Die Förderschule bietet einen dem jeweiligen sonderpädagogischen
> Förderbedarf entsprechenden Unterricht für Kinder und Jugendliche, für die an
> den anderen allgemein bildenden und berufsbildenden Schulen keine
> ausreichenden Fördermöglichkeiten vorgehalten werden können. Für die
> Förderschulen und die Integration von Schülern mit sonderpädagogischem
> Förderbedarf in der Grundschule, in den zum Haupt- und Realschulabschluss,
> zum Abitur oder zum allgemeinen Berufsschulabschluss führenden Schularten
> gilt dieses Gesetz, soweit nicht das Thüringer Förderschulgesetz abweichende
> oder ergänzende Regelungen trifft." (Thüringer Schulgesetz, 2011, S.11)

Solche Formulierungen können Schulen veranlassen, SuS mit Behinderungen den Zugang zu verwehren. Auch im § 53 Absatz 2 wird zwar deutlich gemacht, dass gemeinsamer Unterricht angestrebt wird:

> „Gemeinsamer Unterricht von Schülern mit und ohne sonderpädagogischem
> Förderbedarf findet in den Schularten nach § 4 in enger Zusammenarbeit mit den
> Mobilen Sonderpädagogischen Diensten der Förderschule und den Förderschulen
> statt. Grundsätzlich sind integrative Formen von Unterricht und Erziehung in
> allen Schulformen anzustreben. Zu Formen gemeinsamen Unterrichts gehören
> insbesondere Einzelintegration und Integrationsklassen. Den sich ergebenden
> Förderbedarf erfüllen die Schulen, soweit eine angemessene personelle,
> räumliche oder sächliche Ausstattung vorhanden ist." (Thüringer Schulgesetz,
> 2011, S.47)

Diese Formulierung macht deutlich, dass Schulen, die sich nicht bereit fühlen, den inkludierten Weg zu gehen, einen Ausweg finden können. Und welche öffentliche Schule klagt nicht über personelle Unterbesetzung oder zu geringe finanzielle Ausstattung? Der Vorwurf ist damit auch nicht bei den Schulen zu suchen. Inklusion ist nicht zuletzt auch eine Frage des Geldes und in dieser Beziehung sind Schulen auf das Land angewiesen, welches wiederum auch meist über wenig finanziellen Spielraum verfügt. Es ist davon auszugehen, dass finanzielle Erwägungen bei der unverbindlichen Formulierung des Thüringer Schulgesetzes zur Inklusion eine weitaus größere Rolle spielen als ideologische oder sachliche.

Wie weit Thüringen noch entfernt von einem durchsetzbaren Rechtsanspruch auf Inklusion ist, zeigt der noch bestehende § 12 über Schulversuche:

> „Bei der Entwicklung und Durchführung von Modellen zur gemeinsamen Unterrichtung von behinderten und nichtbehinderten Schülern sollen die Versuchsschulen mit Förderschulen zusammenarbeiten. Schulversuche müssen nach Anlage, Inhalt und Durchführung geeignet sein, neue Erkenntnisse über Organisationsformen des Unterrichts und über die Erziehung in den Schulen einschließlich neuer Schularten zu vermitteln oder zu sichern oder wesentliche inhaltliche Änderungen zu erproben." (Thüringer Schulgesetz, 2011, S.18f.)

Hier wird oft eingestanden, sich noch immer in der Entwicklungsphase für ein inkludiertes Schulsystem zu befinden und dazu „Versuchsschulen" nutzt. Diese sollen die Erkenntnisse für die zukünftigen inkludierten Schulen von morgen bereitstellen. Obwohl jedem KuJ durch die BRK nach Artikel 24 das Recht auf inkludierte Bildung zugesprochen wird, verlangt die aktuelle Thüringer Verordnung zur sonderpädagogischen Förderung (ThürSoFöV), dass bei jedem KuJ eine Prüfung vollzogen werden muss, ob dieses/dieser für einen gemeinsamen Unterricht geeignet ist. So steht in § 9 Absatz 3:

> „Das Schulamt entscheidet für jeden Schüler mit sonderpädagogischem Förderbedarf über dessen Teilnahme am gemeinsamen Unterricht auf der Grundlage des sonderpädagogischen Gutachtens und der in Absatz 1 genannten Voraussetzungen." (Thüringer Verordnung zur sonderpädagogischen Förderung, 2004)

Unter § 9 Absatz 1 stehen abermals die sachlichen und räumlichen Voraussetzungen im Vordergrund.

Vergleicht man nun die gesetzlichen Voraussetzungen für ein inklusives Bildungssystem, so sind im Hamburger Schulgesetz die rechtlichen Rahmenbedingungen gegeben. In Thüringen wird über jeden Fall einzeln entschieden und die so genannte Einzelintegration vorgenommen, was aber keinesfalls Inhalt und Ziel der BRK darstellt. Thüringen hat begonnen, den Weg in Richtung Inklusion einzuschlagen, jedoch bedarf es noch der Überarbeitung der jetzigen Schulordnung, um verbindliche Rahmenbedingungen für schulische Inklusion zu schaffen.

2.5.3 Sport im Fokus der UN-Behindertenrechtskonvention

Fast jeder sechste Mensch, der innerhalb der EU lebt, verfügt über eine leichte bis schwere Behinderung. Bei dem Teil der Bevölkerung, der 75 Jahre und älter ist, steigt die Zahl auf über 30 Prozent (vgl. Singer, 2012, S. 100). Für die meisten dieser Menschen ist der Besuch eines Sportvereins durch die verschiedensten Hürden derzeit vielerorts noch problematisch. Nach den Bestimmungen der UN-BRK sollte sich dies jedoch schnellstmöglich ändern.

Die Vertragsstaaten versichern den Menschen nach Artikel 30 barrierefreie Zugänge zu kulturellem Leben, Freizeit, Erholung und dem Sport wie folgt:

„(1) Die Vertragsstaaten anerkennen das Recht von Menschen mit Behinderungen, gleichberechtigt mit anderen am kulturellen Leben teilzunehmen, und treffen alle geeigneten Maßnahmen, um sicherzustellen, dass Menschen mit Behinderungen

a) Zugang zu kulturellem Material in barrierefreien Formaten haben;

b) Zugang zu Fernsehprogrammen, Filmen, Theatervorstellungen und anderen kulturellen Aktivitäten in barrierefreien Formaten haben;

c) Zugang zu Orten kultureller Darbietungen oder Dienstleistungen, wie Theatern, Museen, Kinos, Bibliotheken und Tourismusdiensten, sowie, so weit wie möglich, zu Denkmälern und Stätten von nationaler kultureller Bedeutung haben.

(2) Die Vertragsstaaten treffen geeignete Maßnahmen, um Menschen mit Behinderungen die Möglichkeit zu geben, ihr kreatives, künstlerisches und intellektuelles Potenzial zu entfalten und zu nutzen, nicht nur für sich selbst, sondern auch zur Bereicherung der Gesellschaft.

(3) Die Vertragsstaaten unternehmen alle geeigneten Schritte im Einklang mit dem Völkerrecht, um sicherzustellen, dass Gesetze zum Schutz von Rechten des geistigen Eigentums keine ungerechtfertigte oder diskriminierende Barriere für den Zugang von Menschen mit Behinderungen zu kulturellem Material darstellen.

(4) Menschen mit Behinderungen haben gleichberechtigt mit anderen Anspruch auf Anerkennung und Unterstützung ihrer spezifischen kulturellen und sprachlichen Identität, einschließlich der Gebärdensprachen und der Gehörlosenkultur.

(5) Mit dem Ziel, Menschen mit Behinderungen gleichberechtigt mit anderen die Teilhabe an Erholungs-, Freizeit- und Sportaktivitäten zu ermöglichen, treffen die Vertragsstaaten geeignete Maßnahmen,

a) um Menschen mit Behinderungen zu ermutigen, so umfassend wie möglich an breitensportlichen Aktivitäten auf allen Ebenen teilzuhaben, und ihre Teilhabe zu fördern;

b) um sicherzustellen, dass Menschen mit Behinderungen die Möglichkeit haben, behinderungsspezifische Sport- und Erholungsaktivitäten zu organisieren, zu entwickeln und an solchen teilzuhaben, und zu diesem Zweck die Bereitstellung eines geeigneten Angebots an Anleitung, Training und Ressourcen auf der Grundlage der Gleichberechtigung mit anderen zu fördern;

c) um sicherzustellen, dass Menschen mit Behinderungen Zugang zu Sport-, Erholungs- und Tourismusstätten haben;

d) um sicherzustellen, dass Kinder mit Behinderungen gleichberechtigt mit anderen Kindern an Spiel-, Erholungs-, Freizeit- und Sportaktivitäten teilhaben können, einschließlich im schulischen Bereich;

e) um sicherzustellen, dass Menschen mit Behinderungen Zugang zu Dienstleistungen der Organisatoren von Erholungs-, Tourismus-, Freizeit- und Sportaktivitäten haben." (Hüppe, 2010, S. 46ff.)

Artikel 30 Absatz 5 hebt ausdrücklich hervor, dass alle Menschen einen Anspruch auf die Teilnahme am Breitensport besitzen. Auch wird festgehalten, dass im Sport weiterhin ein Angebot mit spezifischen Aktivitäten für Menschen mit Behinderungen bestehen bleibt. Eine zentrale Forderung der BRK ist die inkludierte Öffnung aller sportlichen Angebote. Somit werden einerseits inkludierte Angebote geschaffen, die es Menschen mit Behinderungen ermöglichen, gemeinsam mit Menschen ohne Behinderung Sport zu treiben. Andererseits öffnen sich Vereine, die spezifische Angebote für Menschen mit Behinderungen bieten und ermöglichen nun auch Menschen ohne Behinderung den

Zugang und die Teilnahme an ihren Angeboten. Dies heißt auch, dass die Teilnahme an Wettkämpfen und andere sportlichen Veranstaltungen für jede Sportlerin und jeden Sportler mit oder ohne Behinderung ermöglicht wird. Umgesetzt wäre dies beispielsweise die Abschaffung der Paralympics und Special Olympics, da alle gemeinsam bei den Olympischen Spielen antreten. Diese Umgestaltung bedarf natürlich einer enormen Umstrukturierung, aber vor allem braucht sie die Unterstützung der Initiatoren und Organisatoren. Ein guter Anfang wäre z.b. die zeitgleiche Durchführung der Olympischen Spiele mit den Paralympics und Special Olympics (vgl. Hüppe, 2012, S. 93).

Weiterhin sichert der § 30 Absatz 5 in den Abschnitten c) und e) jedem Menschen den problemlosen Zugang zu Sportstätten und deren Dienstleistungen zu. So ist es wichtig, nicht nur einen barrierefreien Zugang zu den Sportanlagen zu schaffen, sondern auch diese selbst barrierefrei zu gestalten. Es nützt nichts, wenn Turnhallen einen barrierefreien Eingang besitzen, die Umkleidekabinen und Toiletten jedoch z.B. für Rollstuhlfahrer nicht nutzbar sind.

Ein weiteres Beispiel ist die Durchführung einer Sportveranstaltung. Diese ist zwar für alle zugänglich, alle können teilnehmen und auch die Wettkämpfe sind für alle angemessen gestaltet, jedoch befindet sich die Anmeldung für die einzelnen Wettkämpfe in im zweiten Stock eines Gebäudes, das nicht barrierefrei gestaltet ist. Als Praxisbeispiel dient die Beschreibung eines Spielfestes in Staubingen. Dort führte man ein gemeinsames Spielfest durch. Trotz engagierter Planung und guter Resonanz seitens der Teilnehmer gab es organisatorische Probleme. So fehlte es an barrierefreien Toiletten, die sich für Menschen mit Behinderungen eignen sowie einem Leitsystem für Blinde, diese konnten sich nur mithilfe ihres Trainers zu den jeweiligen Stationen bewegen. Hier zeigt sich, welche Auswirkungen es hat, wenn an der Organisation solcher Veranstaltungen keine Rollstuhlfahrer oder Blinde beteiligt sind (vgl. Krasovic, 1991, S. 89-100). In den BRK ist unter Absatz 5 b) geregelt, dass Menschen mit Behinderung bei der Organisation von sportlichen Aktivitäten involviert werden. Auch die Europäische Union hat unter diesen Gesichtspunkten ein neues Regelwerk zum Sport entwickelt, dass unter anderem diese soziale Problematik von Inklusion aufgreift (vgl. Singer, 2010, S.9f.).

Speziell für die sportliche Betätigung von Kindern ist Absatz 5 d) geschaffen worden. Hier geht es ausdrücklich um die Sicherstellung der paritätischen Teilhabe an Sport-, Freizeit- Erholungs- und Spielaktivitäten. Weiterhin schließt der Absatz den Bereich Schule mit ein, bildet so eine Verbindung mit dem Artikel 24 der BRK und untermauert das Recht auf einen gemeinsamen schulischen Werdegang der SuS. Anneken wandelte das bio-psycho-soziale Modell der ICF entsprechend der „Förderung der Teilhabe durch Sport sowie der Teilhabe im Sport" wie folgt um:

Teilhabe durch Sport

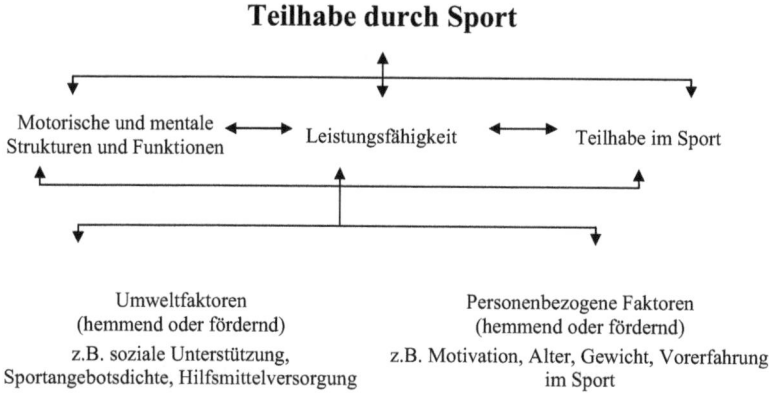

Abb. 2.5.1: ICF-basiertes Teilhabemodell im Sport, angepasst von Anneken (2012, S. 140)

Schon im Jahr 2005 verabschiedete die Bundesregierung ein Leistungssportprogramm, in dem Athletinnen und Athleten mit und ohne Behinderungen in jeglicher Sicht gleich gefördert werden. Aber nicht nur der Leistungssport wird unterstützt, auch für den Breitensport werden finanzielle Mittel bereitgestellt. Mehr als 20 Millionen Euro stellt die Bundesregierung in den Jahren 2010 bis 2013 zur Verfügung, um die Inklusion im Sport voranzutreiben. Zudem soll der Zugang und die Teilhabe am Sport durch spezielle Leistungsangebote und die Schaffung einer gesetzlichen Grundlage systematisch vollzogen werden. Fraglich ist, ob die Einführung des Schulsportwettbewerbs "Jugend trainiert für Paralympics" im Sinne der BRK ist. Dieser Wettbewerb wird zwar als Erweiterung zu"Jugend trainiert für Olympia" dargestellt, kann aber auch gleichzeitig als Separation von KuJ mit und ohne Behinderung gesehen werden (vgl. Leyen, 2011, S. 79).

Für die Verwirklichung der BRK auf Bundesebene ist die Bundesregierung zuständig. Diese beschließt und veröffentlicht den Aktionsplan und den Staatenbericht über die Entwicklung der BRK. Der spezielle Zuständigkeitsbereich liegt dabei beim Bundesministerium für Arbeit und Soziales. Hinsichtlich der Entwicklung im Sport ist festzustellen, dass sich die Bundesregierung konkret nur für den Spitzensport zuständig sieht und die Verantwortung für den Breitensport an die Länder überträgt und ihnen hierfür finanzielle Mittel bereitstellt (vgl. Bundesministerium für Arbeit und Soziales, 2001, S. 76f.). Weiterhin wurde am 31. März 2011 die Stellungnahme der Monitoring-Stelle veröffentlicht. Dabei handelt es sich um einen Bericht vom unabhängigen Deutschen Institut für Menschenrechte, dass Empfehlungen für die Umsetzung der BRK an Bund, Länder und die Kultusministerkonferenz gibt:

> „Die Monitoring-Stelle misst der Einhaltung und Umsetzung des Rechts auf inklusive Bildung in den Ländern eine große Bedeutung zu. Das Recht auf Bildung als Menschenrecht zu verwirklichen, ist zentral für die Verwirklichung anderer Menschenrechte; dies trifft auch für das gemeinsame Lernen von nicht behinderten und behinderten Kindern und Jugendlichen zu. Das Recht auf inklusive Bildung im Sinne der Konvention ist als individuelles Recht ausgestaltet. Dieses Recht setzt sowohl für den schrittweisen Aufbau eines inklusiven Bildungssystems als auch für den Zugang zu diesem Bildungssystem im Einzelfall verbindliche Maßstäbe." (Deutsches Institut für Menschenrechte, 2011, S. 1)

Im Januar 2012 gründete sich aus insgesamt 78 Verbänden die BRK-Allianz. Die unabhängige Organisation reichte einen Kurzbericht beim UN-Menschenrechtsrat ein. Dieser beinhaltet neben 59 Kritikpunkten dementsprechende Empfehlungen zu deren Beseitigung. Zwei dieser Kritikpunkte werden im folgenden unkommentiert dargestellt. Der erste beschäftig sich mit dem Thema Barrierefreiheit. Hier sieht die BRK-Allianz Deutschland noch weit entfernt von einer gleichberechtigten Teilhabe aller an der Gesellschaft.

> „16. Barrierefreiheit (sowohl physische als auch kommunikative) in allen gestalteten Lebensbereichen ist eine grundlegende Voraussetzung für selbstbestimmte gleichberechtigte Teilhabe und Inklusion. In Deutschland ist die von der BRK geforderte Barrierefreiheit bislang unvertretbar lückenhaft realisiert.

Anstelle einer zwingenden gesetzlichen Verpflichtung der Privatwirtschaft sieht das Behindertengleichstellungsgesetz seit 2002 in § 5 die Möglichkeit vor, Zielvereinbarungen zur Herstellung von Barrierefreiheit zwischen Unternehmen und Unternehmensverbänden einerseits und Verbänden behinderter Menschen andererseits zu schließen. Die Privatwirtschaft ist jedoch nicht verpflichtet, Zielvereinbarungen abzuschließen. Daher blieb ihre Zahl gering, eine flächendeckende Verbesserung der Barrierefreiheit wurde dadurch nicht erreicht." (BRK-Allianz, 2012, S.6)

Ein weiterer Kritikpunkt bezieht sich auf die Ausgestaltung der Regelschulen.

„40. Die Regelschulen sind auf Inklusion kaum vorbereitet. Sie sind selten barrierefrei. Eine Pädagogik der Vielfalt, die allen SchülerInnen gerecht wird, wird dort kaum praktiziert. Stattdessen wurzelt das deutsche Schulsystem (einschließlich des Bewußtseins vieler PädagogInnen) tief im Denken homogener Lerngruppen, ist geprägt von Bildungsstandards, Lehrplanfixierung, zensurorientierten Bewertungs- und Zeugnisformaten und starker Schulabschlussorientierung. Das behindert inklusive Schulstrukturen." (BRK-Allianz, 2012, S.12)

Neben Gesetzen und Verordnungen, die die Umsetzung der BRK vorantreiben und verwirklichen sollen, ist ein weiterer wichtiger Faktor zu berücksichtigen. Dabei handelt es sich um die Einstellung der Menschen zum Thema Inklusion. Speziell im Bereich Sport ist anzunehmen, dass sich viele Übungsleiterinnen und Übungsleiter von der Thematik überfordert fühlen. Dass sie oft weder angemessene Zeitrahmen, noch die entsprechende Ausbildung und insbesondere die erforderlichen finanziellen Mittel bereitgestellt bekommen, würde eine kritische Einstellung zum Thema Inklusion kaum überraschen.

2.6 Spezifische Fragestellung

Anhand der Grundlage des theoretischen Teils lässt sich feststellen, dass Inklusion kein theoretisches Konstrukt mehr darstellt. Auch der Blick in die Geschichte hat gezeigt, dass vor Beginn der Industrialisierung eine soziale Struktur vorhanden war, die Ähnlichkeiten mit einer inkludierten Gesellschaft aufwies. Im Laufe der gesellschaftlichen Entwicklung Deutschlands trat diese Struktur jedoch in den Hintergrund, so dass Menschen mit Behinderungen isoliert wurden. Besonders im Sport ist dies ersichtlich: Separate Sportvereine und -verbände sind natürlich das genaue Gegenteil der Inklusion. Durch die Anerkennung der BRK ist der Weg zu einer inkludierten Gesellschaft formal bereitet. An der vollständigen Umsetzung der Konventionen in allen gesellschaftlichen Bereichen, besonders jedoch im Sport, mangelt es derzeit jedoch noch erheblich. Die neuesten Forschungsberichte (Legemann, 2012; Klemm, 2012) zeigen eine positive, aber differenzierte Entwicklung in den Schulsystemen der Bundesländer. Zudem beinhalten diese Studien nur die Inklusion von KuJ mit körperlichen Behinderungen. Es ist daher anzunehmen, dass sich die Fortschritte bei der Inklusion auch hinsichtlich der Art der Behinderung unterscheiden. Besonders im Sport ist anzunehmen, dass die Inklusion von Menschen mit körperlichen Einschränkungen von Sportlehrkräften und Übungsleiterinnen und Übungsleitern problematischer gesehen wird als von Menschen mit Lernbehinderungen.

Die vorliegende Arbeit möchte zum erläuterten gegenwärtigen Forschungsstand ihren Beitrag leisten. Dies soll mit Hilfe eines Fragebogens geschehen, dessen Beantwortung einen Einblick in die Einstellung von Lehrkräften und Übungsleiterinnen und Übungsleitern zur Inklusion von Menschen mit Behinderungen in Abhängigkeit von verschiedenen Faktoren liefert.

Der Begriff Einstellung kann definiert werden als „ein stabiles System von positiven oder negativen, bestimmten, gefühlsmäßigen Haltungen und Handlungstendenzen in Bezug auf ein soziales Objekt" (Marte, 1990, S. 104). Diese Einstellungen lassen sich unter anderem durch den Einsatz von Fragebögen herausfinden. Bei diesem Messverfahren müssen Kriterien die Objektivität, Validität und Ökonomie berücksichtigen. Weiterhin ist die Wortwahl der Fragen von Bedeutung, in diesem Fall insbesondere an die Bezeichnung von Menschen mit Behinderungen. „In einer Vielzahl von Studien wurde nachgewiesen, dass bei Erziehern aufgrund von Etikettierungen von Kindern [...] Vorurteile bei der Beurteilung von Leistungen und Verhalten erzeugt wurden" (Marte, 1990, S. 106). Dies ist auch bei der Befragung von Übungsleiterinnen und Übungsleitern und Lehrkräften anzunehmen.

Da der Begriff „Behinderung" mit einem Zustand assoziiert wird, der sich auf natürlichem Weg und ohne Selbstverschulden eingestellt hat, ist davon auszugehen, dass die Begrifflichkeit bei den Probanden Verständnis und Rücksichtnahme hervorruft (vgl. Marte, 1990, S. 112f).

Neben der allgemeinen Haltung zu inkludiertem Sport stellt sich die Frage, inwieweit sich die deskriptiven Merkmale auf die Einstellung zur Inklusion auswirken. Weiterhin wird die Befragung hinsichtlich der Einstellung zu Menschen mit Lern- und jenen mit Körperbehinderungen unterteilt, da durch die Assoziierung von Sport mit körperlichen Aktivitäten vermutet wird, positivere Antworten in Bezug auf Menschen mit Lernbehinderungen zu erhalten,. Somit sollen folgende spezifische Fragestellungen, differenziert zwischen Lehrkräften und Übungsleiterinnen und Übungsleitern, zur Einstellung von Inklusion untersucht werden:

• Einstellung zur Inklusion gegenüber Menschen mit Behinderungen

• Vergleich der Einstellungen unter Berücksichtigung der Art der Behinderung

• Vergleich der Einstellungen unter Berücksichtigung der wahrgenommenen Selbstkompetenz

• Vergleich der Einstellungen unter Berücksichtigung der Schulstufe

• Vergleich der Einstellungen unter Berücksichtigung der beruflichen Erfahrung mit Menschen mit Behinderungen

• Vergleich der Einstellungen unter Berücksichtigung der Inklusionserfahrung

• Vergleich der Einstellungen unter Berücksichtigung der Kenntnis über die UN-Behindertenrechtskonvention

• Vergleich der Einstellungen unter Berücksichtigung der privaten Kontakte zu Menschen mit Behinderungen

3 Methodik

Im Folgenden werden das Untersuchungsverfahren, die Untersuchungspersonen, die Untersuchungsdurchführung und das Verfahren der Untersuchungsauswertung vorgestellt.

3.1 Untersuchungsverfahren

Die durchgeführte Untersuchung zur Einstellung von Sportlehrkräften und Übungsleiterinnen und Übungsleitern zur Inklusion von Menschen mit Behinderungen in Schule und Verein versteht sich als quantitative Studie und nutzt den von Terry L. Rizzo (1984) entwickelten standardisierten PEATH-Fragebogen. Dieser wurde in einer quantitativen Studie von Doll-Tepper, Schmidt-Gotz, Lienert, Döen und Hecker in den Jahren 1991/92 an der Freien Universität Berlin genutzt und übersetzt (vgl. Doll-Tepper, 1994). Der hier verwendete Fragebogen stützt sich auf diese Übersetzung. Von den ursprünglichen Fragen des standardisierten PEATH-Fragebogens wurden einige in der Übersetzung von Doll-Tepper (1994, S. 98-107) übernommen und für die Einstellung zur Inklusion abgewandelt. Dabei entsprechen die Zahlen in den Klammern der Reihenfolge des in dieser Arbeit verwendeten Fragebogens (Anhang 3): Allgemein die Fragen 1(1); 2(2); 4(3); 5(4); 8(5); 11(6); 13(7); 15(8); 23(9); bei dem Fragebogen für Lehrer die Fragen 26(12); 27(13); 32(14); 33(15); 34(17), sowie bei dem Fragebogen für Übungsleiterinnen und Übungsleiter die Fragen 27(10); 30(11); 33(12); 34(13); 35(15)

Selbst erstellte und hinzugefügte Fragen waren für die Lehrkräfte:

- Item 10: Meine Sporthalle ist zugänglich für Lern- und Körperbehinderte.

- Item 11: Meine Sporthalle besitzt ausreichend Material für inkludierten Unterricht mit Lern- oder Körperbehinderten.

- Item 16: Kennen Sie die UN-Behindertenrechtskonvention?

- Item 18: Sie haben noch etwas auf dem Herzen? Hier ist Platz, um dies mitzuteilen.

Bei dem Fragebogen für Übungsleiterinnen und Übungsleiter kamen folgende Fragen hinzu:

- Item 12: Haben Sie in ihrer Übungsgruppe Lern- oder Körperbehinderte

- Item 14: Kennen Sie die UN-Behindertenkonvention?

- Item 16: Sie haben noch etwas auf dem Herzen? Hier ist Platz, dies mitzuteilen.

Ein Grund für die verkürzte Variante des Fragebogens war die zeitliche Perspektive. Viele Menschen haben eher wenig Lust, sich viel Zeit für das Ausfüllen von Umfragen zu nehmen. Durch die Verkürzung des Fragebogens wird angenommen, die Motivation der Befragten zu erhöhen und durch den Hinweis auf die Kürze der Befragung zum mitmachen zu animieren.

Item 18 bei den Lehrkräften und die Items 10, 11 und 16 bei dem Fragebogen für Trainer sind offene Fragen, die restlichen Items sind geschlossen und mit einer vierstufigen Bewertungsskala von „Trifft zu" (1) über „Trifft teilweise zu" (2) zu „Trifft nicht zu" (3) und „keine Angaben" (0) versehen. Die Originalstudie orientiert sich an der fünfstufigen Likert-Skala, welche von völliger Zustimmung (5) bis zur völligen Ablehnung (1) reicht.

Aus beiden Fragebögen ergeben die Antworten jedes Einzelnen, durch das arithmetische Mittel aller Items des Fragebogens, das Meinungsbild der Befragten über die Inklusion im Sport.

3.2 Untersuchungspersonen

An der Befragung nahmen insgesamt 132 Personen teil, 42 Lehrerinnen und Lehrer (Lehrkraft) und 90 Übungsleiterinnen und Übungsleiter von Sportvereinen. Von den 132 Befragten beantworteten – mit Ausnahme des letzten Items – 120 den Fragebogen komplett. Für den Vergleich waren die Sporterfahrung, die Ausbildung, die Erfahrung mit Menschen mit Behinderungen und die bisherige Beschäftigung mit der Problematik – gemessen an der Kenntnis über die BRK – wichtige demografische Variablen für die deskriptiven Ergebnisse.

Die Ergebnisse der Befragung zu privaten Kontakten der Befragten mit Menschen mit Behinderungen, zu ihren beruflichen Erfahrungen mit Menschen mit Behinderungen sowie zur Inklusionserfahrung und Kenntnisse über die BRK sind in der folgenden Tabelle dargestellt.

Tab. 3.2.1: Verteilung der Befragten hinsichtlich ihrer Erfahrungen mit Menschen mit Behinderungen

	Lehrkraft	Übungsleiter/Übungsleiterinnen
Private Kontakte zu Menschen mit Behinderungen		
Vorhanden	28 (66,67 %)	74 (82,22 %)
Nicht vorhanden	10 (23,81 %)	9 (10,00 %)
Keine Angaben	4 (9,52 %)	7 (7.78 %)
Berufliche Erfahrung zu Menschen mit Behinderungen		
Vorhanden	26 (61,91 %)	48 (53,33 %)
Nicht vorhanden	12 (28,57 %)	35 (38,89 %)
Keine Angaben	4 (9,52 %)	7 (7,78 %)
Inklusionserfahrung		
Vorhanden	25 (59,53 %)	60 (66,67 %)
Nicht vorhanden	13 (30.95 %)	23 (25,55 %)
Keine Angaben	4 (9,52)	7 (7,78 %)
Kenntnis über BRK		
Vorhanden	30 (71,43 %)	20 (22,22 %)
Nicht vorhanden	8 (19,05 %)	62 (68,89 %)
Keine Angaben	4 (9,52)	8 (8,89)

Die Zusammenfassung und Verteilung der Erfahrungen aus Tab 3.2.1 wird nun grafisch dargestellt.

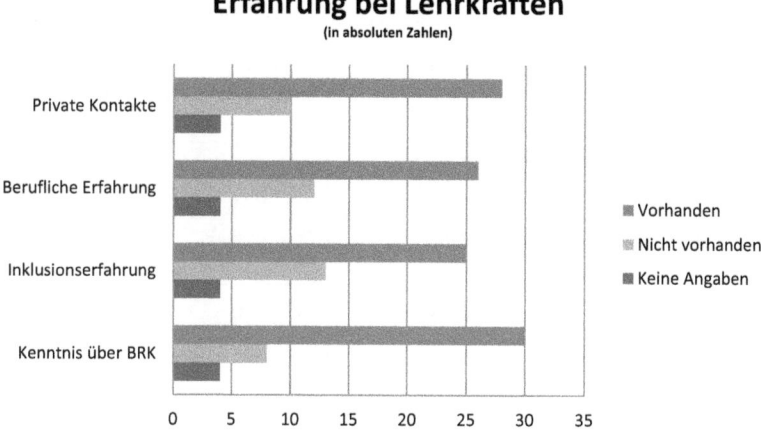

Abb. 3.2.1: Verteilung der befragten Lehrkräfte hinsichtlich ihrer Erfahrung mit Menschen mit Behinderungen

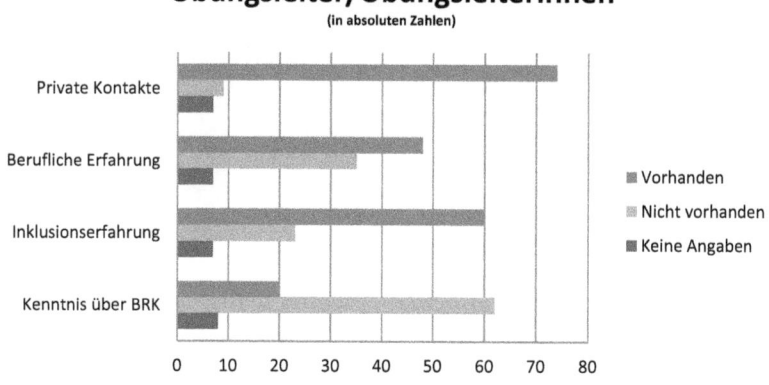

Abb. 3.2.2: Verteilung der Übungsleiterinnen und Übungsleiter hinsichtlich ihrer Erfahrungen mit Menschen mit Behinderungen

Von den insgesamt 42 Lehrkräften haben 18 eine Lehrbefähigung zur Primarstufe, 12 für die Sekundarstufe I, 6 für die Sekundarstufe II, und 7 für die Sonderschule. Berufsschulen waren nicht unter den Befragten.

Tab. 3.2.2: Verteilung der Lehrkräfte nach Schulart/Tätigkeitsfeld und Ausbildung im Sport

Item 12: Welche Ausbildung haben Sie?	Anzahl der Antworten (in Prozent)	Davon mit Sportausbildung	Davon ohne Sportausbildung
Lehramt für die Primarstufe	18 (41,86%)	8 (18,6 %)	10 (23,26 %)
Lehramt für die Sekundarstufe I	12 (27,91%)	7 (16,28 %)	5 (11,63 %)
Lehramt für die Sekundarstufe II	6 (13,95%)	1 (2,33 %)	5 (11,62 %)
Lehramt für Sonderschulen	7 (16,28%)	1 (2,33 %)	6 (13,95 %)
Lehramt für Berufsschulen	0 (0%)	0 (0%)	0 (0%)

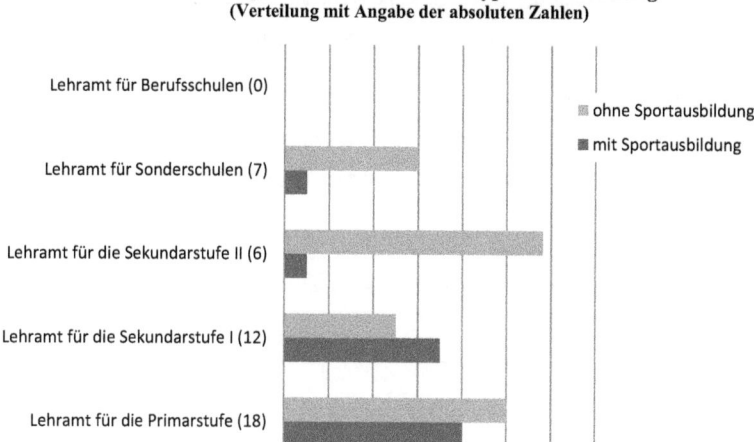

Verteilung der Lehrer nach Schultyp und Ausbildung
(Verteilung mit Angabe der absoluten Zahlen)

Abb. 3.2.3:Verteilung der Lehrer nach Schultyp und Ausbildung

Die Übungsleiterinnen und Übungsleiter gaben an, folgende Qualifikationen zu besitzen:

Tab. 3.2.3: Verteilung und Art der Lizenzen bei Übungsleiterinnen und Übungsleitern

Lizenz	Absolut (104)	prozentual
A	3	2,88 %
B	17	16,35 %
C	31	29,81 %
Prävention, Behindertensport, Rehabilitation	22	21,15 %
Sonstige	17	16,35 %
Keine Lizenz	6	5,77 %
Keine Angaben	8	7,69 %

Die Differenzierung der Lizenzen zeigt sich schwierig, da die Angaben der Probanden bei der Klassifizierung der Lizenzen stark variieren. Weiterhin waren Mehrfachnennungen möglich. Dementsprechend kommen 104 Nennungen von 90 Befragten zustande.

Des Weiteren wurden die Übungsleiterinnen und Übungsleiter befragt, welche Sportarten in ihren Vereinen betrieben werden. Mehrfachnennungen waren auch hier möglich. Im Folgenden werden die Ergebnisse zu dieser Frage zunächst tabellarisch, anschließend grafisch dargestellt.

Tab. 3.2.4: Angabe der Sportarten, die in den Vereinen betrieben werden

Sportart	Anzahl (in Prozent)
Ballspiele	25 (24,51 %)
Rückschlagsportarten	2 (1,96 %)
Schwimmen/Wassergymnastik	6 (5,88 %)
Leichtathletik	6 (5,88 %)
Gymnastik	10 (9,81 %)
Turnen	6 (5,88 %)
Kampfsport	2 (1,96 %)
Tanzen	10 (9,81 %)
Kegeln/Bowling	5 (4,90 %)
Sonstige	30 (29,41 %)

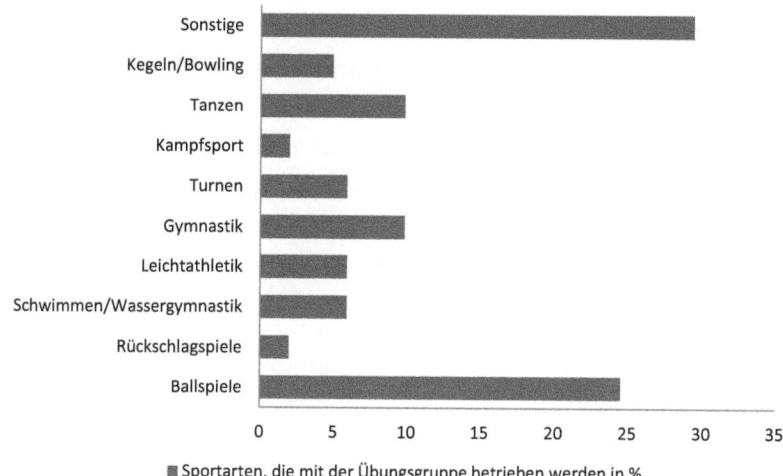

Abb. 3.2.4: Angabe der Sportarten, die in den Vereinen betrieben werden

Die Teilnahme an der Studie erfolgte für alle Beteiligte auf freiwilliger Basis. Die Einverständniserklärung für die Auswertung der Fragebögen wurde von den Befragten durch das Ausfüllen des Fragebogens erteilt. Sie wurden im Vorfeld über die Nutzung ihrer Antworten aufgeklärt.

3.3 Untersuchungsdurchführung

Die Befragung für Vereine wurde am 17.09.2012 um 18.00 Uhr mit Hilfe der Seite „www.umfrageonline.com" ins Netz gestellt. Ende der Befragung war der 29.10.2012 um 12 Uhr. Der Fragebogen für Lehrkräfte ist am 19.09.2012 um 11.00Uhr auf ebenfalls auf der genannten Internetseite veröffentlicht worden. Ende dieser Befragung war gleichfalls der 29.10.2012 um 12 Uhr. Die Nutzung des Internets für die Befragung wurde aus mehreren Gründen gewählt. Zum einen ließ sich die Umfrage über das Internet schneller und unproblematischer als über persönlichen oder postalischen Weg realisieren. Zudem fallen keine Kosten für Druck, Fahrten und Porto an. Durch eine Onlinebefragung wird zudem die Beeinflussung durch den Interviewer weitgehend minimiert. Durch die gegebene Anonymität können soziale Zwänge bei der Beantwortung ausgeschlossen und tatsächliche Überzeugungen zu diesem Thema angenommen werden. Durch die bereits vorgenommene Digitalisierung der Angaben in den Fragebögen entfällt die Übertragung der Ergebnisse von Papierfragebögen in den Computer, damit wird Zeit gespart, die Umwelt geschont und Erfassungsfehler werden auf ein Minimum reduziert. Auch kann der/die Befragte selbstständig entscheiden, wann und wo er/sie die Umfrage durchführt. Dadurch ist anzunehmen, dass der/die Proband/Probandin sich mehr Zeit nimmt und den Fragebogen gewissenhaft ausfüllt. Bei der Befragung der Lehrkräfte erübrigten sich zudem die Behördengänge, um eine Erlaubnis für die Befragung an Schulen zu bekommen. Ein weiterer Vorteil der Onlinebefragung bestand darin, auch überregional tätig zu werden

Die Rekrutierung der Befragten erfolgte auf unterschiedlichen Wegen. Bei der Befragung der Vereine wurden die Seiten „www.sportvereine-ins-netz.de/deutschland/thueringen" und „http://userpage.fu-berlin.de/~infobspo/index.html" genutzt, um an diverse E-Mail-Adressen zu gelangen. Weiterhin wurden Vereine und Sportbünde aus Großstädten in ganz Deutschland angeschrieben, Adressen wurden zuvor mithilfe der Internetsuchmaschine „Google.de" ausfindig gemacht werden.

Bei der Befragung der Lehrkräfte wurden folgende vier Internetseiten benutzt

- http://www.4teachers.de

- http://www.lehrerforen.de

- http://www.lehrer-online.de

- http://www.lehrerforum.de

Auf diesen Seiten existieren Foren, die jeder Lehrkraft die Möglichkeit bieten sich untereinander auszutauschen und Probleme zu besprechen. So wurde in diesen Foren ein Aufruf zur Hilfe bei der vorliegenden Arbeit gestartet. Inhalt dieses Aufrufs war die kurze Beschreibung des Themas, ein kurzer Motivationsbeitrag und der Link zur Umfrage (Anhang 6).

Im Durchschnitt wurde ein Fragebogen innerhalb von circa fünf Minuten beantwortet. Alle Fragebögen sind anonymisiert und durch eine Antwort-ID unterteilt. Des Weiteren konnten die Befragten durch einen Resümee-Code die Umfrage jederzeit pausieren. Um eine mehrfache Beantwortung zu verhindern, wurden die IP-Adressen registriert, die aus Datenschutzgründen in dieser Arbeit nicht aufgeführt werden.

3.4 Untersuchungsauswertung

Es erfolgte eine vergleichende Auswertung. Nach Beendigung der Umfrage wurden alle Daten in zwei Tabellen transferiert. Dies geschah mit Hilfe von Excel 2007. Die Untersuchungsauswertung erfolgte mit dem Statistik-Programm-System für Sozialwissenschaften "SPSS Statistics Base Version 20". Hier wurden die Daten unter den Analysepunkten "deskriptiven Statistik" und "Mittelwerte vergleichen" analysiert. Diese Verfahren beinhalteten die Berechnung der Mittelwerte (MW), der Standardabweichungen (SD), der F-Werte und des Signifikanzniveaus (Sig.). Die Ergebnisse der Berechnungen wurden im Anschluss in Word 2007 transferiert und in Tabellen und Diagramme dargestellt. Die Auswertung erfolgte differenziert zwischen den Einstellungen der Lehrkräfte und denen der Übungsleiterinnen und Übungsleiter. Zudem wurden die Einstellungen gegenüber Menschen mit Körperbehinderungen mit jenen gegenüber Menschen mit geistigen Beeinträchtigungen verglichen.

Für die Unterschiede und Zusammenhänge der Ergebnisse zwischen den einzelnen Gruppen werden die standardisierten Signifikanzschwellen genutzt:

$p > 0{,}5$ = geringer Unterschied

$p \leq 0{,}5 > 0{,}1$ = trendbezogener Unterschied

$p \leq 0{,}1 > 0{,}05$ = tendenziell signifikanter Unterschied

$p \leq 0{,}05 > 0{,}01$ = signifikanter Unterschied

$p \leq 0{,}01 > 0{,}001$ = sehr signifikanter Unterschied

$p \leq 0{,}001$ = hoch signifikanter Unterschied

4 DARSTELLUNG, INTERPRETATION UND DISKUSSION DER ERGEBNISSE

In diesem Kapitel werden die Resultate der Datenerhebung in Bezug auf die Einstellung der Lehrkräfte und Übungsleiterinnen und Übungsleiter zur Inklusion von Menschen mit Behinderungen in Schule und Verein detailliert dargestellt und interpretiert. Im Folgenden wird eine Differenzierung der Ergebnisse zwischen Lehrkräften und Übungsleiterinnen und Übungsleitern vorgenommen. Weiterhin werden folgende Bezeichnungen für die Interpretationen der Mittelwerte (MW) verwendet:

MW $\leq$ 1,40	trifft zu
MW $>$ 1,40 $\leq$ 1,80	trifft eher zu
MW $>$ 1,80 $\leq$ 2,20	trifft teilweise zu
MW $>$ 2,20 $\leq$ 2,60	trifft eher nicht zu
MW $>$ 2,60 $\leq$ 3	trifft nicht zu

4.1 Einstellung der Lehrkräfte zur Inklusion von Menschen mit Behinderungen

Dieser Teil beinhaltet die Darstellung und Diskussion der Ergebnisse zu den Einstellungen von Lehrkräften in Bezug auf die Inklusion von Menschen mit Behinderungen. Zu Beginn werden die Gesamtergebnisse dargestellt, die im Anschluss untergliedert werden in Menschen mit Körper- und Lernbehinderungen. Danach findet eine differenzierte Betrachtung der Ergebnisse bei Menschen mit Körper- und Lernbehinderungen unter den Gesichtspunkten wahrgenommene Selbstkompetenz, Schulstufe, berufliche Erfahrung mit Menschen mit Behinderungen, Inklusionserfahrung, Kenntnis über die BRK und privater Kontakt zu Menschen mit Behinderungen

4.1.1 Einstellungen der Lehrkräfte gegenüber der Inklusion von Menschen mit Behinderungen

Die folgende Bewertung der Einstellungen reicht von '1 = trifft zu' bis '3 = trifft nicht zu'. Aus der Tabelle 4.1.1 und der Abbildung 4.1.1 geht hervor, dass die Antworten der Gesamtgruppe der befragten Lehrkräfte von 'trifft zu' bei Item 7 (MW= 1,20) bis 'trifft eher nicht zu' bei Item 2 (MW = 2,43) reichen. Das Ergebnis von Item 7 zeigt somit, dass den Lehrkräften die nötige Qualifikation für inkludierten Unterricht fehlt. Im Allgemeinen sind die Einstellungen zur Inklusion eher positiv. So sind die Befragten der Meinung, dass Disziplinprobleme bei gemeinsamem Sportunterricht eher nicht vorkommen (Item 2 MW = 2,43). Zudem wird deutlich, dass die Befragten eher nicht damit rechnen, dass SuS ohne Behinderungen SuS mit Behinderungen nicht akzeptieren (Item 5 MW = 2,37). Obwohl die Sporthallen im Allgemeinen zugänglich für SuS mit Körper- und Lernbehinderungen sind (Item 10 MW = 1,47 'trifft eher zu'), wird die materielle Ausstattung eher negativ bewertet (Item 11 MW = 2,27 'trifft eher nicht zu').

Tab. 4.1.1: Einstellungen der Lehrkräfte gegenüber der Inklusion von Menschen mit Behinderungen ('1 = trifft zu' bis '3 = trifft nicht zu')

Item	SuS mit Körper- und Lernbehinderungen	
	MW	SD
01 Durch die Inklusion lern- oder körperbehinderter SuS in allgemeine Übungsgruppen lernen alle zusammenzuarbeiten, um ein bestimmtes Ziel zu erreichen.	1.69	0,68
02 Es wird mehr Disziplinprobleme in meinem Sportunterricht geben, wenn ein Teilnehmer lern- oder körperbehindert ist.	2,43	0,73
03 SuS mit Lern- oder Körperbehinderungen werden schneller lernen, wenn sie in den Übungsbetrieb der nichtbehinderten Teilnehmer einbezogen werden.	2,08	0,68
04 Die Inklusion von SuS mit Lern- oder Körperbehinderungen in den allgemeinen Übungsbetrieb erhöht auf Seiten der Nichtbehinderten das Verständnis für individuelle Unterschiede.	1,59	0,63
05 SuS mit einer Lern- oder Körperbehinderung werden von den nichtbehinderten SuS nicht akzeptiert.	2,37	0,65
06 Die Inklusion von SuS mit Lern- oder Körperbehinderungen in den regulären Sportunterricht belastet die Lehrkraft zu sehr.	1,99	0,72
07 Im Allgemeinen haben Lehrkräfte nicht die notwendige Ausbildung zur Inklusion von SuS mit Lern- oder Körperbehinderungen in ihren Gruppen.	1,20	0,49
08 Im Allgemeinen ist die Zeit im Übungsbetrieb zu knapp, um den unterschiedlichen Ansprüchen von Teilnehmern mit Lern- oder Körperbehinderungen einerseits und Nichtbehinderten andererseits gerecht zu werden.	1,77	0,74
09 Ich fühle mich hinreichend qualifiziert, den Übungsbetrieb in einer inkludierten Gruppe zu leiten.	2,38	0,78

4.1 Einstellung der Lehrkräfte zur Inklusion von Menschen mit Behinderungen

Item	SuS mit Körper- und Lernbehinderungen	
	MW	SD
10 Meine Sporthalle ist zugänglich für Lern- und Körperbehinderte.	1,47	0,76
11 Meine Sporthalle besitzt ausreichend Material für inkludierten Unterricht mit Lern- oder Körperbehinderten.	2,27	0,79

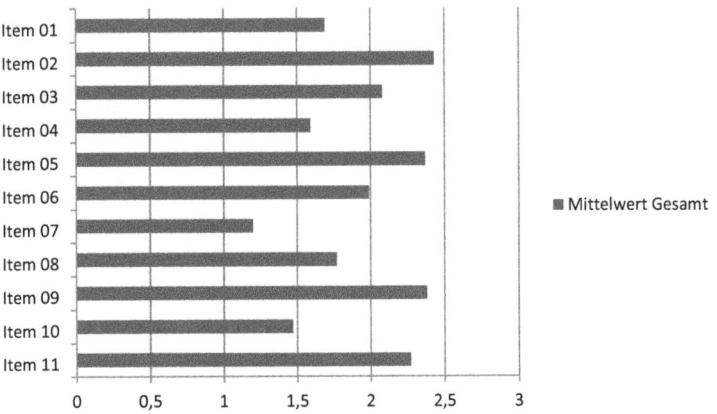

Abb. 4.1.1: Einstellungen der Lehrkräfte gegenüber der Inklusion von Menschen mit Behinderungen ('1 = trifft zu' bis '3 = trifft nicht zu')

4.1.2 Einstellungen der Lehrkräfte unter Berücksichtigung der Art der Behinderung

In Tabelle 4.1.2 und Abbildung 4.1.2 zeigen die Ergebnisse von '1 = trifft zu' bis '3 = trifft nicht zu' die Einstellungen der Lehrkräfte unter Berücksichtigung der Art der Behinderung. So wird hier eine Differenzierung der Ergebnisse der Lehrkräfte zwischen SuS mit Körper- (GK) und Lernbehinderungen (GL) vorgenommen.

Dabei zeigt sich, dass Unterschiede bei den Mittelwerten auftreten. So äußern sich die Lehrkräfte bei Items im Bezug auf die Mitschüler (Item 1, 2, 4) bei SuS mit Körperbehinderungen positiver als bei SuS mit Lernbehinderungen. Anders ist es bei den Items, wo es um die Planung und Durchführung des Unterrichts geht sowie die

Qualifikation (Item 6, 7, 8, 9). Hier zeigt sich eine positivere Einstellung zu SuS mit Lernbehinderungen. So zeigt Item 6, dass Lehrkräfte SuS mit Körperbehinderungen (MW = 1,88) als größere Belastung ansehen, als SuS mit Lernbehinderungen (MW = 2,10). Somit ist davon auszugehen, dass Lehrkräfte Probleme bei der Planung von Sportunterricht unter Einbeziehung von SuS mit Körperbehinderungen haben. Dies kann in der noch überwiegend körper- und leistungsbezogenen Sichtweise des Sportunterrichts aufseiten der Lehrkräfte begründet liegen. Auch Item 7 unterstützt diese These.

Tab. 4.1.2: Einstellungen der Lehrkräfte unter Berücksichtigung der Art der Behinderung ('1 = trifft zu' bis '3 = trifft nicht zu')

Item	GK		GL	
	MW	SD	MW	SD
01 Durch Inklusion in allgemeine Übungsgruppen lernen alle zusammenzuarbeiten, um ein bestimmtes Ziel zu erreichen.	1.64	0,66	1,74	0,70
02 Es wird mehr Disziplinprobleme in meinem Sportunterricht geben, wenn ein Teilnehmer lern- oder körperbehindert ist.	2,62	0,66	2,24	0,76
03 SuS mit Lern- oder Körperbehinderungen werden schneller lernen, wenn sie in den Übungsbetrieb der nichtbehinderten Teilnehmer einbezogen werden.	2,12	0,68	2,05	0,70
04 Die Inklusion von SuS mit Lern- oder Körperbehinderungen in den allgemeinen Übungsbetrieb erhöht auf seiten der Nichtbehinderten das Verständnis für individuelle Unterschiede.	1,48	0,60	1,70	0,65
05 SuS mit einer Lern- oder Körperbehinderung werden von den nichtbehinderten SuS nicht akzeptiert.	2,44	0,64	2,31	0,66
06 Die Inklusion von SuS mit Lern- oder Körperbehinderungen in den regulären Sportunterricht belastet die Lehrkraft zu sehr.	1,88	0,72	2,10	0,71
07 Im Allgemeinen haben Lehrkräfte nicht die notwendige Ausbildung zur Inklusion von SuS mit Lern- oder Körperbehinderungen in ihren Gruppen.	1,08	0,27	1,32	0,61
08 Im Allgemeinen ist die Zeit im Übungsbetrieb zu knapp, um den unterschiedlichen Ansprüchen von Teilnehmern mit Lern- oder Körperbehinderungen einerseits und Nichtbehinderten andererseits gerecht zu werden.	1,62	0,63	1,92	0,82
09 Ich fühle mich hinreichend qualifiziert, den Übungsbetrieb in einer inkludierten Gruppe zu leiten.	2,54	0,72	2,23	0,81

4.1 Einstellung der Lehrkräfte zur Inklusion von Menschen mit Behinderungen

Item	GK		GL	
	MW	SD	MW	SD
10 Meine Sporthalle ist zugänglich für Lern- und Körperbehinderte.	1,78	0,89	1,62	0,44
11 Meine Sporthalle besitzt ausreichend Material für inkludierten Unterricht mit Lern- oder Körperbehinderten.	2,43	0,74	2,11	0,82

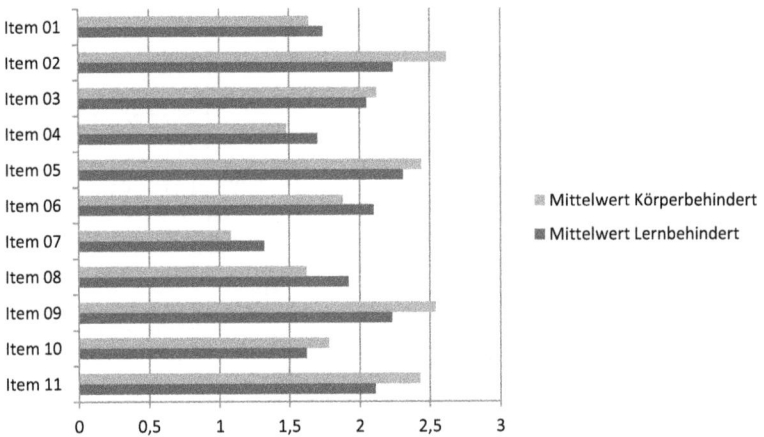

Abb. 4.1.2: Einstellungen der Lehrkräfte unter Berücksichtigung der Art der Behinderung ('1 = trifft zu' bis '3 = trifft nicht zu')

4.1.3 Vergleich der Einstellungen zu SuS mit Körperbehinderungen gegenüber der wahrgenommenen Selbstkompetenz der Lehrkräfte

Die Ergebnisse bei dem Vergleich der Einstellungen zu SuS mit Körperbehinderungen gegenüber der wahrgenommenen Selbstkompetenz werden in Tabelle 4.1.3 und Abbildung 4.1.3 durch den Skalenwert '1 = trifft zu' bis '3 = trifft nicht zu' dargestellt. Dabei zeigt sich ein sehr signifikanter Unterschied (Sig. = 0,005) und ein hoch signifikanter Unterschied (Sig. = 0,001).

Bei dem sehr signifikanten Unterschied handelt es sich um das Item 8 'Im Allgemeinen ist die Zeit im Übungsbetrieb zu knapp, um den unterschiedlichen Ansprüchen von

Teilnehmern mit Lern- und Körperbehinderungen einerseits und Nichtbehinderten andererseits gerecht zu werden'. Probanden, die sich als kompetent ansehen (Item 9 = 'trifft zu'), beantworteten die Frage mit 'trifft eher zu' (MW = 1,75). Somit zeigt sich, dass die Unterrichtszeit zu knapp gesehen wird, um heterogenen Unterricht durchzuführen. Noch drastischer zeigt sich dies bei den Probanden, welche sich als nicht kompetent einstufen (Item 9 = 'trifft nicht zu'). Hier wird die Frage mit 'trifft zu' (MW = 1,38) beantwortet. Lediglich die Teilnehmer, die sich als teilweise kompetent einstufen (Item 9 = 'trifft teilweise zu'), beantworten Item 8 mit 'trifft teilweise zu' (MW = 2,13).

Der hoch signifikante Unterschied zeigt sich in Item 11 'Meine Sporthalle besitzt ausreichend Material für inkludierten Unterricht' zwischen Lehrkräften, die sich als kompetent, teilweise kompetent und nicht kompetent einstufen, eine inkludierte Gruppe zu leiten. Die Antwort der Lehrkräfte, die sich kompetent fühlen, weist bei Item 11 einen Mittelwert von 1,60 auf. Somit beantworten sie die Frage mit 'trifft eher zu'. Hingegen äußern sich Lehrkräfte, welche sich nicht kompetent fühlen, negativ zur materiellen Ausstattung der Sporthalle (MW = 2,76 'trifft nicht zu'). Hierfür sind zweierlei Erklärungen denkbar: Entweder die Kompetenz wirkt sich positiv auf die Einstellung zur Materialausstattung aus oder die Materialausstattung hat positiven Einfluss auf die Kompetenz. Eine genaue Deutung lässt sich hier zwar nicht anstellen, wahrscheinlich ist jedoch, dass Lehrkräfte, die sich in diesem Bereich kompetent fühlen, in der Lage sind, die vorhandene Ausstattung kreativer für inkludierten Unterricht zu nutzen als jene, die sich für weniger kompetent halten.

Tab. 4.1.3: Vergleich der Einstellungen zu SuS mit Körperbehinderungen (GK) gegenüber der wahrgenommenen Selbstkompetenz (SK) der Lehrkräfte ('1 = trifft zu' bis '3 = trifft nicht zu')

Item	Lehrkräfte	GK			
	SK (Anzahl)	MW	SD	F-Wert	Sig
01 Durch die Inklusion in allgemeine Übungsgruppen lernen alle zusammenzuarbeiten, um ein bestimmtes Ziel zu erreichen.	1(5)	1.60	0,55	0,760	0,475
	2 (8)	1,38	0,52		
	3 (26)	1,63	0,68		
02 Es wird mehr Disziplinprobleme in meinem Sportunterricht geben.	1(5)	3,00	0,00	1,385	0,263
	2 (8)	2,75	0,71		
	3 (26)	2,50	0,71		

4.1 Einstellung der Lehrkräfte zur Inklusion von Menschen mit Behinderungen

Item	Lehrkräfte	GK			
	SK (Anzahl)	MW	SD	F-Wert	Sig
03 SuS mit Lern- oder Körperbehinderungen werden schneller lernen, wenn sie in den Übungsbetrieb einbezogen werden.	1 (5)	2,00	0,71	0,730	0,489
	2 (8)	1,88	0,84		
	3 (25)	2,20	0,65		
04 Die Inklusion in den allgemeinen Übungsbetrieb erhöht auf Seiten der Nichtbehinderten das Verständnis für individuelle Unterschiede.	1 (5)	1,40	0,55	0,044	0,957
	2 (8)	1,50	0,54		
	3 (25)	1,48	0,65		
05 SuS mit einer Lern- oder Körperbehinderung werden von den nichtbehinderten SuS nicht akzeptiert.	1 (5)	2,40	0,55	0,012	0,988
	2 (8)	2,38	0,74		
	3 (24)	2,42	0,65		
06 Die Inklusion in den regulären Sportunterricht belastet die Lehrkraft zu sehr.	1 (5)	2,40	0,55	2,419	0,104
	2 (7)	2,00	0,82		
	3 (26)	1,69	0,68		
07 Im Allgemeinen haben Lehrkräfte nicht die notwendige Ausbildung zur Inklusion in ihren Gruppen.	1 (5)	1,20	0,45	2,295	0,116
	2 (8)	1,13	0,35		
	3 (25)	1,00	0,00		
08 Im Allgemeinen ist die Zeit im Übungsbetrieb zu knapp, um den unterschiedlichen Ansprüchen Behinderten einerseits und Nichtbehinderten andererseits gerecht zu werden.	1 (4)	1,75	0,50	6,235	0,005
	2 (8)	2,13	0,64		
	3 (26)	1,38	0,50		
09 Einstellung Selbstkompetenz					
10 Meine Sporthalle ist zugänglich für Lern- und Körperbehinderte.	1 (5)	1,20	0,45	1,982	0,154
	2 (8)	1,63	0,77		
	3 (23)	2,00	0,95		
11 Meine Sporthalle besitzt ausreichend Material für inkludierten Unterricht	1 (5)	1,60	0,89	8,792	0,001
	2 (8)	2,25	0,71		
	3 (21)	2,76	0,44		

4.1 Einstellung der Lehrkräfte zur Inklusion von Menschen mit Behinderungen

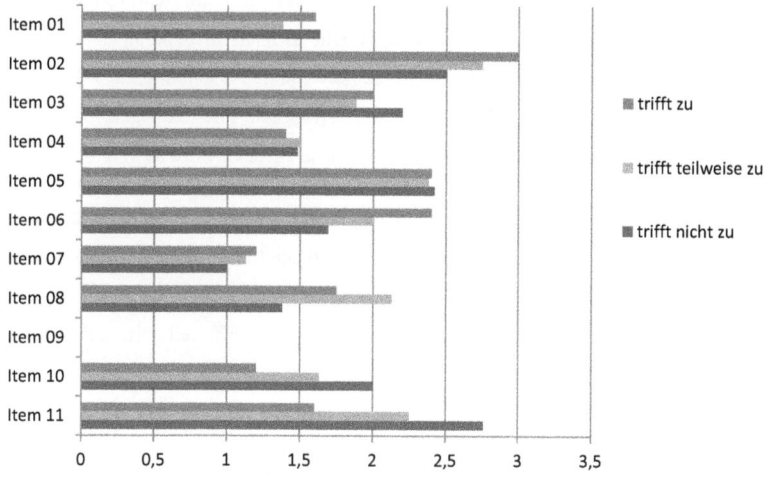

Abb. 4.1.3: Vergleich der Einstellungen zu SuS mit Körperbehinderungen (GK) gegenüber der wahrgenommenen Selbstkompetenz der Lehrkräfte ('1 = trifft zu' bis '3 = trifft nicht zu')

4.1.4 Vergleich der Einstellungen zu SuS mit Lernbehinderungen gegenüber der wahrgenommenen Selbstkompetenz der Lehrkräfte

In diesem Abschnitt wird der Vergleich der Einstellungen zu SuS mit Lernbehinderungen gegenüber der wahrgenommenen Selbstkompetenz der Lehrkräfte – die angegeben wird mit '1 = trifft zu' bis '3 = trifft nicht zu' – zur Durchführung von inkludierten Sportunterricht vorgenommen. Dabei bewerteten sich die Lehrkräfte von kompetent (Item 9 1 = "trifft zu") über teilweise kompetent (Item 9 2 = "trifft teilweise zu") bis hin zu Einstellungen der Lehrkräfte, die sich nicht kompetent genug fühlen, um inkludierten Sportunterricht zu führen (Item 9 3 = "trifft nicht zu").

Aus der Tabelle 4.1.4 und der Abbildung 4.1.4 (Bewertung von '1 = trifft zu' bis '3 = trifft nicht zu') geht hervor, dass sich drei Items signifikant verhalten. Item 6 weit einen tendenziell signifikanten Unterschied auf (Sig. = 0,062). Weiterhin ist bei Item 7 ein sehr signifikanter Unterschied festzustellen (Sig. = 0,002). Einen tendenziell signifikanten Unterschied zeigt neben Item 6 auch Item 11 (Sig. = 0,084).

Item 7 mit einem sehr signifikanten Unterschied fragt nach der Einstellung, ob die derzeitige Qualifikation der Lehrkräfte für inkludierten Unterricht ausreichend ist. Hier zeigt sich wieder, dass die Lehrkräfte, welche sich als nicht kompetent einstufen, die Aussage treffen, dass Lehrkräfte nicht die notwendige Ausbildung zur Inklusion in ihren Gruppen haben (MW = 1,06 'trifft zu'). Hingegen ihre Kollegen, welche sich als kompetent einstufen die Frage mit 'trifft teilweise zu' beantworten (MW = 1,89).

Auf Item 6 'Die Inklusion in den regulären Sportunterricht belastet die Lehrkraft zu sehr', dass einen tendenziell signifikanten Unterschied zeigt, antworten Probanden, welche sich als kompetent einstufen,.mit 'trifft eher nicht zu' (MW = 2,56) hingegen die Lehrkräfte, die sich als nicht kompetent sehen die Frage mit 'trifft teilweise zu' (MW = 1,89) beantworten.

Ein weiterer tendenziell signifikanter Unterschied macht Item 11. Ähnlich wie bei der Auswertung bei SuS mit Körperbehinderungen zeigt sich hier wieder, dass die sich als kompetent eingestufte Lehrkräfte diese Frage mit 'trifft eher zu' (MW = 1,67) und die als nicht kompetent eingeschätzten Lehrkräfte mit 'trifft eher nicht zu' (MW = 2,43) beantworten.

Tab. 4.1.4: Vergleich der Einstellungen zu SuS mit Lernbehinderungen (GL) gegenüber der wahrgenommenen Selbstkompetenz (SK) der Lehrkräfte ('1 = trifft zu' bis '3 = trifft nicht zu')

Item	Lehrkräfte	GL			
	SK (Anzahl)	MW	SD	F-Wert	Sig
01 Durch die Inklusion in allgemeine Übungsgruppen lernen alle zusammenzuarbeiten, um ein bestimmtes Ziel zu erreichen.	1 (9)	1,56	0,73	1,100	0,334
	2 (12)	1,67	0,65		
	3 (18)	1,94	0,73		
02 Es wird mehr Disziplinprobleme in meinem Sportunterricht geben	1 (9)	2,67	0,50	2,412	0,104
	2 (12)	2,33	0,78		
	3 (18)	2,00	0,84		

4.1 Einstellung der Lehrkräfte zur Inklusion von Menschen mit Behinderungen

Item	Lehrkräfte	GL			
	SK (Anzahl)	MW	SD	F-Wert	Sig
03 SuS mit Lern- oder Körperbehinderungen werden schneller lernen, wenn sie in den Übungsbetrieb einbezogen werden.	1 (9)	1,89	0,78	0,297	0,745
	2 (12)	2,00	0,60		
	3 (18)	2,11	0,76		
04 Die Inklusion in den allgemeinen Übungsbetrieb erhöht auf Seiten der Nichtbehinderten das Verständnis für individuelle Unterschiede.	1 (9)	1,67	0,50	0,040	0,961
	2 (12)	1,75	0,62		
	3 (17)	1,71	0,77		
05 SuS mit einer Lern- oder Körperbehinderung werden von den nichtbehinderten SuS nicht akzeptiert.	1 (9)	2,33	0,71	1,129	0,335
	2 (12)	2,50	0,52		
	3 (16)	2,13	0,72		
06 Die Inklusion in den regulären Sportunterricht belastet die Lehrkraft zu sehr.	1 (9)	2,56	0,73	3,022	0,062
	2 (11)	2,00	0,63		
	3 (18)	1,89	0,68		
07 Im Allgemeinen haben Lehrkräfte nicht die notwendige Ausbildung zur Inklusion in ihren Gruppen.	1 (9)	1,89	0,93	7,541	0,002
	2 (12)	1,25	0,45		
	3 (18)	1,06	0,24		
08 Im Allgemeinen ist die Zeit im Übungsbetrieb zu knapp, um den unterschiedlichen Ansprüchen Behinderten einerseits und Nichtbehinderten andererseits gerecht zu werden.	1 (7)	2,14	0,90	1,400	0,260
	2 (12)	2,08	0,80		
	3 (18)	1,67	0,77		
09 Einstellung Selbstkompetenz					
10 Meine Sporthalle ist zugänglich für Lern- und Körperbehinderte.	1 (9)	1,00	0,00	0,868	0,429
	2 (12)	1,25	0,45		
	3 (15)	1,20	0,56		

Item	Lehrkräfte	GL			
	SK (Anzahl)	MW	SD	F-Wert	Sig
11 Meine Sporthalle besitzt ausreichend Material für inkludierten Unterricht	1 (9)	1,67	0,87	2,673	0,084
	2 (12)	2,17	0,72		
	3 (14)	2,43	0,76		

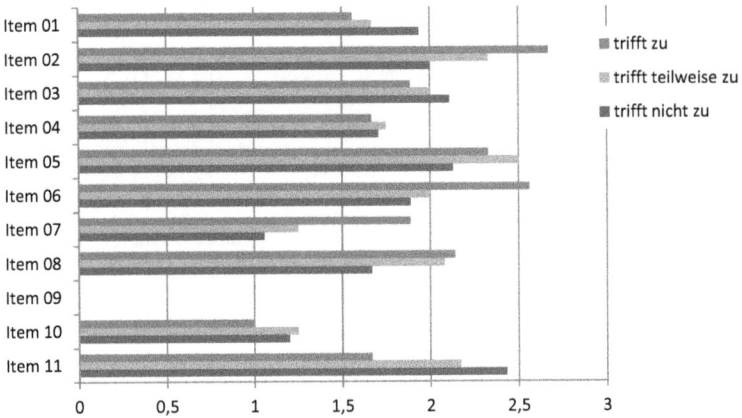

Abb. 4.1.4: Vergleich der Einstellungen zu SuS mit Lernbehinderungen (GL) gegenüber der wahrgenommenen Selbstkompetenz der Lehrkräfte ('1 = trifft zu' bis '3 = trifft nicht zu')

4.1.5 Vergleich der Einstellungen zu SuS mit Körperbehinderungen zwischen Lehrkräften in Primarstufe, Sekundarstufe und Sonderschulen

Bei der Betrachtung von Tabelle 4.1.5 und Abbildung 4.1.5 zeigen sich die Daten in Form von '1 = trifft zu' bis '3 = trifft nicht zu' für den Vergleich der Einstellungen zu SuS mit Körperbehinderungen zwischen Lehrkräften in Primarstufe, Sekundarstufe und Sonderschule. Es ergaben sich tendenziell signifikante Unterschiede (Item 11 Sig. = 0,063), ein signifikanter Unterschied (Item 10 Sig. = 0,038) und ein sehr signifikanter Unterschied (Item 9 Sig. = 0,005).

Bei Item 11 'Meine Sporthalle besitzt ausreichend Material für inkludierten Unterricht' antworteten die Grundschullehrkräfte mit 'trifft nicht zu' (MW = 2,62), die Lehrkräfte der

Lehrkräfte mit 'trifft eher nicht zu' (M = 2,54) und Sonderschullehrkräfte beantworteten das Item 11 mit 'trifft eher zu' (MW = 1,80).

Da Item 10 'Meine Sporthalle ist zugänglich für Lern- und Körperbehinderte' beantworten die Lehrkräfte der Primarstufe mit einem Mittelwert von 1,88. Bei dem Mittelwert der Sekundarstufen belief sich der Wert auf 2,07. Der Mittelwert von 1,00 und somit vollständige Zustimmung des Items ergab sich bei den Lehrkräften der Sonderschule.

Betrachtet man das Item 9 'Ich fühle mich hinreichend qualifiziert, den Übungsbetrieb in einer inkludierten Gruppe zu leiten', kommt man zu den folgenden Ergebnissen. In der Primarstufe (MW = 2,72) und Sekundarstufe (MW = 2,64)wurde die Frage mit 'trifft nicht zu' beantwortet, im Gegensatz zur Sonderschulstufe (MW = 1,60), wo das Ergebnis 'trifft eher zu' war.

Tab. 4.1.5: Vergleich der Einstellungen zu SuS mit Körperbehinderungen (GK) zwischen Lehrkräften in Primarstufe, Sekundarstufe und Sonderschulen ('1 = trifft zu' bis '3 = trifft nicht zu')

Item	Schulstufe	GK			
		MW	SD	F-Wert	Sig
01 Durch die Inklusion in allgemeine Übungsgruppen lernen alle zusammenzuarbeiten, um ein bestimmtes Ziel zu erreichen.	Prim.Stufe	1,72	0,58	0,278	0,759
	Sek.Stufe	1,64	0,75		
	So.Schule	1,50	0,55		
02 Es wird mehr Disziplinprobleme in meinem Sportunterricht geben	Prim.Stufe	2,61	0,61	1,070	0,354
	Sek.Stufe	2,71	0,61		
	So.Schule	3,00	0,00		
03 SuS mit Lern- oder Körperbehinderungen werden schneller lernen, wenn sie in den Übungsbetrieb einbezogen werden.	Prim.Stufe	2,22	0,65	0,215	0,808
	Sek.Stufe	2,07	0,62		
	So.Schule	2,20	0,84		
04 Die Inklusion in den allgemeinen Übungsbetrieb erhöht auf seiten der Nichtbehinderten das Verständnis für individuelle Unterschiede.	Prim.Stufe	1,47	0,72	0,033	0,968
	Sek.Stufe	1,43	0,51		
	So.Schule	1,50	0,55		

4.1 Einstellung der Lehrkräfte zur Inklusion von Menschen mit Behinderungen

Item	Lehrkräfte	GL			
	SK (Anzahl)	MW	SD	F-Wert	Sig
05 SuS mit einer Lern- oder Körperbe-hinderung werden von den nichtbehinderten SuS nicht akzeptiert.	Prim.Stufe	2,41	0,71	0,159	0,854
	Sek.Stufe	2,54	0,52		
	So.Schule	2,50	0,55		
06 Die Inklusion in den regulären Sportunterricht belastet die Lehrkraft zu sehr.	Prim.Stufe	1,78	0,73	0,360	0,700
	Sek.Stufe	2,00	0,71		
	So.Schule	1,83	0,75		
07 Im Allgemeinen haben Lehrkräfte nicht die notwendige Ausbildung zur Inklusion in ihren Gruppen.	Prim.Stufe	1,06	0,24	0,352	0,706
	Sek.Stufe	1,08	0,28		
	So.Schule	1,17	0,41		
08 Im Allgemeinen ist die Zeit im Übungsbetrieb zu knapp, um den unterschiedlichen Ansprüchen Behinderten einerseits und Nichtbehinderten andererseits gerecht zu werden.	Prim.Stufe	1,41	0,51	1,985	0,153
	Sek.Stufe	1,86	0,66		
	So.Schule	1,67	0,82		
09 Ich fühle mich hinreichend qualifiziert, den Übungsbetrieb in einer inkludierten Gruppe zu leiten.	Prim.Stufe	2,72	0,67	6,259	0,005
	Sek.Stufe	2,64	0,50		
	So.Schule	1,60	0,89		
10 Meine Sporthalle ist zugänglich für Lern- und Körperbehinderte.	Prim.Stufe	1,88	0,89	3,609	0,038
	Sek.Stufe	2,07	0,92		
	So.Schule	1,00	0,00		
11 Meine Sporthalle besitzt ausreichend Material für inkludierten Unterricht	Prim.Stufe	2,62	0,62	3,025	0,063
	Sek.Stufe	2,54	0,52		
	So.Schule	1,80	1,10		

4.1 Einstellung der Lehrkräfte zur Inklusion von Menschen mit Behinderungen

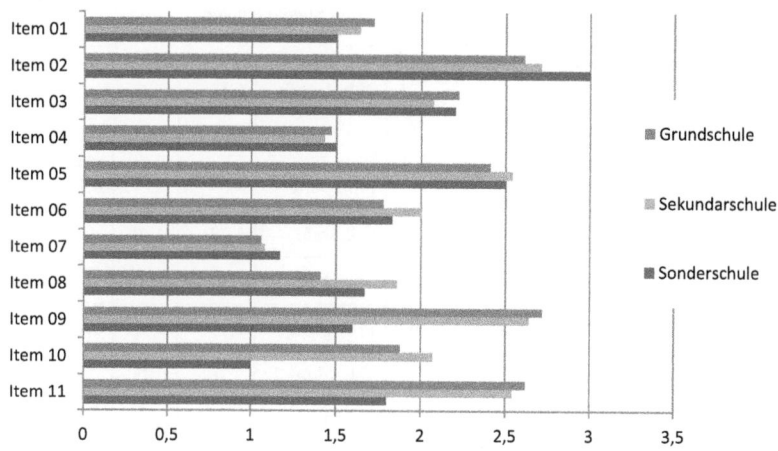

Abb. 4.1.5: Vergleich der Einstellungen zu SuS mit Körperbehinderungen (GK) zwischen Lehrkräften in Primarstufe, Sekundarstufe und Sonderschulen ('1 = trifft zu' bis '3 = trifft nicht zu')

4.1.6 Vergleich der Einstellungen zu SuS mit Lernbehinderungen zwischen Lehrkräften in der Primarstufe, Sekundarstufe und Sonderschulen

Hier wird die Einstellung zu SuS mit Lernbehinderungen zwischen Lehrkräften in der Primarstufe, Sekundarstufe und Sonderschule anhand der Tabelle 4.1.6 und Abbildung 4.1.6 in Form von '1 = trifft zu' bis '3 = trifft nicht zu' aufgezeigt.

Dabei zeigt sich ein tendenziell signifikanter Unterschied von Sig. = 0,054 bei Item 11 'Meine Sporthalle besitzt ausreichend Material für inkludierten Unterricht'. Während die Probanden der Primarstufe (MW = 2,00) dies mit 'trifft teilweise zu' beantworten, sehen die Lehrkräfte der Sekundarstufe noch drastischer und beantworten dieses Item mit 'trifft eher nicht zu' (MW = 2,54). Die Antwort bei Sonderschullehrern ist wie zu erwarten positiv und wird mit 'trifft eher zu' beantwortet.

4.1 Einstellung der Lehrkräfte zur Inklusion von Menschen mit Behinderungen

Tab. 4.1.6: Vergleich der Einstellungen zu SuS mit Lernbehinderungen (GL) zwischen Lehrkräften in der Primarstufe, Sekundarstufe und Sonderschulen ('1 = trifft zu' bis '3 = trifft nicht zu')

Item	Schulstufe	GL			
		MW	SD	F-Wert	Sig
01 Durch die Inklusion in allgemeine Übungsgruppen lernen alle zusammenzuarbeiten, um ein bestimmtes Ziel zu erreichen.	Prim.Stufe	1,83	0,71	0,487	0,618
	Sek.Stufe	1,79	0,80		
	So.Schule	1,50	0,55		
02 Es wird mehr Disziplinprobleme in meinem Sportunterricht geben.	Prim.Stufe	2,22	0,81	0,127	0,881
	Sek.Stufe	2,36	0,75		
	So.Schule	2,33	0,82		
03 SuS mit Lern- oder Körperbehinderungen werden schneller lernen, wenn sie in den Übungsbetrieb einbezogen werden.	Prim.Stufe	2,00	0,69	0,539	0,588
	Sek.Stufe	2,07	0,62		
	So.Schule	2,33	0,82		
04 Die Inklusion in den allgemeinen Übungsbetrieb erhöht auf seiten der Nichtbehinderten das Verständnis für individuelle Unterschiede.	Prim.Stufe	1,76	0,75	0,215	0,808
	Sek.Stufe	1,64	0,63		
	So.Schule	1,83	0,41		
05 SuS mit einer Lern- oder Körperbehinderung werden von den nichtbehinderten SuS nicht akzeptiert.	Prim.Stufe	2,47	0,62	0,769	0,471
	Sek.Stufe	2,23	0,73		
	So.Schule	2,17	0,41		
06 Die Inklusion in den regulären Sportunterricht belastet die Lehrkraft zu sehr.	Prim.Stufe	2,22	0,73	0,706	0,501
	Sek.Stufe	1,92	0,64		
	So.Schule	2,17	0,75		
07 Im Allgemeinen haben Lehrkräfte nicht die notwendige Ausbildung zur Inklusion in ihren Gruppen.	Prim.Stufe	1,33	0,59	0,446	0,644
	Sek.Stufe	1,21	0,58		
	So.Schule	1,50	0,84		

4.1.7 Vergleich der Einstellung zu SuS mit Körper- und Lernbehinderungen zwischen Lehrkräften in der Primarstufe und Sekundarstufe

In diesem Abschnitt geht es zum einen um den Vergleich der Einstellungen zu SuS mit Körperbehinderungen zwischen den Lehrkräften der Primar- und Sekundarstufe, zum andern um den Vergleich der Einstellungen zu SuS mit Lernbehinderungen zwischen Lehrkräften in der Primar- und Sekundarstufe. Diese werden in Form von '1 = trifft zu' bis '3 = trifft nicht zu' in der Tabelle 4.1.7 sowie den Abbildungen 4.1.7. und 4.1.8 verdeutlicht.

Dabei zeigen sich zwei signifikante Unterschiede. Der erste ist bei der Einstellung zu SuS mit Körperbehinderungen bei der Frage 8 'Im Allgemeinen ist die Zeit im Übungsbetrieb zu knapp, um den unterschiedlichen Ansprüchen gerecht zu werden' (Sig. = 0,043) zu finden. Während die Befragten der Primarstufe mit 'trifft eher zu' antworten (MW = 1,41), wird das Item bei Sonderschullehrern mit 'trifft teilweise zu' beantwortet (MW = 1,86).

Der zweite signifikante Unterschied zeigt sich bei der Einstellung zu SuS mit Lernbehinderungen in Item 11 'Meine Sporthalle besitzt ausreichend Material für inkludierten Unterricht', wo Grundschullehrer die Aussage 'trifft teilweise zu' treffen (MW = 2,00), während 'trifft eher nicht zu' bei Sonderschullehrern als Aussage getroffen wurde (MW = 2,54).

4.1 Einstellung der Lehrkräfte zur Inklusion von Menschen mit Behinderungen

Tab. 4.1.7: Vergleich der Einstellungen zu SuS mit Körper- (GK) und Lernbehinderungen (GL) zwischen Lehrkräften in der Primarstufe und Sekundarstufe ('1 = trifft zu' bis '3 = trifft nicht zu')

Item	GK						GL					
	Prim.stufe		Sek.stufe				Prim.stufe		Sek.stufe			
	MW	SD	MW	SD	F-Wert	Sig.	MW	SD	MW	SD	F-Wert	Sig.
01 Durch die Inklusion lernen alle zusammenzuarbeiten, um ein bestimmtes Ziel zu erreichen.	1,72	0,58	1,64	0,75	0,116	0,736	1,83	0,71	1,79	0,80	0,032	0,860
02 Es wird mehr Disziplinsprobleme in meinem Sportunterricht geben.	2,61	0,61	2,71	0,61	0,226	0,638	2,22	0,81	2,36	0,75	0,235	0,632
03 SuS mit Lern- oder Körperbehinderungen werden schneller lernen, wenn sie einbezogen werden.	2,22	0,65	2,07	0,62	0,446	0,509	2,00	0,69	2,07	0,62	0,093	0,729
04 Die Inklusion in den allgemeinen Übungsbetrieb erhöht auf Seiten der nichtbehinderten das Verständnis für individuelle Unterschiede.	1,47	0,72	1,43	0,51	0,034	0,762	1,76	0,75	1,64	0,63	0,232	0,634
05 SuS mit einer Lern- oder Körperbehinderung werden von den nichtbehinderten SuS nicht akzeptiert.	2,41	0,71	2,54	0,52	0,292	0,593	2,47	0,62	2,23	0,73	0,946	0,339

4.1 Einstellung der Lehrkräfte zur Inklusion von Menschen mit Behinderungen

Item	GK Prim.stufe MW	SD	Sek.stufe MW	SD	F-Wert	Sig.	GL Prim.stufe MW	SD	Sek.stufe MW	SD	F-Wert	Sig.
06 Die Inklusion in den regulären Sportunterricht belastet die Lehrkraft zu sehr.	1,78	0,73	2,00	0,71	0,715	0,405	2,22	0,73	1,92	0,64	1,396	0,247
07 Im Allgemeinen haben Lehrkräfte nicht die notwendige Ausbildung zur Inklusion in ihren Gruppen.	1,06	0,24	1,08	0,28	0,054	0,819	1,33	0,59	1,21	0,58	0,323	0,574
08 Im Allgemeinen ist die Zeit im Übungsbetrieb zu knapp, um den unterschiedlichen Ansprüchen gerecht zu werden.	1,41	0,51	1,86	0,66	4,492	0,043	1,94	0,83	2,08	0,76	0,213	0,648
09 Ich fühle mich hinreichend qualifiziert, den Übungsbetrieb in einer inkludierten Gruppe zu leiten.	2,72	0,67	2,64	0,50	0,137	0,713	2,28	0,83	2,43	0,75	0,315	0,579
10 Meine Sporthalle ist zugänglich für Lern- und Körperbehinderte.	1,88	0,89	2,07	0,92	0,356	0,556	1,13	0,34	1,29	0,61	0,817	0,374
11 Meine Sporthalle besitzt ausreichend Material für inkludierten Unterricht	2,62	0,62	2,54	0,52	0,161	0,691	2,00	0,82	2,54	0,52	4,244	0,049

4.1 Einstellung der Lehrkräfte zur Inklusion von Menschen mit Behinderungen

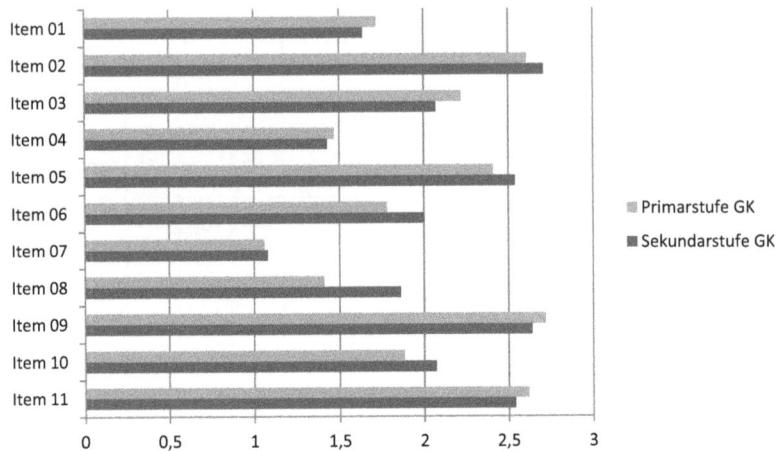

Abb. 4.1.7: Vergleich der Einstellungen zu SuS mit Körperbehinderungen (GK) zwischen Lehrkräften in der Primarstufe und Sekundarstufe ('1 = trifft zu' bis '3 = trifft nicht zu')

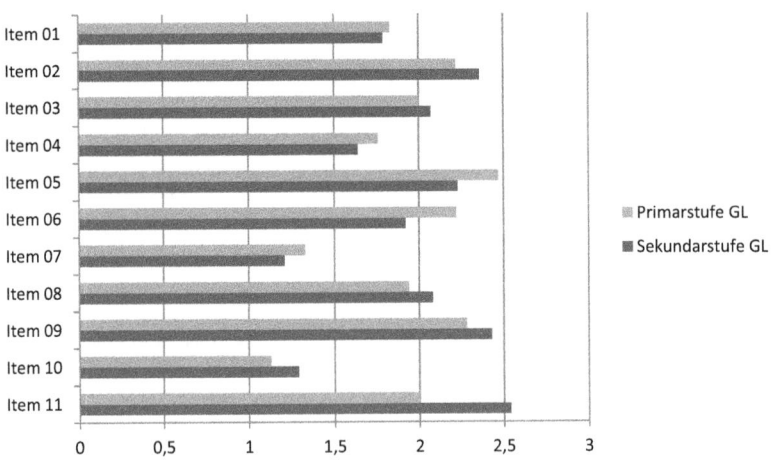

Abb. 4.1.8: Vergleich der Einstellungen zu SuS mit Lernbehinderungen (GL) zwischen Lehrkräften in der Primarstufe und Sekundarstufe ('1 = trifft zu' bis '3 = trifft nicht zu')

4.1.8 Vergleich der Einstellungen zu SuS mit Körper- und Lernbehinderungen zwischen Lehrkräften in der Primarstufe und Sonderschule

Hier geht es um den Vergleich der Einstellungen zwischen Lehrkräften in der Primarstufe und Sonderschule sowohl bei SuS mit Körperbehinderungen als auch bei SuS mit Lernbehinderungen. Diese Daten sind in der Tabelle 4.1.8 sowie den Abbildungen 4.1.9 und 4.1.10 mit der Bewertung von '1 = trifft zu' bis '3 = trifft nicht zu' einzusehen. Dabei stellten sich keine signifikanten Unterschiede bei der Einstellung zu SuS mit Lernbehinderungen zwischen den Probanden aus der Grundschule und Sonderschule ein. Im Bezug auf SuS mit körperlichen Einschränkungen wurden zwei signifikante Unterschiede und ein sehr signifikanter Unterschied gefunden. Der sehr signifikante Unterschied wurde bei Item 9 'Ich fühle mich hinreichend qualifiziert, den Übungsbetrieb in einer inkludierten Gruppe zu leiten' festgestellt (Sig = 0,005). So beantworteten die Grundschullehrer die Frage mit 'trifft eher nicht zu' (MW = 2,72) und die Sonderschullehrer 'trifft eher nicht zu' (MW = 1,60).

Bei dem signifikanten Unterschied bei Item 10 'Meine Sporthalle ist zugänglich für Lern- und Körperbehinderte' (Sig. = 0,027) fielen die Antworten bei Grundschullehrern auf 'trifft teilweise zu' (MW = 1,88) und bei Lehrkräften der Sonderschule auf 'trifft zu' (MW = 1,00).

Der zweite signifikante Unterschied bei Item 11 'Meine Sporthalle besitzt ausreichend Material für inkludierten Unterricht' betrug Sig. = 0,044. Hier antworteten die Lehrkräfte der Primarstufe mit 'trifft nicht zu' (MW = 2,62) und die Lehrkräfte der Sonderschule mit 'trifft eher zu' (MW = 1,80). Man kann davon ausgehen, dass Item 10 und Item 11 immer positiv von Seiten der Sonderschullehrer beantwortet werden. Grund dafür ist das Arbeitsumfeld Sonderschule, welches speziell auf SuS mit Lern- und Körperbehinderungen abgestimmt ist.

4.1 Einstellung der Lehrkräfte zur Inklusion von Menschen mit Behinderungen

Tab. 4.1.8: Vergleich der Einstellungen zu SuS mit Körper- (GK) und Lernbehinderungen (GL) zwischen Lehrkräften in der Primarstufe und Sonderschule ('1 = trifft zu' bis '3 = trifft nicht zu')

Item	GK						GL					
	Prim.stufe		So.Schule				Prim.stufe		So.Schule			
	MW	SD	MW	SD	F-Wert	Sig.	MW	SD	MW	SD	F-Wert	Sig.
01 Durch die Inklusion in allgemeine Übungsgruppen lernen alle zusammenzuarbeiten, um ein bestimmtes Ziel zu erreichen.	1,72	0,58	1,50	0,55	0,687	0,416	1,83	0,71	1,50	0,55	1,100	0,306
02 Es wird mehr Disziplinprobleme in meinem Sportunterricht geben.	2,61	0,61	3,00	0,00	2,385	0,137	2,22	0,81	2,33	0,82	0,085	0,774
03 SuS mit Lern- oder Körperbehinderungen werden schneller lernen, wenn sie einbezogen werden.	2,22	0,65	2,20	0,84	0,004	0,950	2,00	0,69	2,33	0,82	0,971	0,335
04 Die Inklusion in den allgemeinen Übungsbetrieb erhöht Verständnis für individuelle Unterschiede.	1,47	0,72	1,50	0,55	0,008	0,928	1,76	0,75	1,83	0,41	0,044	0,835

4.1 Einstellung der Lehrkräfte zur Inklusion von Menschen mit Behinderungen

Item	GK						GL					
	Prim.stufe		So.Schule				Prim.stufe		So.Schule			
	MW	SD	MW	SD	F-Wert	Sig.	MW	SD	MW	SD	F-Wert	Sig.
05 SuS mit einer Lern- oder Körperbehinderung werden von den nichtbehinderten SuS nicht akzeptiert.	2,41	0,71	2,50	0,55	0,075	0,786	2,47	0,62	2,17	0,41	1,217	0,282
06 Die Inklusion in den regulären Sportunterricht belastet die Lehrkraft zu sehr.	1,78	0,73	1,83	0,75	0,026	0,874	2,22	0,73	2,17	0,75	0,026	0,874
07 Im Allgemeinen haben Lehrkräfte nicht die notwendige Ausbildung zur Inklusion in ihren Gruppen.	1,06	0,236	1,17	0,41	0,687	0,416	1.33	0,59	1,50	0,84	0,289	0,596
08 Im Allgemeinen ist die Zeit im Übungsbetrieb zu knapp, um den unterschiedlichen Ansprüchen gerecht zu werden.	1,41	0,51	1,67	0,82	0,812	0,378	1,94	0,83	1,83	0,98	0,069	0,796
09 Ich fühle mich hinreichend qualifiziert, den Übungsbetrieb in einer inkludierten Gruppe zu leiten.	2,72	0,67	1,60	0,89	9,572	0,005	2,28	0,83	1,60	0,89	2,549	0,125

4.1 Einstellung der Lehrkräfte zur Inklusion von Menschen mit Behinderungen

Item	GK						GL					
	Prim.stufe		So.Schule				Prim.stufe		So.Schule			
	MW	SD	MW	SD	F-Wert	Sig.	MW	SD	MW	SD	F-Wert	Sig.
10 Meine Sporthalle ist zugänglich für Lern- und Körperbehinderte.	1,88	0,89	1,00	0,00	5,687	0,027	1,13	0,34	1,00	0,00	0,779	0,338
11 Meine Sporthalle besitzt ausreichend Material für inkludierten Unterricht	2,62	0,62	1,80	1,10	4,670	0,044	2,00	0,82	1,67	1,03	0,632	0,436

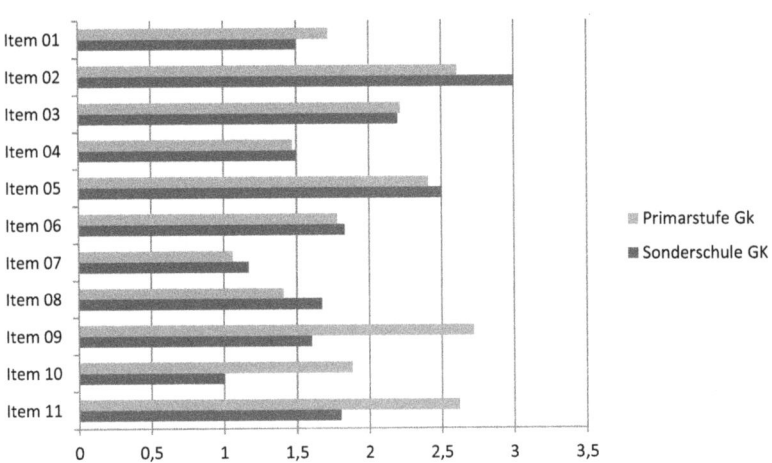

Abb. 4.1.9: Vergleich der Einstellungen zu SuS mit Körperbehinderungen (GK) zwischen Lehrkräften in der Primarstufe und Sonderschule ('1 = trifft zu' bis '3 = trifft nicht zu')

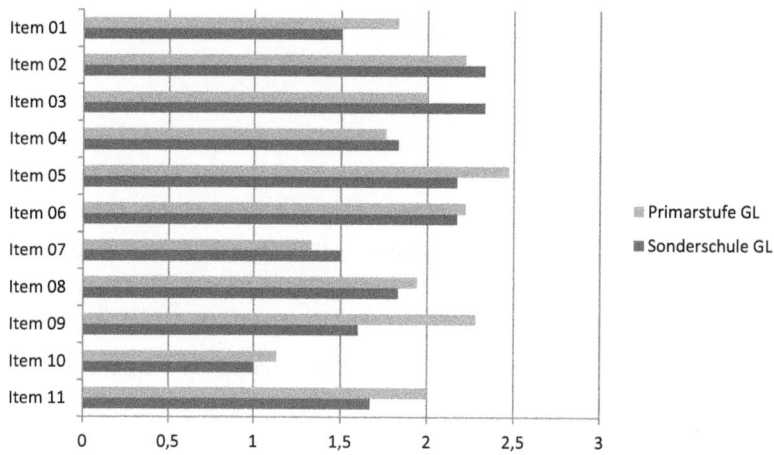

Abb. 4.1.10: Vergleich der Einstellungen zu SuS mit Lernbehinderungen (GL) zwischen Lehrkräften in der Primarstufe und Sonderschule ('1 = trifft zu' bis '3 = trifft nicht zu')

4.1.9 Vergleich der Einstellungen zu SuS mit Körper- und Lernbehinderungen zwischen Lehrkräften in der Sekundarstufe und Sonderschule

Beim Vergleich der Einstellungen zwischen Lehrkräften in der Sekundarstufe und Sonderschule zu SuS mit Körper- und Lernbehinderungen, welche sich durch '1 = trifft zu' bis '3 = trifft nicht zu' definierten (vgl. Tabelle 4.1.9, Abbildung 4.1.11 und 4.1.12), ergaben sich bei der Einstellung zu SuS mit Körperbehinderungen ein tendenziell signifikanten (Item 11 Sig. = 0,065), ein signifikanter (Item 10 Sig. = 0,011) und ein sehr signifikanter Unterschied (Item 9 Sig. = 0,005). Weiterhin zeigen sich bei den Ergebnissen zu den SuS mit Lernbehinderungen zwei signifikante Unterschiede bei Item 9 (Sig. = 0,039) und Item 11 (Sig. = 0,023).

So antworteten die Sekundarlehrkräfte bei den Item 9 'Ich fühle mich hinreichend qualifiziert, den Übungsbetrieb in einer inkludierten Gruppe zu leiten' im Bezug auf SuS mit Lernbehinderungen mit 'trifft eher nicht zu' (MW = 2,43), während die Antwort bei der Gesamtgruppe der Sonderschullehrkräfte 'trifft eher zu' hieß (MW = 1,60). Ähnliche Einstellungswerte zeigten sich auch bei der Einstellung gegenüber SuS mit Körperbehinderungen. So antworteten die Probanden der Sonderschule mit 'trifft eher zu' (MW = 1,60) und die der Sekundarstufe mit 'trifft nicht zu' (MW = 2,64).

4.1 Einstellung der Lehrkräfte zur Inklusion von Menschen mit Behinderungen

Bei Item 10 'Meine Sporthalle ist zugänglich für Lern- und Körperbehinderte' hingegen lies sich nur bei der Einstellung zu SuS mit Körperbehinderungen eine signifikanter Unterschied zwischen der Sekundarstufe ('trifft teilweise zu' MW = 2,07) und Sonderschule ('trifft zu' MW = 1,0).

Bei Item 11 'Meine Sporthalle besitzt ausreichend Material für inkludierten Unterricht' lässt sich ein tendenziell signifikater Unterschied zwischen dem Gesamtergebnis der Sekundarstufe ('trifft eher nicht zu' MW = 2,54) und dem der Sonderschule ('trifft eher zu' MW = 1,80) nachweisen bei der Einstellung gegenüber SuS mit Körperbehinderungen nachweisen. Betrachtet man die Einstellungswerte bei SuS mit Lernbehinderungen, so sieht man einen signifikanten Unterschied zur Einstellung zwischen Probanden der Sekundarstufe ('trifft eher nicht zu' MW = 2,54) und den Probanden der Sonderschule ('trifft eher zu' MW = 1,67)

Tab. 4.1.9: Vergleich der Einstellungen zu SuS mit Körper- (GK) und Lernbehinderungen (GL) zwischen Lehrkräften in der Sekundarstufe und Sonderschule ('1 = trifft zu' bis '3 = trifft nicht zu')

	GK						GL					
	Sek.Stufe		So.Schule				Sek.Stufe		So.Schule			
Item	MW	SD	MW	SD	F-Wert	Sig.	MW	SD	MW	SD	F-Wert	Sig.
01 Durch die Inklusion in allgemeine Übungsgruppen lernen alle zusammenzu-arbeiten, um ein bestimmtes Ziel zu erreichen.	1,64	0,75	1,50	0,55	0,177	0,679	1,79	0,80	1,50	0,55	0,626	0,439
02 Es wird mehr Disziplinprobleme in meinem Sportunterricht geben.	2,71	0,61	3,00	0,00	1,271	0,274	2,36	0,75	2,33	0,82	0,004	0,950

4.1 Einstellung der Lehrkräfte zur Inklusion von Menschen mit Behinderungen

| | GK | | | | | | GL | | | | | |
| | Prim.stufe | | So.Schule | | | | Prim.stufe | | So.Schule | | | |
Item	MW	SD	MW	SD	F-Wert	Sig.	MW	SD	MW	SD	F-Wert	Sig.
03 SuS mit Lern- oder Körperbehinderungen werden schneller lernen, wenn sie einbezogen werden.	2,07	0,62	2,20	0,84	0,134	0,719	2,07	0,62	2,33	0,82	0,628	0,439
04 Die Inklusion in den allgemeinen Übungsbetrieb erhöht Verständnis für individuelle Unterschiede.	1,43	0,51	1,50	0,55	0,078	0,783	1,64	0,63	1,83	0,41	0,454	0,509
05 SuS mit einer Lern- oder Körperbehinderung werden von den nichtbehinderten SuS nicht akzeptiert.	2,54	0,52	2,50	0,55	0,022	0,884	2,23	0,73	2,17	0,41	0,040	0,844
06 Die Inklusion in den regulären Sportunterricht belastet die Lehrkraft zu sehr.	2,00	0,71	1,83	0,75	0,219	0,645	1,92	0,64	2,17	0,75	0,534	0,475
07 Im Allgemeinen haben Lehrkräfte nicht die notwendige Ausbildung zur Inklusion in ihren Gruppen.	1,08	0,28	1,17	0,41	0,320	0,579	1,21	0,58	1,50	0,84	0,785	0,387

4.1 Einstellung der Lehrkräfte zur Inklusion von Menschen mit Behinderungen

| Item | GK | | | | | | GL | | | | | |
| | Prim.stufe | | So.Schule | | | | Prim.stufe | | So.Schule | | | |
	MW	SD	MW	SD	F-Wert	Sig.	MW	SD	MW	SD	F-Wert	Sig.
08 Im Allgemeinen ist die Zeit im Übungsbetrieb zu knapp, um den unterschiedlichen Ansprüchen gerecht zu werden.	1,86	0,66	1,67	0,82	0,303	0,589	2,08	0,76	1,83	0,98	0,352	0,561
09 Ich fühle mich hinreichend qualifiziert, den Übungsbetrieb in einer inkludierten Gruppe zu leiten.	2,64	0,50	1,60	0,89	10,619	0,005	2,43	0,65	1,60	0,89	4,983	0,039
10 Meine Sporthalle ist zugänglich für Lern- und Körperbehinderte.	2,07	0,92	1,00	0,00	7,941	0,011	1,29	0,61	1,00	0,00	1,271	0,274
11 Meine Sporthalle besitzt ausreichend Material für inkludierten Unterricht	2,54	0,52	1,80	1,10	3,923	0,065	2,54	0,52	1,67	1,03	6,194	0,023

4.1 Einstellung der Lehrkräfte zur Inklusion von Menschen mit Behinderungen

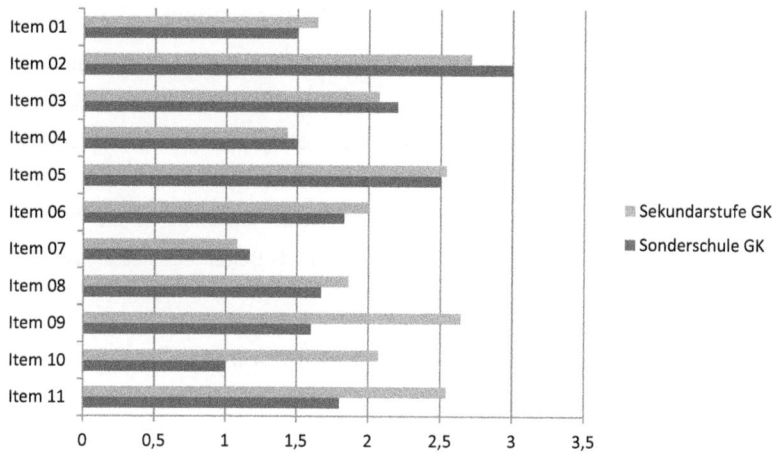

Abb. 4.1.11: Vergleich der Einstellungen zu SuS mit Körperbehinderungen (GK) zwischen Lehrkräften in der Sekundarstufe und Sonderschule ('1 = trifft zu' bis '3 = trifft nicht zu')

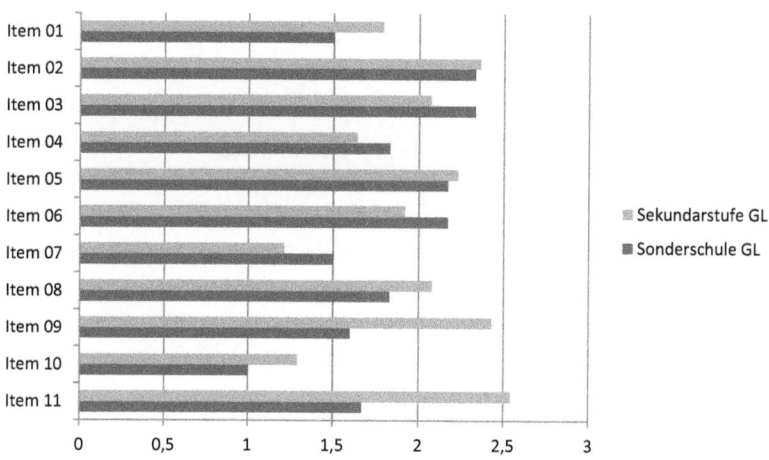

Abb. 4.1.12: Vergleich der Einstellungen zu SuS mit Lernbehinderungen (GL) zwischen Lehrkräften in der Sekundarstufe und Sonderschule ('1 = trifft zu' bis '3 = trifft nicht zu')

4.1.10 Vergleich der Einstellungen zu SuS mit Körper- und Lernbehinderungen zwischen Lehrkräften mit und ohne Berufserfahrung

Hier wird die Einstellung zu SuS mit Körper- und Lernbeeinträchtigungen zwischen den Lehrkräften mit Berufserfahrung der Inklusion von SuS und ohne Berufserfahrung verglichen und in Tabelle 4.1.10 sowie der Abbildungen 4.1.13 und 4.1.14 dargestellt. Die Darstellung der Probanden mit beruflicher Erfahrung wird mit 'Ja' kenntlich gemacht, die Probenden ohne Berufserfahrung mit 'Nein'. Weiterhin ist die Bewertung der Einstellungen '1 = trifft zu' bis '3 = trifft nicht zu' als Bewertungsmaßstab der Mittelwerte (MW) zu sehen.'

Hier zeigt sich ein signifikanter Unterschied bei Item 9 'Ich fühle mich hinreichend qualifiziert, den Übungsbetrieb in einer inkludierten Gruppe zu leiten' über die Einstellungen zu Menschen mit Lernbehinderungen (Sig. = 0,049). Probanden mit beruflicher Erfahrung antworteten mit 'trifft teilweise zu' (MW = 2,08), hingegen die ohne Berufserfahrung die Frage mit 'trifft nicht zu' (MW = 2,64) beantworteten. Hier zeigt sich, dass es an ausreichender Qualifikation im der Unterrichtsleitung bei inkludierten Gruppen, speziell aber SuS mit Lernbehinderungen, mangelt, da Lehrkräfte die bereits inkludierten Sportunterricht leiten sich als nur 'teilweise' qualifiziert sehen. Noch gravierender ist das Ergebnis der Lehrkräfte, die derzeit keinen inkludierten Unterricht leiten. Es ist anzunehmen, dass bei der Aus- und Weiterbildung keine Qualifikation für inkludierten Unterricht angeboten wurde.

Ein hoch signifikanter Unterschied findet man bei Item 10 'Meine Sporthalle ist zugänglich für Lern- und Körperbehinderte' im Bereich der Einstellungen von SuS mit Körperbehinderungen (Sig. = 0,000). Probanden mit Berufserfahrung geben an, dass der Zugang zu ihren Sporthallen für SuS mit Körperbehinderungen barrierefrei ist ('trifft eher zu' MW = 1,50). Hingegen die Probanden ohne Berufserfahrung keine barrierefreien Sporthallen besitzen ('trifft eher nicht zu' MW = 2,60). Es kann angenommen werden, dass die Barrierefreiheit der Sporthalle Auswirkungen auf die berufliche Erfahrung der Probanden haben. Während Sporthallen, die für jeden zugänglich sind, es ermöglichen, inkludierten Unterricht zu geben, behindern Sporthallen, die den Zugang für Menschen mit Körperbehinderungen verweigern, die Entstehung von inkludiertem Sportunterricht.

4.1 Einstellung der Lehrkräfte zur Inklusion von Menschen mit Behinderungen

Tab. 4.1.10: Vergleich der Einstellungen zu SuS mit Körper- (GK) und Lernbehinderungen (GL) zwischen Lehrkräften mit und ohne Berufserfahrung ('1 = trifft zu' bis '3 = trifft nicht zu')

	GK						GL					
Berufliche Erfahrung	Ja		Nein				Ja		Nein			
Item	MW	SD	MW	SD	F-Wert	Sig.	MW	SD	MW	SD	F-Wert	Sig.
01 Durch die Inklusion in allgemeine Übungsgruppen lernen alle zusammenzuarbeiten, um ein bestimmtes Ziel zu erreichen.	1,62	0,57	1,75	0,75	0,372	0,546	1,73	0,67	1,83	0,84	0,166	0,687
02 Es wird mehr Disziplinprobleme in meinem Sportunterricht geben.	2,69	0,62	2,75	0,45	0,083	0,774	2,19	0,85	2,50	0,52	1.330	0,256
03 SuS mit Lern- oder Körperbehinderungen werden schneller lernen, wenn sie einbezogen werden.	2,20	0,65	2,08	0,67	0,259	0,614	2,15	0,68	1,92	0,67	1,020	0,319
04 Die Inklusion in den allgemeinen Übungsbetrieb erhöht Verständnis für individuelle Unterschiede.	1,52	0,65	1,33	0,49	0,766	0,387	1,80	0,65	1,58	0,67	0,893	0,351

4.1 Einstellung der Lehrkräfte zur Inklusion von Menschen mit Behinderungen

	GK						GL					
Berufliche Erfahrung	Ja		Nein				Ja		Nein			
Item	MW	SD	MW	SD	F-Wert	Sig.	MW	SD	MW	SD	F-Wert	Sig.
05 SuS mit einer Lern- oder Körperbehinderung werden von den nichtbehinderten SuS nicht akzeptiert.	2,44	0,65	2,55	0,52	0,224	0,639	2,36	0,64	2,27	0,65	0,142	0,709
06 Die Inklusion in den regulären Sportunterricht belastet die Lehrkraft zu sehr.	1,76	0,78	2,08	0,52	1,698	0,201	2,04	0,74	2,25	0,62	0,727	0,400
07 Im Allgemeinen haben Lehrkräfte nicht die notwendige Ausbildung zur Inklusion in ihren Gruppen.	1,08	0,27	1,09	0,30	0,019	0,891	1.31	0,62	1,33	0,65	0,014	0,908
08 Im Allgemeinen ist die Zeit im Übungsbetrieb zu knapp, um den unterschiedlichen Ansprüchen gerecht zu werden.	1,52	0,51	1,83	0,84	2,003	0,166	1,88	0,78	2,18	0,87	1,062	0,310
09 Ich fühle mich hinreichend qualifiziert, den Übungsbetrieb in einer inkludierten Gruppe zu leiten.	2,42	0,81	2,82	0,41	2,349	0,134	2,08	0,80	2,64	0,67	4,152	0,049

4.1 Einstellung der Lehrkräfte zur Inklusion von Menschen mit Behinderungen

	GK						**GL**					
Berufliche Erfahrung	Ja		Nein				Ja		Nein			
Item	MW	SD	MW	SD	F-Wert	Sig.	MW	SD	MW	SD	F-Wert	Sig.
10 Meine Sporthalle ist zugänglich für Lern- und Körperbehinderte	1,50	0,76	2,60	0,70	15,721	0,000	1,12	0,33	1,30	0,68	1,239	0,273
11 Meine Sporthalle besitzt ausreichend Material für inkludierten Unterricht	2,48	0,71	2,44	0,73	0,016	0,899	2,04	0,82	2,44	0,73	1,717	0,199

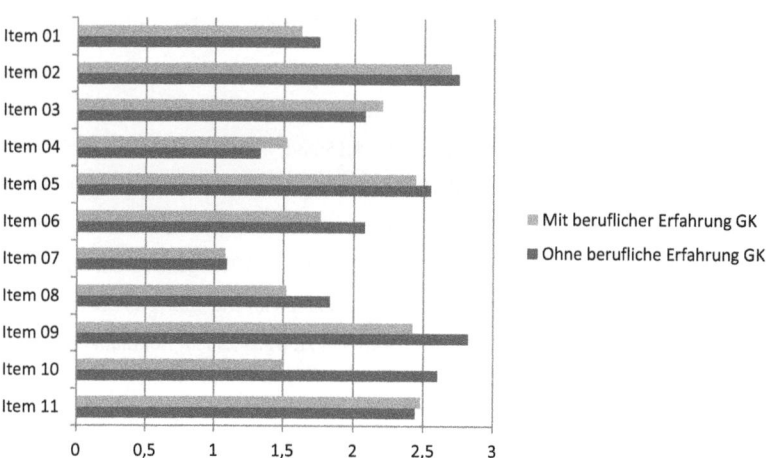

Abb. 4.1.13: Vergleich der Einstellungen zu SuS mit Körperbehinderungen (GK) zwischen Lehrkräften mit und ohne Berufserfahrung ('1 = trifft zu' bis '3 = trifft nicht zu')

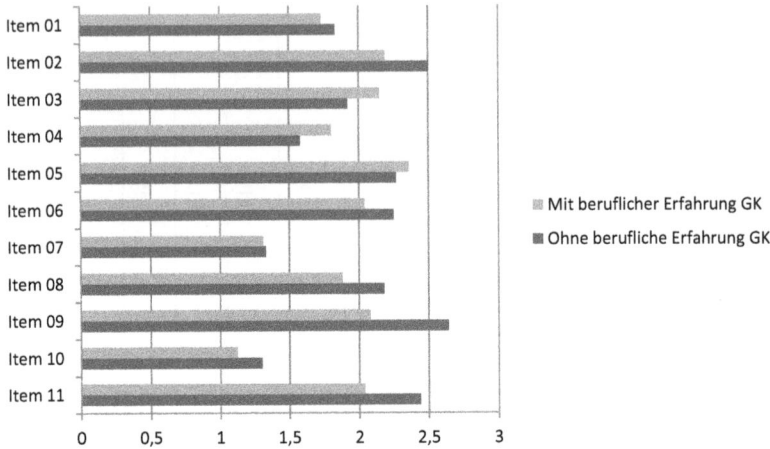

Abb. 4.1.14 Vergleich der Einstellungen zu SuS mit Lernbehinderungen (GL) zwischen Lehrkräften mit und ohne Berufserfahrung ('1 = trifft zu' bis '3 = trifft nicht zu')

4.1.11 Vergleich der Einstellungen zu SuS mit Körper- und Lernbehinderungen zwischen Lehrkräften mit und ohne Inklusionserfahrung

Hier betrachtet man die Einstellungen zu SuS mit Körper- und Lernbehinderungen zwischen Lehrkräften mit und ohne Inklusionserfahrung. Diese Werte werden in der Tabelle 4.1.11 sowie den Abbildungen 4.1.15 und 4.1.16 mit der Skalierung '1 = trifft zu' bis '3 = trifft nicht zu' dargestellt. Die Lehrkräfte mit Inklusionserfahrung werden mit 'Ja', die ohne mit 'Nein' bezeichnet. Im Gegensatz zur beruflichen Erfahrung mit Inklusion (Tabelle 4.1.10 und die Abbildungen 4.1.10.1; 4.1.10.2) geht es darum, dass bei der Inklusionserfahrung der Proband derzeit nicht zwingend inkludierten Unterricht leitet, sondern diesen in seiner beruflichen Laufbahn zu irgendeinem Zeitraum durchgeführt hat.

Hier zeigen sich zwei trendbezogene Unterschiede bei Item 1 zu SuS mit Körperbehinderungen (Sig. = 0,059) und bei Item 9 zu SuS mit Lernbehinderungen (Sig. = 0,071). Weiterhin gibt es zwei signifikante Unterschiede, einmal bei Item 7 zu SuS mit körperlichen Beeinträchtigungen (Sig. = 0,013) und bei Item 8 bei SuS mit Lernbehinderungen (Sig. = 0,045).

4.1 Einstellung der Lehrkräfte zur Inklusion von Menschen mit Behinderungen

Bei Item 1 'Durch die Inklusion in allgemeine Übungsgruppen lernen alle zusammenzuarbeiten, um ein bestimmtes Ziel zu erreichen' beantworteten die Probanden mit Inklusionserfahrung die Frage mit 'trifft eher zu' (MW = 1,52). Die Probanden ohne Inklusionserfahrung antworteten mit 'trifft teilweise zu' (MW = 1,92) auf diese Frage. Es ist festzustellen, dass die Inklusionserfahrung Auswirkungen auf die Einstellungen der Zusammenarbeit von SuS hat.

Das Item 7 'Im Allgemeinen haben Lehrkräfte nicht die notwendige Ausbildung zur Inklusion in ihren Gruppen', besitzt einen signifikanten Unterschied zwischen Probanden mit (MW = 1,00) und ohne (MW = 1,23) Inklusionserfahrung. Hier zeigt sich weiterhin, dass es an der nötigen Ausbildung für inkludierten Unterricht mangelt.

Inklusionserfahrene Probanden antworteten bei Item 8 'Im Allgemeinen ist die Zeit im Übungsbetrieb zu knapp, um den unterschiedlichen Ansprüchen gerecht zu werden' im Bezug zu SuS mit Lernbehinderungen mit 'trifft teilweise zu' (MW = 2,17). Bei den Probanden ohne Inklusionserfahrung fiel die Antwort auf 'trifft eher zu' (MW = 1,62). Hier zeigt sich, dass Probanden mit Inklusionserfahrung inkludierten Unterricht positiver sehen.

Tab. 4.1.11: Vergleich der Einstellungen zu SuS mit Körper- (GK) und Lernbehinderungen (GL) zwischen Lehrkräften mit und ohne Inklusionserfahrung ('1 = trifft zu' bis '3 = trifft nicht zu')

	GK						GL					
Inklusions-erfahrung	Ja		Nein				Ja		Nein			
Item	MD	SD	MD	SD	F-Wert	Sig.	MD	SD	MD	SD	F-Wert	Sig.
01 Durch die Inklusion in allgemeine Übungsgruppen lernen alle zusammenzuarbeiten, um ein bestimmtes Ziel zu erreichen.	1,52	0,59	1,92	0,64	3,800	0,059	1,64	0,70	2,00	0,71	2,247	0,143

4.1 Einstellung der Lehrkräfte zur Inklusion von Menschen mit Behinderungen

	GK						GL					
Inklusions-erfahrung	Ja		Nein				Ja		Nein			
Item	MD	SD	MD	SD	F-Wert	Sig.	MD	SD	MD	SD	F-Wert	Sig.
02 Es wird mehr Disziplinprobleme in meinem Sportunterricht geben.	2,76	0,52	2,62	0,65	0,553	0,462	2,40	0,76	2,08	0,76	1,536	0,223
03 SuS mit Lern- oder Körperbehinderungen werden schneller lernen, wenn sie einbezogen werden.	2,21	0,72	2,08	0,49	0,342	0,562	2,12	0,78	2,00	0,41	0,266	0,609
04 Die Inklusion in den allgemeinen Übungsbetrieb erhöht Verständnis für individuelle Unterschiede.	1,52	0,65	1,33	0,49	0,766	0,387	1,72	0,61	1,75	0,75	0,017	0,898
05 SuS mit einer Lern- oder Körperbehinderung werden von den nichtbehinderten SuS nicht akzeptiert.	2,40	0,65	2,64	0,51	1,157	0,290	2,40	0,58	2,18	0,75	0,907	0,348
06 Die Inklusion in den regulären Sportunterricht belastet die Lehrkraft zu sehr.	1,84	0,69	1,92	0,79	0,091	0,764	2,12	0,67	2,08	0,79	0,022	0,884

4.1 Einstellung der Lehrkräfte zur Inklusion von Menschen mit Behinderungen

	GK						GL					
Inklusions-erfahrung	Ja		Nein				Ja		Nein			
Item	MD	SD	MD	SD	F-Wert	Sig.	MD	SD	MD	SD	F-Wert	Sig.
07 Im Allgemeinen haben Lehrkräfte nicht die notwendige Ausbildung zur Inklusion in ihren Gruppen.	1,00	0,00	1,23	0,44	6,811	0,013	1,32	0,69	1,31	0,48	0,003	0,955
08 Im Allgemeinen ist die Zeit im Übungsbetrieb zu knapp, um den unterschiedlich en Ansprüchen gerecht zu werden.	1,71	0,62	1,46	0,66	1,267	0,269	2,17	0,83	1,62	0,65	4,322	0,045
09 Ich fühle mich hinreichend qualifiziert, den Übungsbetrieb in einer inkludierten Gruppe zu leiten.	2,44	0,77	2,75	0,62	1,481	0,232	2,08	0,81	2,58	0,67	3,463	0,071
10 Meine Sporthalle ist zugänglich für Lern- und Körperbehinder te.	1,78	0,90	1,85	0,90	0,041	0,840	1,13	0,34	1,23	0,60	0,411	0,526
11 Meine Sporthalle besitzt ausreichend Material für inkludierten Unterricht	2,45	0,67	2,50	0,80	0,031	0,861	2,04	0,83	2,33	0,78	1,1011	0,322

4.1 Einstellung der Lehrkräfte zur Inklusion von Menschen mit Behinderungen

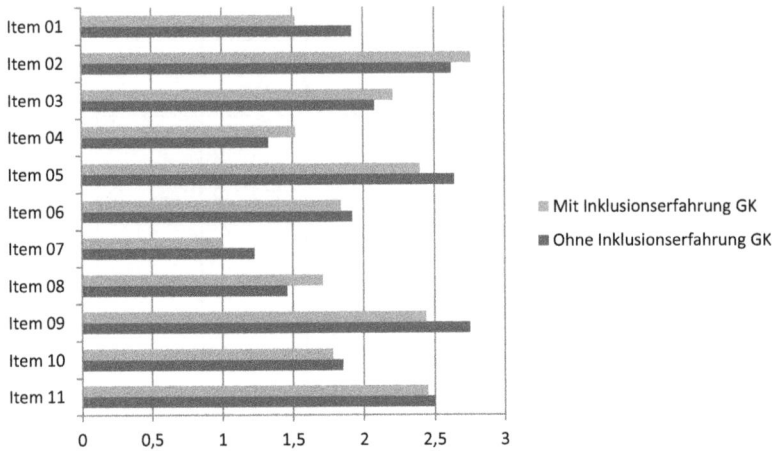

Abb. 4.1.15: Vergleich der Einstellungen zu SuS mit Körperbehinderungen (GK) zwischen Lehrkräften mit und ohne Inklusionserfahrung ('1 = trifft zu' bis '3 = trifft nicht zu')

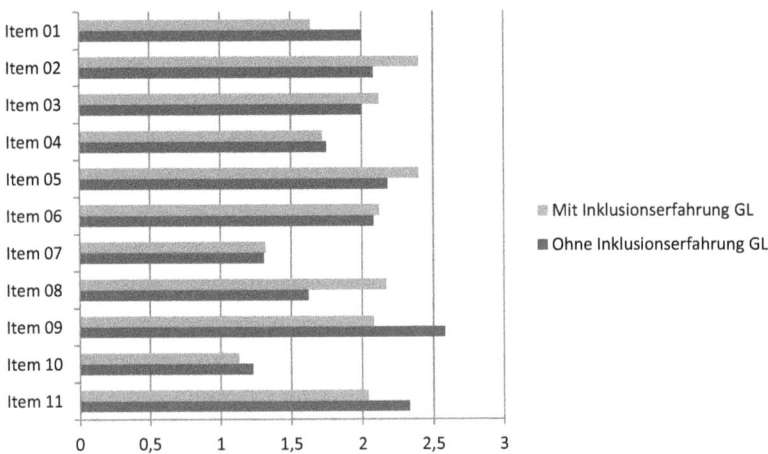

Abb. 4.1.16: Vergleich der Einstellungen zu SuS mit Lernbehinderungen (GL) zwischen Lehrkräften mit und ohne Inklusionserfahrung ('1 = trifft zu' bis '3 = trifft nicht zu')

4.1.12 Vergleich der Einstellungen zu SuS mit Körper und Lernbehinderungen zwischen Lehrkräften mit und ohne Kenntnis über die UN-Behindertenrechtskonvention

Dieser Abschnitt beschäftigt sich mit der Einstellung zu SuS mit Beeinträchtigungen um Vergleich zwischen Lehrkräften mit und ohne Kenntnis über die BRK. Es wird davon ausgegangen, dass Personen, welche die BRK kennen, tendenziell positivere Einstellungen aufweisen, da angenommen wird, diese Probanden beschäftigen sich intensiv mit dieser Thematik.

Die Ergebnisse sind in der Tabelle 4.1.12 einzusehen und in den Abbildungen 4.1.17 und 4.1.18 grafisch dargestellt. Der Bewertungsmaßstab reicht von '1 = trifft zu' bis '3 = trifft nicht zu'. Die Bezeichnung für Probanden mit Kenntnissen über die BRK lautet 'Ja', die ohne Kenntnisse lautet 'Nein'.

Im Bezug auf SuS mit Körperbehinderungen stellten sich drei tendenziell signifikante Unterschiede ein (Item 5 Sig. = 0,061; Item 6 Sig.= 0,083 und Item 8 Sig. = 0,082).

Item 5 'SuS mit einer Lern- oder Körperbehinderung werden von den nichtbehinderten SuS nicht akzeptiert' wurde von Probanden mit Kenntnissen über die BRK mit 'trifft eher nicht zu' (MD = 2.38) und von Probanden ohne Kenntnisse mit 'trifft nicht zu' (MD = 2,86) beantwortet. Hier zeigt sich, dass bei Kenntnissen eine geringe negativere Einstellung zu sehen ist.

Bei 6 Item 'Die Inklusion in den regulären Sportunterricht belastet die Lehrkraft zu sehr' antworten die Lehrkräfte mit Kenntnissen 'trifft eher zu' (MW = 1,77) hingegen die Lehrkräfte ohne Kenntnis über die BRK mit 'trifft eher nicht zu' (MW = 2,29) antworten.

Betrachtet man die Fragestellung 'Im Allgemeinen ist die Zeit im Übungsbetrieb zu knapp, um den unterschiedlichen Ansprüchen gerecht zu werden' (Item 8) so wird diese mit 'trifft eher zu' (MW = 1,53) von Probanden mit Kenntnissen und 'trifft teilweise zu' (MW = 2,00) bei Probanden ohne Kenntnisse der BRK beantwortet.

Betrachtet man nun die Einstellung zu SuS mit Lernbehinderungen, so antworten die Lehrkräfte Mit Kenntnissen über die BRK 'trifft eher nicht zu' (MW = 2,24), die ohne Kenntnisse mit 'trifft nicht zu' (MW = 2,71) auf die Frage 5 und mit 'trifft teilweise zu (MW = 1,83) beziehungsweise 'trifft eher nicht zu' (MW = 2,57).

4.1 Einstellung der Lehrkräfte zur Inklusion von Menschen mit Behinderungen

Tab. 4.1.12: Vergleich der Einstellungen zu SuS mit Körper- (GK) und Lernbehinderungen (GL) zwischen Lehrkräften mit und ohne Kenntnis über die UN-Behindertenrechtskonvention ('1 = trifft zu' bis '3 = trifft nicht zu')

	GK						GL					
Kenntnisse BRK	Ja		Nein				Ja		Nein			
Item	MW	SD	MW	SD	F-Wert	Sig.	MW	SD	MW	SD	F-Wert	Sig.
01 Durch die Inklusion in allgemeine Übungsgruppen lernen alle zusammenzuarbeiten, um ein bestimmtes Ziel zu erreichen.	1,71	0,64	1,43	0,54	1,125	0,290	1,74	0,73	1,86	0,69	0,145	0,705
02 Es wird mehr Disziplinprobleme in meinem Sportunterricht geben.	2,65	0,61	3,00	0,00	2,333	0,135	2,26	0,73	2,43	0,98	0,276	0,603
03 SuS mit Lern- oder Körperbehinderungen werden schneller lernen, wenn sie einbezogen werden.	2,17	0,70	2,14	0,38	0,007	0,932	2,06	0,68	2,14	0,69	0,075	0,785
04 Die Inklusion in den allgemeinen Übungsbetrieb erhöht Verständnis für individuelle Unterschiede.	1,43	0,63	1,57	0,54	0,290	0,594	1,73	0,69	1,71	0,49	0,005	0,946
05 SuS mit einer Lern- oder Körperbehinderung werden von den nichtbehinderten SuS nicht akzeptiert.	2,38	0,62	2,86	0,38	3,746	0,061	2,24	0,64	2,71	0,49	3,366	0,075

4.1 Einstellung der Lehrkräfte zur Inklusion von Menschen mit Behinderungen

	GK						GL					
Kenntnisse BRK	Ja		Nein				Ja		Nein			
Item	MW	SD	MW	SD	F-Wert	Sig.	MW	SD	MW	SD	F-Wert	Sig.
06 Die Inklusion in den regulären Sportunterricht belastet die Lehrkraft zu sehr.	1,77	0,73	2,29	0,49	3,186	0,083	2,03	0,72	2,43	0,54	1,86	0,181
07 Im Allgemeinen haben Lehrkräfte nicht die notwendige Ausbildung zur Inklusion in ihren Gruppen.	1,10	0,31	1,00	0,00	0,736	0,397	1,39	0,67	1,00	0,00	2,307	0,138
08 Im Allgemeinen ist die Zeit im Übungsbetrieb zu knapp, um den unterschiedlichen Ansprüchen gerecht zu werden.	1,53	0,63	2,00	0,58	3,212	0,082	1,83	0,81	2,57	0,54	5,343	0,027
09 Ich fühle mich hinreichend qualifiziert, den Übungsbetrieb in einer inkludierten Gruppe zu leiten.	2,57	0,73	2,43	0,79	0,199	0,659	2,30	0,79	2,00	0,82	0,802	0,377
10 Meine Sporthalle ist zugänglich für Lern- und Körperbehinderte.	1,72	0,88	2,14	0,90	1,261	0,269	1,17	0,47	1,14	0,38	0,024	0,878
11 Meine Sporthalle besitzt ausreichend Material für inkludierten Unterricht	2,48	0,70	2,43	0,79	0,030	0,863	2,14	0,80	2,14	0,90	0,000	1,000

4.1 Einstellung der Lehrkräfte zur Inklusion von Menschen mit Behinderungen

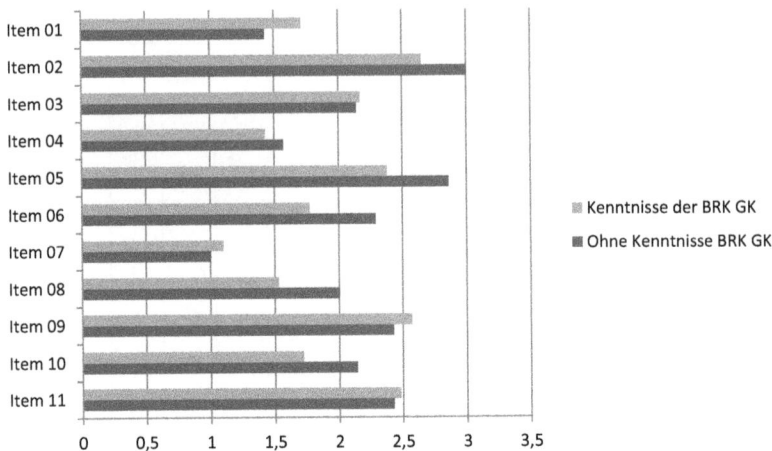

Abb. 4.1.17: Vergleich der Einstellungen zu SuS mit Körperbehinderungen (GK) zwischen Lehrkräften mit und ohne Kenntnis über die UN-Behindertenrechtskonvention ('1 = trifft zu' bis '3 = trifft nicht zu')

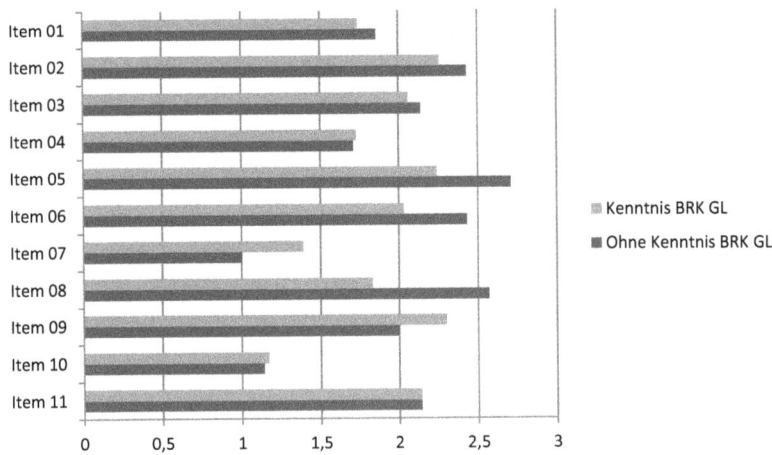

Abb. 4.1.18: Vergleich der Einstellungen zu SuS mit Lernbehinderungen (GL) zwischen Lehrkräften mit und ohne Kenntnis über die UN-Behindertenrechtskonvention ('1 = trifft zu' bis '3 = trifft nicht zu')

4.1.13 Vergleich der Einstellungen zu SuS mit Körper- und Lernbehinderungen zwischen Lehrkräften mit und ohne Kontakte(n) im privaten Bereich

Hier wird die Einstellung zu SuS mit Beeinträchtigungen zwischen Lehrkräften, die private Kontakte zu Menschen mit Behinderungen mit den Probanden ohne privaten Kontakt zu Menschen mit Beeinträchtigungen verglichen. Es ist anzunehmen, dass die Einstellung positiver auffällt bei Probanden, die private Kontakte zu Personen mit Behinderungen besitzen.

Die Darstellung der Ergebnisse wird in der Tabelle 4.1.13, sowie in den Abbildungen 4.1.19 und 4.1.20 dargestellt. Der Bewertungsmaßstab beläuft sich von '1 = trifft zu' bis '3 = trifft nicht zu'. Die Probanden mit Kontakten zu Menschen mit Behinderungen werden als 'Ja' gezeigt und die Lehrkräfte, welche keinen Kontakt zu Menschen mit Behinderungen im privaten Bereich aufweisen mit 'Nein'.

Betrachtet man die Items im Bezug auf die SuS mit Körperbehinderungen, so kristallisieren sich drei signifikante Unterschiede (Item 2 Sig. = 0,041; Item 5 Sig. = 0,038 und Item 9 Sig. = 0,018) und ein hoch signifikanter Unterschied (Item 8 Sig. = 0,001) bei Probanden mit und ohne private Kontakte heraus.

Item 2 'Es wird mehr Disziplinprobleme in meinem Sportunterricht geben' wurde von den Probanden mit Kontakten mit 'trifft nicht zu' (MW = 2,82) und von den Probanden ohne Kontakten mit 'trifft eher nicht zu' (MW = 2,40) beantwortet.

Mit "trifft eher nicht zu' (MW = 2,59), bei Probanden mit Kontakten und 'trifft teilweise zu' (MW = 2,11), bei Probanden ohne Kontakte, wurde die Frage 5 'SuS mit einer Lern- oder Körperbehinderung werden von den nichtbehinderten SuS nicht akzeptiert' beantwortet.

Item 8 'Im Allgemeinen ist die Zeit im Übungsbetrieb zu knapp, um den unterschiedlichen Ansprüchen gerecht zu werden" wird von den Lehrkräften mit Kontakten als 'trifft teilweise zu' (MW = 1,81) und von Lehrkräften ohne Kontakte als 'trifft zu' (MW = 1,10) bewertet.

Bei Item 9 'Ich fühle mich hinreichend qualifiziert, den Übungsbetrieb in einer inkludierten Gruppe zu leiten' antworteten die Befragten mit Kontakten 'trifft eher nicht zu' (MW = 2,37) und bei den Befragten ohne Kontakten fiel die Antwort auf 'trifft nicht zu' (MW = 3,00).

Zusammenfassend ist festzustellen, dass die Einstellung zu inkludierten Sport bei Personen mit privaten Kontakten positiver ausfällt. Es kann somit ausgesagt werden, dass die Einstellung zu Menschen mit Behinderungen in enger Verbindung mit den Kontakten der Probanden zu Menschen mit Behinderungen steht. Dies wird weiterhin bekräftigt, wenn man sich die Ergebnisse der Items bei SuS mit Lernbehinderungen ansieht.

Hier fällt bei Item 2 die Antwort bei den Probanden mit Kontakten auf 'trifft eher nicht zu' (MW = 2,43) hingegen bei den Probanden ohne Kontakten auf ' trifft teilweise zu' (MW = 1,90) hierbei ist ein tendenziell signifikanter Unterschied festzustellen (Sig. = 0,061).

Betrachtet man die Frage 4 'Die Inklusion in den allgemeinen Übungsbetrieb erhöht Verständnis für individuelle Unterschiede' so beantworten die Lehrkräfte mit Kontakten diese Frage mit 'trifft zu' (MW = 1.37), die Lehrkräfte ohne Kontakte hingegen antworten mit 'trifft eher zu' (MW = 1,70). Zu beachten ist, dass hier ein hoch signifikanter Unterschied zwischen Probanden mit und ohne private Kontakte zu Menschen mit Behinderungen (Sig. = 0,001)

Probanden mit Kontakten antworteten 'trifft eher nicht zu' (MW = 2,48)bei dem Item 5. 'trifft teilweise zu' (MW = 1,89) war die Antwort der Probanden ohne Kontakte auf die eben genannte Frage 5. Hier stellte man einen signifikanten Unterschied fest (Sig. = 0,001).

Bei Item 8 ist auch hier, wie bei dem Ergebnis im Bezug auf SuS mit Körperbehinderungen, ein hoch signifikanter Unterschied festzustellen (Sig. = 0,001). So beantworteten die Probanden mit Kontakten mit 'trifft eher nicht zu' (MW = 2,22) und bei Probanden ohne Kontakten 'trifft zu' (MW = 1,22).

Fragt man nach der Selbsteinschätzung im Bezug auf die Qualifikation für inkludierten Sportunterricht (Item 8) so findet man einen Tendenziell signifikanten Unterschied (Sig. = 0,098). Die Probanden mit Kontakten antworten hier mit 'trifft teilweise zu' (MW = 2,11) die Probanden ohne Kontakte mit 'trifft eher nicht zu' (MW = 2,60).

4.1 Einstellung der Lehrkräfte zur Inklusion von Menschen mit Behinderungen

Tab. 4.1.13: Vergleich der Einstellungen zu SuS mit Körper- (GK) und Lernbehinderungen (GL) zwischen Lehrkräften mit und ohne Kontakte(n) im privaten Bereich ('1 = trifft zu' bis '3 = trifft nicht zu')

	GK						GL					
Private Kontakte	Ja		Nein				Ja		Nein			
Item	MW	SD	MW	SD	F-Wert	Sig.	MW	SD	MW	SD	F-Wert	Sig.
01 Durch die Inklusion in allgemeine Übungsgruppen lernen alle zusammenzuarbeiten, um ein bestimmtes Ziel zu erreichen.	1,68	0,61	1,60	0,70	0,113	0,739	1,71	0,71	1,90	0,74	0,491	0,488
02 Es wird mehr Disziplinprobleme in meinem Sportunterricht geben.	2,82	0,48	2,40	0,70	4,484	0,041	2,43	0,69	1,90	0,88	3,751	0,061
03 SuS mit Lern- oder Körperbehinderungen werden schneller lernen, wenn sie einbezogen werden.	2,18	0,67	2,11	0,60	0,072	0,790	2,04	0,69	2,20	0,63	0,432	0,515
04 Die Inklusion in den allgemeinen Übungsbetrieb erhöht Verständnis für individuelle Unterschiede.	1,37	0,49	1,70	0,82	2,239	0,144	1,52	0,51	2,30	0,68	14,388	0,001

4.1 Einstellung der Lehrkräfte zur Inklusion von Menschen mit Behinderungen

	GK						GL					
Private Kontakte	Ja		Nein				Ja		Nein			
Item	MW	SD	MW	SD	F-Wert	Sig.	MW	SD	MW	SD	F-Wert	Sig.
05 SuS mit einer Lern- oder Körperbehinderung werden von den nichtbehinderten SuS nicht akzeptiert.	2,59	0,50	2,11	0,78	4,664	0,038	2,48	0,58	1,89	0,60	6,930	0,013
06 Die Inklusion in den regulären Sportunterricht belastet die Lehrkraft zu sehr.	1,93	0,68	1,70	0,82	0,736	0,400	2,22	0,70	1,80	0,63	2,799	0,103
07 Im Allgemeinen haben Lehrkräfte nicht die notwendige Ausbildung zur Inklusion in ihren Gruppen.	1,11	0,32	1,00	0,00	1,022	0,319	1,36	0,62	1,20	0,63	0,467	0,499
08 Im Allgemeinen ist die Zeit im Übungsbetrieb zu knapp, um den unterschiedlichen Ansprüchen gerecht zu werden.	1,81	0,62	1,10	0,32	11,892	0,001	2,22	0,75	1,22	0,44	14,147	0,001
09 Ich fühle mich hinreichend qualifiziert, den Übungsbetrieb in einer inkludierten Gruppe zu leiten.	2,37	0,79	3,00	0,00	6,213	0,018	2,11	0,80	2,60	0,70	2,898	0,098

4.1 Einstellung der Lehrkräfte zur Inklusion von Menschen mit Behinderungen

	GK						GL					
Private Kontakte	Ja		Nein				Ja		Nein			
Item	MW	SD	MW	SD	F-Wert	Sig.	MW	SD	MW	SD	F-Wert	Sig.
10 Meine Sporthalle ist zugänglich für Lern- und Körperbehinderte.	1,85	0,88	1,70	0,95	0,191	0,665	1,23	0,51	1,00	0,00	1,997	0,169
11 Meine Sporthalle besitzt ausreichend Material für inkludierten Unterricht	2,38	0,75	2,75	0,46	1,670	0,206	2,04	0,82	2,44	0,73	1,717	0,199

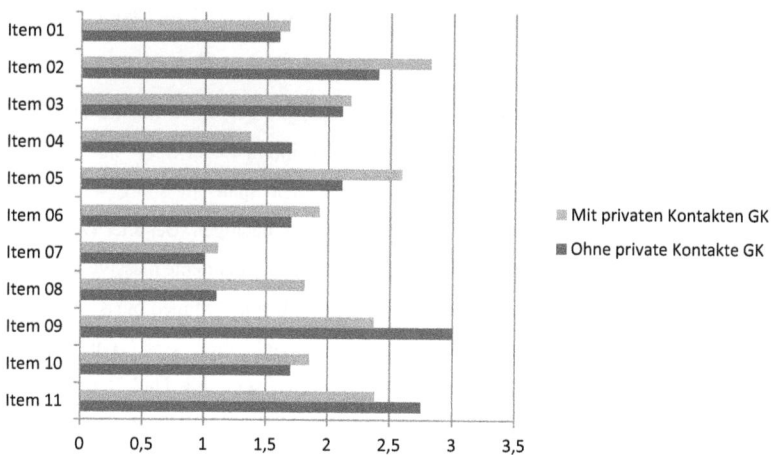

Abb. 4.1.19: Vergleich der Einstellungen zu SuS mit Körperbehinderungen (GK) zwischen Lehrkräften mit und ohne Kontakte(n) im privaten Bereich ('1 = trifft zu' bis '3 = trifft nicht zu')

4.1 Einstellung der Lehrkräfte zur Inklusion von Menschen mit Behinderungen

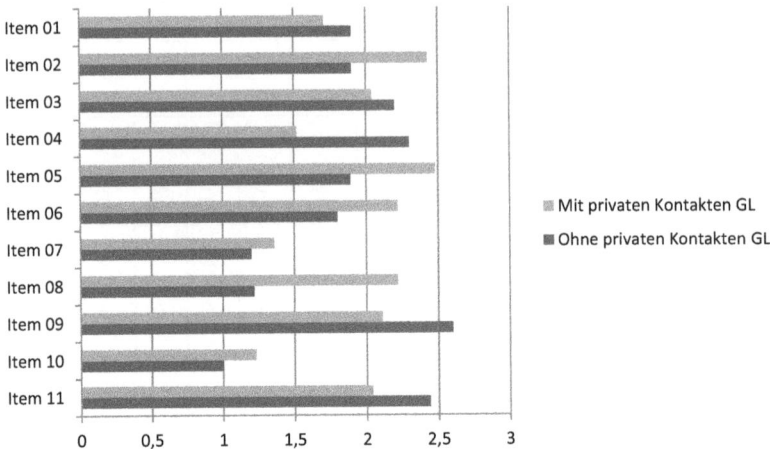

Abb. 4.1.20: Vergleich der Einstellungen zu SuS mit Lernbehinderungen (GL) zwischen Lehrkräften mit und ohne Kontakte(n) im privaten Bereich ('1 = trifft zu' bis '3 = trifft nicht zu')

4.1.14 Kommentare zum inkludierten Sport an Schulen

Hier werden die freiwilligen Beiträge der Probanden aufgelistet. Diese Texte zur Einstellung von Inklusion bieten ein breites Spektrum an Meinungen zur Inklusion und bleiben unkommentiert.

1. Meine Erfahrung ist, dass Regelschulkinder eine begrenzte Geduld und Bereitschaft haben, die behinderten Kinder, die nicht in ihrem Level Sport machen können, zu integrieren. Die Regelschulkinder verlieren den Spaß am Sport, wenn sie da nicht powern können, sondern stets niederlevelig sich betätigen. Bei aller Differenzierung... im Sportunterricht ist die Inklusion für Regelschulkinder eine massive Belastung.

2. Da die UN-Konvention nicht aussagt, dass Inklusion kommen muss, wäre es wichtig, dies dazulegen. Die UN-Konvention besagt nur, dass ein Zugang zum ALLGEMEINEN Bildungssystem gewährleistet sein soll. Und Deutschland hat ein allgemeines Bildungssystem, anders als z.B. Italien, das Schwerstmehrfachbehinderten den Weg in die Schule nicht gewährleistet.

3. Das ist die Erfahrung eines Lehrers für Sport, der sich zum Schulpsychologen weiterqualifiziert hat.

4. Inklusion ist für mich keine Zukunftsmusik, wenn eine Lobby dafür geschaffen wird, auch mit den Konsequenzen einer angemessenen personellen und sächlichen Ausstattung. Die derzeitige bildungspolitische Auseinandersetzung ist in Deutschland halbherzig und die überwiegende Umsetzung (bspw. in Berlin) unpraktikabel.

5. Integration von behinderten Kindern ist wichtig und grundsätzlich sinnvoll. Sie muss aber DRINGEND mit der entsprechenden Qualifizierung der Lehrkräfte und mit einer Erhöhung der Personaldecke einhergehen. Es hat einen Grund, dass die Klassen in Sonderschulen deutlich kleiner sind und wenn wir behinderte SuS integrieren benötigen wir min. 2 Erwachsene im Klassenzimmer!

6. Theoretisch ist die Integration von SuS mit Behinderungen in den Regelunterricht eine gute Sache. Allerdings denke ich, dass dies nicht für alle SuS möglich ist (abhängig von Art und Schwere der Behinderung) und außerdem ein gesellschaftliches Umdenken erfordert, welches noch sehr viel Zeit braucht. Die momentan laufenden Entwicklungen zur "Inklusion" (das was geschieht, entspricht nicht der eigentlichen Wortbedeutung!) sind dabei nicht ausreichend und machen die Situation für SuS mit Behinderung eventuell sogar schlimmer!

7. Inklusion kann nur funktionieren, wenn Sonderpädagogen und Lehrer täglich im Team vor der Klasse stehen - auch im Sportunterricht!

8. Bin selbst eine sogenannte "Behinderte" - soll's auch geben, wäre in den Fragen bzgl. "Kennen von Menschen mit ...." sinnvoll gewesen. Sog. "Behinderte" sind nicht alle "schon immer" behindert gewesen - und manche haben sogar ein Lehramt ;-)

9. Leider soll einfach inklusiv unterrichtet werden, ohne jedoch die Bedingungen dafür zu schaffen. In meiner Klasse befinden sich zwei LE-Kinder, die sind im Sportunterricht überhaupt nicht auffällig/schwierig, da sie im normalen schulischen Kontext gut integriert sind. Bei meinem körperbehinderten Mädchen sieht das schon ganz anders aus. Trotz Schulbegleitung ist sie immer wieder auf zusätzliche und massive Hilfe angewiesen, die die Klasse und auch ich immer weniger leiste können, da das Mädchen inzwischen 120 kg wiegt und die räumlichen Voraussetzungen einfach nicht stimmen.

4.2 Einstellungen der Lehrkräfte zur Inklusion von Menschen mit Behinderungen

4.2.1 Einstellungen der Übungsleiterinnen und Übungsleiter gegenüber der Inklusion von Menschen mit Behinderungen

Bei diesem Punkt werden die Gesamtergebnisse der Übungsleiterinnen und Übungsleiter in Tabelle 4.2.1 und in der Abbildung 4.2.1 gezeigt. Die Bewertungsstruktur reicht von '1 = trifft zu' bis '3 = trifft nicht zu'.

Der niedrigste Mittelwert ist bei Item 1 'Durch die Inklusion lern- oder körperbehinderter KuJ in allgemeine Übungsgruppen lernen alle zusammenzuarbeiten, um ein bestimmtes Ziel zu erreichen' zu verzeichnen (' trifft eher zu' MW = 1,48). Der höchste Mittelwert bei der Gesamtbetrachtung ist bei Item 5 'KuJ mit einer Lern- oder Körperbehinderung werden von den nichtbehinderten KuJ nicht akzeptiert' festzustellen. Weiterhin ist festzustellen, dass im Allgemeinen die Einstellung zu inkludierten Sport in Vereinen positiv gesehen wird (Item 1,2,3,4 und 5). Betrachtet mach die Ebene der Qualifikation für inkludierten Sport, so zeigt sich, dass die Übungsleiter mangelhaft oder kaum vorbereitet sind (Item 6,7,8 und 9).

Tab. 4.2.1: Einstellungen der Übungsleiterinnen und Übungsleiter gegenüber der Inklusion von Menschen mit Behinderungen ('1 = trifft zu' bis '3 = trifft nicht zu')

Item	Körperbehinderte und Lernbehinderten KuJ	
	MW	SD
01 Durch die Inklusion lern- oder körperbehinderter KuJ in allgemeine Übungsgruppen lernen alle zusammenzuarbeiten, um ein bestimmtes Ziel zu erreichen.	1,48	0,57
02 Es wird mehr Disziplinprobleme in meinem Sportunterricht geben, wenn ein Teilnehmer lern- oder körperbehindert ist.	2,40	0,68
03 KuJ mit Lern- oder Körperbehinderungen werden schneller lernen, wenn sie in den Übungsbetrieb der nichtbehinderten Teilnehmer einbezogen werden.	1,73	0,70
04 Die Inklusion von KuJ mit Lern- oder Körperbehinderungen in den allgemeinen Übungsbetrieb erhöht auf seiten der Nichtbehinderten das Verständnis für individuelle Unterschiede.	1,32	0,52
05 KuJ mit einer Lern- oder Körperbehinderung werden von den nichtbehinderten KuJ nicht akzeptiert.	2,50	0,59

4.2 Einstellungen der Lehrkräfte zur Inklusion von Menschen mit Behinderungen

Item	Körperbehinderte und Lernbehinderten KuJ	
	MW	SD
06 Die Inklusion von KuJ mit Lern- oder Körperbehinderungen in den regulären Sportunterricht belastet die Lehrkraft zu sehr.	2,20	0,61
07 Im Allgemeinen haben Übungsleiterinnen und Übungsleiter nicht die notwendige Ausbildung zur Inklusion von SuS mit Lern- oder Körperbehinderungen in ihren Gruppen.	1,516	0,65
08 Im Allgemeinen ist die Zeit im Übungsbetrieb zu knapp, um den unterschiedlichen Ansprüchen von Teilnehmern mit Lern- oder Körperbehinderungen einerseits und Nichtbehinderten andererseits gerecht zu werden.	1,835	0,77
09 Ich fühle mich hinreichend qualifiziert, den Übungsbetrieb in einer inkludierten Gruppe zu leiten.	1,93	0,81

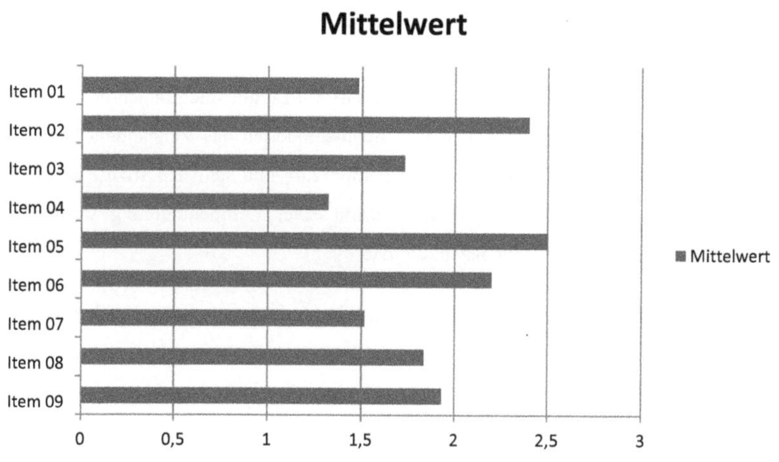

Mittelwert

Abb. 4.2.1: Einstellungen der Übungsleiterinnen und Übungsleiter gegenüber der Inklusion von Menschen mit Behinderungen ('1 = trifft zu' bis '3 = trifft nicht zu')

4.2.2 Einstellungen der Übungsleiterinnen und Übungsleiter unter Berücksichtigung der Art der Behinderung

Bei der Auswertung der Einstellungen der Übungsleiterinnen und Übungsleiter unter Berücksichtigung der Art der Behinderung werden die Mittelwerte zur Auswertung herangezogen, die sich an der folgenden Skala orientieren, '1 = trifft zu' bis '3 = trifft nicht zu' (vgl. Tabelle 4.2.2 und Abbildung 4.2.2).

Dabei betrug bei der Einstellung der Übungsleiterinnen und Übungsleiter gegenüber den Körperbehinderten der niedrigste Mittelwert 1,43, was einem 'trifft eher zu' entspricht und sich auf das Item 1: Durch die Inklusion körperbehinderter Kinder und Jugendlichen in allgemeine Übungsgruppen, lernen alle zusammenzuarbeiten, um ein bestimmtes Ziel zu erreichen, bezieht. Der höchste Mittelwert beträgt 2,59 und entspricht einem 'trifft eher nicht zu' und bezieht sich auf das Item 2: Es wird mehr Disziplinprobleme in meinem Sportunterricht geben, wenn ein Teilnehmer körperbehindert ist.

Der niedrigste Mittelwert bei der Einstellung der Übungsleiterinnen und Übungsleiter gegenüber den Lernbehinderten ist 1,41 und entspricht einem 'trifft eher zu' und nimmt Bezug auf das Item 4: Die Inklusion von KuJ mit Lernbehinderungen in den allgemeinen Übungsbetrieb erhöht auf Seiten der Nichtbehinderten das Verständnis für individuelle Unterschiede. Der höchste Mittelwert beträgt 2,44 und stellt ein 'trifft eher nicht zu' bei dem Item 5: Kinder und Jugendliche mit einer Lernbehinderung werden von den nichtbehinderten KuJ nicht akzeptiert, dar.

Bei einer Gegenüberstellung der Arten der Behinderungen ergaben sich bei den Items 4 und 6 Unterschiede in der Beantwortung. Während die Übungsleiter bei dem Item 4 mit Bezug auf die Körperbehinderung 'trifft zu' (MW = 1,24) markierten, kreuzten sie mit Bezug auf die Lernbehinderten 'trifft eher zu' (MW = 1,41) an. Wobei im letzteren Fall die Übungsleiterinnen und Übungsleiter die Inklusion von KuJ mit Lernbehinderungen im allgemeinen Übungsbetrieb erhöhte auf Seiten der Nichtbehinderten eher das Verständnis für individuelle Unterschiede, sehen.

Bei Item 6 empfinden die Übungsleiterinnen und Übungsleiter die Inklusion von Kinder und Jugendliche mit Körperbehinderungen eher nicht zu sehr als Belastung für die Lehrkraft. In diesem Fall markierten sie 'trifft eher nicht zu' (MW = 2,24). Anders bei der Einstellung den Lernbehinderten gegenüber. Hier empfanden die Übungsleiterinnen und

Übungsleiter die Inklusion von Lernbehinderten teilweise zu sehr als Belastung für die Lehrperson.

Tab. 4.2.2: Einstellungen der Übungsleiterinnen und Übungsleiter unter Berücksichtigung der Art der Behinderung ('1 = trifft zu' bis '3 = trifft nicht zu')

Item	KuJ mit Körperbehinderungen		KuJ mit Lernbehinderungen	
	MW	SD	MW	SD
01 Durch die Inklusion lern- oder körperbehinderter KuJ in allgemeine Übungsgruppen lernen alle zusammenzuarbeiten, um ein bestimmtes Ziel zu erreichen.	1,43	0,56	1,53	0,57
02 Es wird mehr Disziplinprobleme in meinem Sportunterricht geben, wenn ein Teilnehmer lern- oder körperbehindert ist.	2,59	0,60	2,21	0,71
03 KuJ mit Lern- oder Körperbehinderungen werden schneller lernen, wenn sie in den Übungsbetrieb der nichtbehinderten Teilnehmer einbezogen werden.	1,71	0,67	1,74	0,74
04 Die Inklusion von KuJ mit Lern- oder Körperbehinderungen in den allgemeinen Übungsbetrieb erhöht auf seiten der Nichtbehinderten das Verständnis für individuelle Unterschiede.	1,24	0,48	1,41	0,54
05 KuJ mit einer Lern- oder Körperbehinderung werden von den nichtbehinderten KuJ nicht akzeptiert.	2,55	0,57	2,44	0,61
06 Die Inklusion von KuJ mit Lern- oder Körperbehinderungen in den regulären Sportunterricht belastet die Lehrkraft zu sehr.	2,24	0,61	2,16	0,61
07 Im Allgemeinen haben Lehrkräfte nicht die notwendige Ausbildung zur Inklusion von KuJ mit Lern- oder Körperbehinderungen in ihren Gruppen.	1,49	0,66	1,54	0,64
08 Im Allgemeinen ist die Zeit im Übungsbetrieb zu knapp, um den unterschiedlichen Ansprüchen von Teilnehmern mit Lern- oder Körperbehinderungen einerseits und Nichtbehinderten andererseits gerecht zu werden.	1,83	0,78	1,84	0,77

Item	KuJ mit Körper-behinderungen		KuJ mit Lernbe-hinderungen	
	MW	SD	MW	SD
09 Ich fühle mich hinreichend qualifiziert, den Übungsbetrieb in einer inkludierten Gruppe zu leiten.	1,93	0,82	1,93	0,81

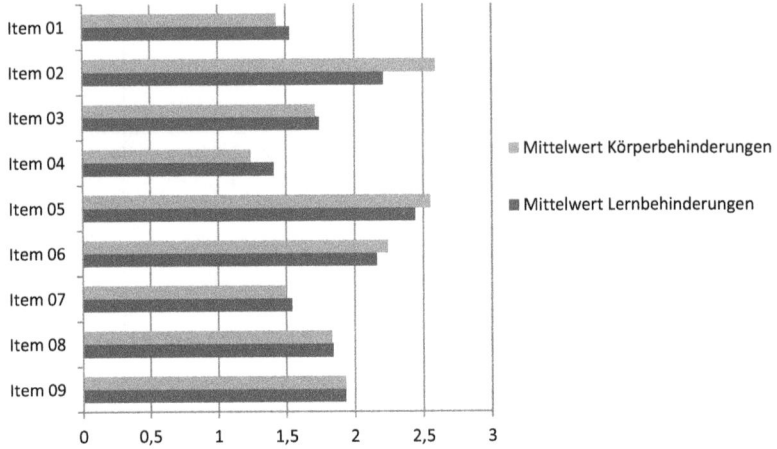

Abb. 4.2.2: Einstellungen der Übungsleiterinnen und Übungsleiter unter Berücksichtigung der Art der Behinderung ('1 = trifft zu' bis '3 = trifft nicht zu')

4.2.3 Vergleich der Einstellungen zu KuJ mit Körperbehinderungen gegenüber der wahrgenommenen Selbstkompetenz der Übungsleiterinnen und Übungsleiter

In der folgenden Auswertung werden die Einstellungen der befragten Übungsleiterinnen und Übungsleiter zu KuJ mit Körperbehinderungen betrachtet und Rückschlüsse über die wahrgenommene Selbstkompetenz anhand der berechneten Mittelwerte gezogen. Dabei orientiert sich die Auswertung der Items an der Skala '1 = trifft zu' bis '3 = trifft nicht zu' (vgl. Tabelle 4.2.3 und Abbildung 4.2.3).

In den gesamten Items von 1 bis 8 lassen sich tendenzielle bis hohe signifikante Unterschiede zwischen den Antworten der Übungsleiterinnen und Übungsleiter feststellen, was durchaus Rückschlüsse auf die verschieden wahrgenommenen Selbstkompetenzen zulässt.

Diejenigen befragten Übungsleiter, die das Item 1 und somit die Aussage, dass durch die Inklusion körperliche Kinder und Jugendliche in allgemeinen Übungsgruppen lernen alle zusammenzuarbeiten, um ein gemeinsames Ziel zu erreichen, mit 'trifft zu' (MW = 1,30) markierten, kann eine höher wahrgenommene Selbstkompetenz zugeschrieben werden als jenen Übungsleitern, die diese Aussage mit 'trifft eher nicht zu' (MW = 1,62) beantworteten. Letztendlich weist das Item einen tendenziell signifikanten Unterschied (Sig. = 0,095) auf.

Ein sehr signifikanter Unterschied (Sig. = 0,003) ergibt sich bei den Antworten des Items 2. Jenen Übungsleitern/Übungsleiterinnen, die mit 'trifft nicht zu' (MW = 2,87) antworteten, kann eine hohe wahrgenommene Selbstkompetenz unterstellt werden. Sie negierten die Aussage, dass es mehr Disziplinprobleme im Sportunterricht geben wird, wenn Teilnehmer körperbehindert sind. Denjenigen, die diese Aussage mit 'trifft eher nicht zu' (MW = 2,33) markierten, schätzten sich in dieser Situation weniger kompetent ein als die anderen Übungsleiter, die der Aussage widersprachen.

Ein tendenziell signifikanter Unterschied (Sig. = 0,072) ergab sich bei dem Item 3. Jene befragten Übungsleiter/Überleiterinnen, die der Meinung sind, dass Kinder und Jugendliche mit Körperbehinderungen eher schneller lernen, wenn sie in den Übungsbetrieb der nichtbehinderten Teilnehmer einbezogen werden, schätzten sich in dieser Situation möglicherweise selber kompetenter ein als die Übungsleiterinnen und

Übungsleiter, die bei dem Item 3 'trifft teilweise zu' (MW = 1,92) markierten. Erstere antworteten mit 'trifft eher zu' (MW = 1,71).

Einen tendenziell signifikanten Unterschied (Sig. = 0,081) ist auch bei der Auswertung des Items 4 zwischen den befragten Übungsleitern zu verzeichnen. So dass nicht unbedingt Rückschlüsse auf die wahrgenommene Selbstkompetenz gezogen werden können. Die Übungsleiterinnen und Übungsleiter stimmten zu, dass die Inklusion von KuJ mit Körperbehinderungen im allgemeinen Übungsbetrieb das Verständnis für individuelle Unterschiede auf Seiten der Nichtbehinderten erhöht wird. Die markierte Antwort war zumeist 'trifft zu'. Lediglich die Mittelwerte unterschieden sich: MW1 = 1,10 und MW3 = 1,29.

Auch das Item 5 weist tendenziell signifikante Unterschiede (Sig. = 0,095) bei den Antworten der befragten Übungsleiterinnen und Übungsleiter auf. Wobei sich Unterschiede in der Beantwortung herauskristallisieren. Übungsleiterinnen und Übungsleiter, die die Aussage negierten, dass Kinder und Jugendliche mit einer Körperbehinderung von den nichtbehinderten SuS nicht akzeptierten, scheinen sich in ihrer wahrgenommenen Selbstkompetenz der Situation gewachsener einzuschätzen und markierten das Item 5 mit 'trifft nicht zu' (MW = 2,70). Anders diejenigen Übungsleiterinnen und Übungsleiter, die sich möglicherweise weniger kompetent fühlten und dieses Item mit 'trifft eher nicht zu' (MW = 2,38).

Hoch signifikante Unterschiede (Sig. = 0,000) ergaben sich bei dem Item 6 unter den Befragten, was deutlich die unterschiedliche Wahrnehmung der Selbstkompetenz hervorhebt. Diejenigen Übungsleiterinnen und Übungsleiter, die die Inklusion von KuJ mit Körperbehinderungen eher nicht zu sehr als Belastung für die Lehrkraft ansahen, kann eine erhöhte Selbstkompetenz unterstellt werden. Diese Leiter/Leiterinnen markierten zumeist 'trifft eher nicht zu' (MW = 2,60). Anders die Befragten, die die Inklusion teilweise zu sehr als Belastung der Lehrperson ansahen. Jene antworteten zumeist mit 'trifft teilweise zu' (MW = 1,96).

Ebenfalls hoch signifikante Unterschiede (Sig. = 0,000) traten bei der Betrachtung der Antworten bei dem Item 7 auf. Dieses setzt sich mit der notwendigen Ausbildung der Lehrkräfte zur Inklusion von KuJ mit Körperbehinderungen in ihren Gruppen auseinander. Übungsleiterinnen und Übungsleiter, die teilweise der Aussage zustimmten

(MW = 1,85), dass Lehrkräfte nicht über die notwendige Ausbildung zur Inklusion von KuJ mit Körperbehinderungen in ihren Gruppe verfügen, schätzen ihre Kompetenzen bedingt besser ein, als diejenigen Übungskräfte, die mit 'trifft zu' (MW = 1,04) antworteten.

Antworteten die befragten Personen, dass die Zeit im Übungsbetrieb eher nicht zu knapp ist, um den unterschiedlichen Ansprüchen von Teilnehmern mit Körperbehinderung gerecht zu werden, zeichnen sie sich durch eine hohe wahrgenommene Selbstkompetenz aus. Sie antworteten bei dem Item 8 mit 'trifft eher nicht zu' (MW = 2,27). Die Befragten, welche mit 'trifft eher zu' (MW = 1,46) antworteten, schätzten die Zeit als eher zu knapp und sich als weniger kompetent ein, um mit dieser Situation umzugehen. Die Auswertung dieses Items brachte hoch signifikante Unterschiede (Sig. = 0,000) hervor.

Tab. 4.2.3: Vergleich der Einstellungen zu KuJ mit Körperbehinderungen (GK) gegenüber der wahrgenommenen Selbstkompetenz der Übungsleiterinnen und Übungsleiter ('1 = trifft zu' bis '3 = trifft nicht zu')

Item	Übungsleiter/ Übungsleiterinnen	GK			
	SK (Anzahl)	MW	SD	F-Wert	Sig
01 Durch die Inklusion lern- oder körperbehinderter KuJ in allgemeine Übungsgruppen lernen alle zusammenzuarbeiten, um ein bestimmtes Ziel zu erreichen.	1(30)	1,30	0,47	2,431	0,095
	2 (26)	1,46	0,51		
	3 (24)	1,62	0,65		
02 Es wird mehr Disziplinprobleme in meinem Sportunterricht geben, wenn ein Teilnehmer lern- oder körperbehindert ist.	1(30)	2,87	0,43	6,220	0,003
	2 (26)	2,50	0,71		
	3 (24)	2,33	0,57		
03 KuJ mit Lern- oder Körperbehinderungen werden schneller lernen, wenn sie in den Übungsbetrieb der nichtbehinderten Teilnehmer einbezogen werden.	1 (28)	1,71	0,66	2,726	0,072
	2 (25)	1,48	0,65		
	3 (24)	1,92	0,65		

Item	Übungsleiter/ Übungsleite-rinnen	GK			
	SK (Anzahl)	MW	SD	F-Wert	Sig
04 Die Inklusion von KuJ mit Lern- oder Körperbehinderungen in den allgemeinen Übungsbetrieb erhöht auf seiten der Nichtbehinderten das Verständnis für individuelle Unterschiede.	1 (29)	1,10	0,41	2,600	0,081
	2 (25)	1,40	0,58		
	3 (24)	1,29	0,46		
05 KuJ mit einer Lern- oder Körperbehinderung werden von den nichtbehinderten SuS nicht akzeptiert.	1 (30)	2,70	0,54	2,424	0,095
	2 (25)	2,56	0,51		
	3 (24)	2,38	0,58		
06 Die Inklusion von KuJ mit Lern- oder Körperbehinderungen in den regulären Sportunterricht belastet die Lehrkraft zu sehr.	1 (30)	2,60	0,62	10,398	0,000
	2 (26)	2,08	0,63		
	3 (24)	1,96	0,36		
07 Im Allgemeinen haben Lehrkräfte nicht die notwendige Ausbildung zur Inklusion von KuJ mit Lern- oder Körperbehinderungen in ihren Gruppen.	1 (27)	1,85	0,77	12,432	0,000
	2 (26)	1,50	0,58		
	3 (24)	1,04	0,20		
08 Im Allgemeinen ist die Zeit im Übungsbetrieb zu knapp, um den unterschiedlichen Ansprüchen von Teilnehmern mit Lern- oder Körperbehinderungen einerseits und Nichtbehinderten andererseits gerecht zu werden.	1 (30)	2,27	0,74	9,105	0,000
	2 (25)	1,72	0,68		
	3 (24)	1,46	0,72		
09 Ich fühle mich hinreichend qualifiziert, den Übungsbetrieb in einer inkludierten Gruppe zu leiten.					

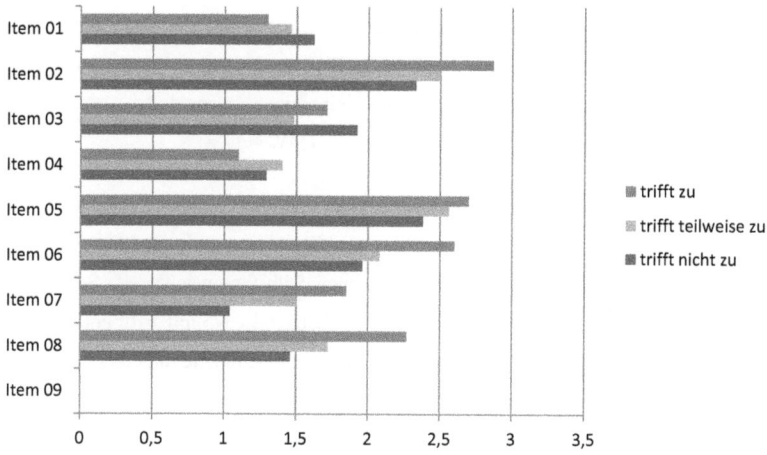

Abb. 4.2.3: Vergleich der Einstellungen zu KuJ mit Körperbehinderungen (GK)gegenüber der wahrgenommenen Selbstkompetenz der Übungsleiterinnen und Übungsleiter ('1 = trifft zu' bis '3 = trifft nicht zu')

4.2.4 Vergleich der Einstellungen zu KuJ mit Lernbehinderungen gegenüber der wahrgenommenen Selbstkompetenz der Übungsleiterinnen und Übungsleiter

In der folgenden Auswertung der Items 1 bis 8 bei dem Vergleich der Einstellungen zu KuJ mit Lernbehinderungen wird die wahrgenommen Selbstkompetenz der Befragten Übungsleiter/Übungsleiter konkreter betrachtet. Dies wird in der Tabelle 4.2.4 und Abbildung 4.2.4 dargestellt. Wobei ein besonderer Fokus auf die anzukreuzenden Antworten '1 = trifft zu' und '3 = trifft nicht zu' liegt. Die Mittelwerte (MW) der Antworten werden betrachtet und gegenübergestellt. Je nachdem ergibt sich ein Rückschluss auf die wahrgenommene Selbstkompetenz der Übungsleiterinnen und Übungsleiter.

Unterschiede in der Signifikanz zwischen den Antworten in der wahrgenommenen Selbstkompetenz ergaben sich bei den Items 1, 5, 6, 7 und 8.

Bei dem Item 1 lässt sich ein signifikanter Unterschied (Sig. = 0,028) zwischen den wahrgenommenen Selbstkompetenzen der Übungsleiter feststellen. Während die Übungsleiterinnen und Übungsleiter mit einer hohen wahrgenommenen Selbstkompetenz

Item 1 mit 'trifft zu' (MW = 1,36) beantworteten und die Aussagen vertraten, dass durch die Inklusion von lernbehinderten KuJ in allgemeine Übungsgruppen lernen alle zusammenzuarbeiten, um ein bestimmtes Ziel zu erreichen, beantworteten diejenigen Übungsleiterinnen und Übungsleiter, mit einer mangelnden wahrgenommenen Selbstkompetenz dieses Item mit 'trifft eher zu' (MW = 1,78).

Auch in Bezug auf die Akzeptanz der lernbehinderten Kinder und Jugendliche treten bei den befragten Übungsleitern tendenziell signifikante Unterschiede (Sig. = 0,052) bei den Antworten bezüglich ihrer wahrgenommenen Selbstkompetenz auf. So beantworteten diejenigen, die sich selbst als kompetent einschätzten Item 5 mit 'trifft eher nicht zu' (MW = 2,66) und waren der Meinung, dass Kinder und Jugendliche mit einer Lernbehinderung eher von ihren nichtbehinderten Schülerinnen und Schülern akzeptiert werden. Aber auch diejenigen, die sich selbst als nicht so kompetent einschätzten, vertraten diese Meinung (MW = 2,39).

Hoch signifikante Unterschiede (Sig. = 0,000) ergaben sich bei dem Item 6, das sich mit der Belastung der Lehrkraft durch die Inklusion von Lernbehinderten in dem regulären Sportunterricht auseinandersetzt. Diejenigen Übungsleiterinnen und Übungsleiter, die 'trifft eher nicht zu' (MW = 2,55) ankreuzten, können in ihrer wahrgenommenen Selbstkompetenz höher eingestuft werden, als diejenigen, die die 'trifft eher zu' (MW = 1,73) angaben und dadurch die Inklusion eher als Belastung für die Lehrperson ansahen.

Ähnlich verhält es sich mit dem Item 7, bei dem sich ein hoch signifikanter Unterschied (Sig. = 0,000) zwischen den gegebenen Antworten ergab. Denjenigen Übungsleitern/Übungsleiterinnen, die teilweise zustimmten – sie antworteten mit 'trifft teilweise zu' (MW = 1,96) –, dass die Lehrkräfte im Allgemeinen nicht die notwendige Ausbildung zur Inklusion von KuJ mit Lernbehinderungen in ihren Gruppen besitzen, kann eine höher wahrgenommene Selbstkompetenz unterstellt werden als diejenigen, die diese Aussage mit 'trifft zu' (MW = 1,18) markierten.

Ebenfalls kann ein Bezug auf die wahrgenommene Selbstkompetenz der befragten Übungsleiterinnen und Übungsleiter bei dem Item 8 gezogen werden. Dieses setzt sich mit der zur Verfügung stehenden Zeit, um den unterschiedlichen Ansprüchen der Teilnehmer gerecht zu werden, auseinander. Jene Leiter/Leiterinnen, die die Zeit im Übungsbetrieb als eher nicht zu knapp einschätzten, um den unterschiedlichen

Ansprüchen der Teilnehmer mit Lernbehinderungen gerecht zu werden, können im Allgemeinen in ihrer wahrgenommenen Selbstkompetenz hoch eingeschätzt werden. Diese Übungsleiterinnen und Übungsleiter kreuzten 'trifft eher nicht zu' (MW = 2,31) bei diesem Item an. Anders die Übungsleiterinnen und Übungsleiter, die die Zeit für den Übungsbetrieb als eher zu knapp ansahen, um auf die unterschiedlichen Ansprüche einzugehen. Denjenigen kann eine eher geringe Selbstkompetenz zugeschrieben werden.

Tab. 4.2.4: Vergleich der Einstellungen zu KuJ mit Lernbehinderungen (GL) gegenüber der wahrgenommenen Selbstkompetenz der Übungsleiterinnen und Übungsleiter ('1 = trifft zu' bis '3 = trifft nicht zu')

Item	Übungsleiter/ Übungsleiterinnen	GL		
	SK (Anzahl)	MW	SD	F-Wert	Sig
01 Durch die Inklusion lern- oder körperbehinderter KuJ in allgemeine Übungsgruppen lernen alle zusammenzuarbeiten, um ein bestimmtes Ziel zu erreichen.	1(28)	1,36	0,56	3,759	0,028
	2 (28)	1,57	0,50		
	3 (23)	1,78	0,60		
02 Es wird mehr Disziplinprobleme in meinem Sportunterricht geben, wenn ein Teilnehmer lern- oder körperbehindert ist.	1(29)	2,31	0,76	0,676	0,512
	2 (28)	2,11	0,79		
	3 (23)	2,13	0,55		
03 KuJ mit Lern- oder Körperbehinderungen werden schneller lernen, wenn sie in den Übungsbetrieb der nichtbehinderten Teilnehmer einbezogen werden.	1 (29)	1,72	0,70	0,058	0,944
	2 (28)	1,79	0,83		
	3 (23)	1,78	0,74		
04 Die Inklusion von KuJ mit Lern- oder Körperbehinderungen in den allgemeinen Übungsbetrieb erhöht auf seiten der Nichtbehinderten das Verständnis für individuelle Unterschiede.	1 (29)	1,34	0,55	0,700	0,500
	2 (27)	1,52	0,58		
	3 (23)	1,43	0,51		

4.2 Einstellungen der Lehrkräfte zur Inklusion von Menschen mit Behinderungen

Item	Übungsleiter/ Übungsleiterinnen	GL			
	SK (Anzahl)	MW	SD	F-Wert	Sig
05 KuJ mit einer Lern- oder Körperbehinderung werden von den nichtbehinderten SuS nicht akzeptiert.	1 (29)	2,66	0,61	3,074	0,052
	2 (28)	2,29	0,54		
	3 (23)	2,39	0,58		
06 Die Inklusion von KuJ mit Lern- oder Körperbehinderungen in den regulären Sportunterricht belastet die Lehrkraft zu sehr.	1 (29)	2,55	0,63	14,790	0,000
	2 (28)	2,11	0,70		
	3 (22)	1,73	0,46		
07 Im Allgemeinen haben Lehrkräfte nicht die notwendige Ausbildung zur Inklusion von KuJ mit Lern- oder Körperbehinderungen in ihren Gruppen.	1 (26)	1,96	0,66	12,314	0,000
	2 (28)	1,43	0,50		
	3 (22)	1,18	0,50		
08 Im Allgemeinen ist die Zeit im Übungsbetrieb zu knapp, um den unterschiedlichen Ansprüchen von Teilnehmern mit Lern- oder Körperbehinderungen einerseits und Nichtbehinderten andererseits gerecht zu werden.	1 (29)	2,31	0,76	11,907	0,000
	2 (26)	1,65	0,63		
	3 (22)	1,41	0,676		
09 Ich fühle mich hinreichend qualifiziert, den Übungsbetrieb in einer inkludierten Gruppe zu leiten.					

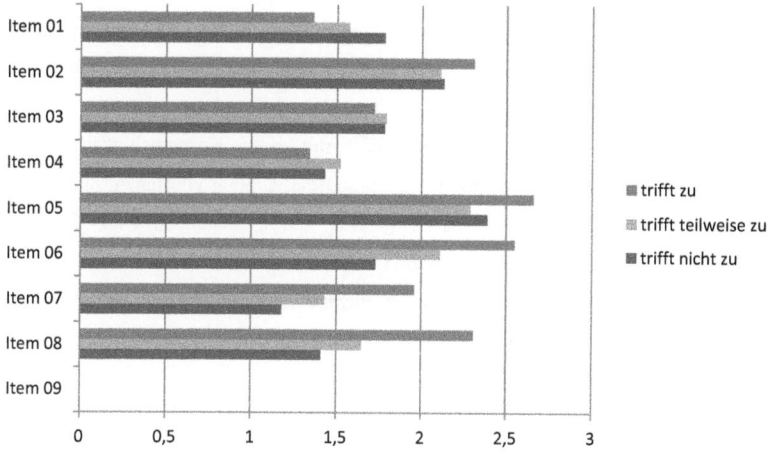

Abb. 4.2.4: Vergleich der Einstellungen zu KuJ mit Lernbehinderungen (GL) gegenüber der wahrgenommenen Selbstkompetenz der Übungsleiterinnen und Übungsleiter ('1 = trifft zu' bis '3 = trifft nicht zu')

4.2.5 Vergleich der Einstellungen zu KuJ mit Körper- und Lernbehinderungen zwischen Übungsleiterinnen und Übungsleitern mit und ohne Berufserfahrung

Bei der folgenden Auswertung der Items werden besonders die Items betrachtet, bei denen eine unterschiedliche Einstellung zu KuJ mit Körper- und Lernbehinderungen erkennbar ist unter Berücksichtigung der Berufserfahrung der befragten Übungsleiter (vgl. Tabelle 4.2.5 sowie Abbildung 4.2.5 und 4.2.6). Die Auswertung der angegebenen Mittelwerte (MW) orientiert sich an folgenden Schema: '1 = trifft zu' bis '3 = trifft nicht zu'.

Die Antworten bei Item 3 weisen zwischen den befragten Übungsleitern/Übungsleiterinnen mit und ohne Berufserfahrung tendenziell signifikante Unterschiede (Sig. = 0,093) auf. Dabei empfanden die Befragten mit Berufserfahrung ein eher schnelleres Lernen der Kinder und Jugendlichen mit Körperbehinderungen, wenn diese einbezogen wurden und markierten zumeist 'trifft eher zu' (MW =1,60) bei diesem Item. Anders die Übungsleiterinnen und Übungsleiter, die keine Berufserfahrung vorweisen konnten. Jene stimmten der Aussage teilweise zu und kreuzten 'trifft teilweise zu' (MW = 1,85).

Auch bei Item 5, welches die Akzeptanz zwischen körperbehinderten und nichtkörperbehinderten KuJ anspricht, wies bei der Beantwortung tendenziell signifikante Unterschiede (Sig. = 0,067), zwischen den befragten Leitern mit und ohne Berufserfahrung, auf. Diejenigen, die über Berufserfahrung verfügten, sind nicht der Meinung, dass Kinder und Jugendliche mit einer Körperbehinderung nicht von nichtbehinderten SuS akzeptiert werden. Diese Übungsleiterinnen und Übungsleiter markierten zumeist 'trifft nicht zu' (MW = 2,68), diejenigen ohne Berufserfahrung kreuzten meistens 'trifft eher nicht zu' (MW = 2,45) an und sind eher der Meinung, dass Kinder und Jugendlichen mit Körperbehinderung von den nichtbehinderten SuS akzeptiert werden.

Weitere signifikante Unterschiede (Sig. = 0,033) bei Einstellung zu KuJ mit Körperbehinderungen zeigt sich in der Auswertung des Items 6. Während die befragten Übungsleiter mit Berufserfahrung die Inklusion eher nicht zu sehr als Belastung für die Lehrkraft empfanden und dementsprechend mit 'trifft eher nicht zu' (MW = 2,35) antworteten, fühlten die Übungsleiterinnen und Übungsleiter ohne Berufserfahrung die Inklusion teilweise zu sehr als Belastung für die Lehrperson. Sie markierten zumeist 'trifft teilweise zu' (MW = 2,06).

Unter den befragten Übungsleitern/Übungsleiterinnen mit Berufserfahrung manifestierte sich die Meinung, dass die Übungsleiterinnen und Übungsleiter im Allgemeinen eher nicht über die notwendige Ausbildung zur Inklusion von Körperbehinderten in ihren Gruppen verfügen. Diese beantworteten ebendiese Aussage (Item 7) mit 'trifft eher zu' (MW = 1,66). Die Befragten ohne Berufserfahrungen kennzeichneten, dass die Übungsleiter im Allgemeinen nicht über die notwendige Ausbildung zur Inklusion verfügen und antworteten zumeist mit 'trifft zu' (MW = 1,29). Wodurch sich ein signifikanter Unterschied (Sig. = 0,011) bei diesem Item ergab.

Das Item 8 weist ebenfalls einen signifikanten Unterschied (Sig. = 0,039) zwischen den Übungsleitern/Übungsleiterinnen mit und ohne Berufserfahrung auf. Diejenigen, die Erfahrungen in ihrem Beruf sammeln konnten schätzen die Zeit im Übungsbetrieb als teilweise zu knapp ein, um den unterschiedlichen Ansprüchen gerecht zu werden und kreuzten 'trifft teilweise zu' (MW = 1,98) an. Jene Befragten ohne Berufserfahrung schätzen die Zeit als eher zu knapp ein, was sich aus dem Großteil der angekreuzten Antworten 'trifft eher zu' (MW = 1,62) ergab.

Im Allgemeinen fühlen sich die Befragten mit Berufserfahrung eher hinreichend qualifiziert den Übungsbetrieb in einer inkludierten Gruppe mit Körperbehinderten zu leiten als die befragten Übungsleiter ohne Berufserfahrung. Diese markierten 'trifft eher nicht zu' (MW = 2,38) und schätzen sich als eher nicht hinreichend qualifiziert ein. Jene Befragten, die Berufserfahrungen angaben, markierten zumeist 'trifft eher zu' (MW = 1,59) bei Item 9. Letztendlich ergibt sich ein hoch signifikanter Unterschied (Sig. = 0,000).

Ähnlich wie bei den Items unter Berücksichtigung der Körperbehinderten, ergibt sich auch für die Lernbehinderten aufgrund der Berufserfahrung der Übungsleiter gerade bei den Items 5, 6, 7, 8 und 9 Unterschiede in der Signifikanz.

Ein tendenziell signifikanter Unterschied (Sig. = 0,059) ergibt sich bei dem Item 5, das sich mit der Akzeptanz der Lernbehinderten Kinder und Jugendliche auseinandersetzt. Übungsleiterinnen und Übungsleiter, die Erfahrung in ihrem Berufsfeld sammeln konnten, aber auch Übungsleiter/Übungsleitinnen ohne diese Erfahrung markierten zumeist bei diesem Item 'trifft eher nicht zu' (mit Berufserfahrung: MW = 2,60 / ohne Berufserfahrung: MW = 2,35). Beide Gruppen sind der Meinung, dass Kinder und Jugendliche mit Lernbehinderung eher von den SuS akzeptiert werden.

Auch bei dem Item 6 finden sich tendenziell signifikante Unterschiede (Sig. = 0,076) zwischen den Befragten mit und ohne Berufserfahrung. Währen diejenigen mit Berufserfahrung angaben, dass die Inklusion die Lehrkraft eher nicht zu sehr belastet und mit 'trifft eher nicht zu' (MW = 2,24) antworteten, schätzen diejenigen Übungsleiterinnen und Übungsleiter ohne Berufserfahrung die Inklusion teilweise zu sehr als Belastung für die Lehrkraft und markierten zumeist 'trifft teilweise zu' (MW = 2,00).

Einen signifikanten Unterschied (Sig. = 0,024) zwischen den Antworten der Befragten mit und den Befragten ohne Berufserfahrung bietet Item 7. So ergab der Mittelwert der Antworten der Befragten ohne Erfahrung in ihrem Berufsfeld, dass sie davon überzeugt sind, dass die Übungsleiterinnen und Übungsleiter im Allgemeinen nicht über die notwendige Ausbildung zur Inklusion von Lernbehinderten in ihren Gruppen verfügen.

Sie markierten zumeist 'trifft zu' (MW = 1,37). Anders die befragten Übungsleiterinnen und Übungsleiter mit Berufserfahrung. Diese sind der Meinung, dass die Übungsleiterinnen und Übungsleiter im Allgemeinen eher nicht über die notwendige Ausbildung verfügen und antworteten mit 'trifft eher zu' (MW = 1,70).

Im Allgemeinen schätzen die Übungsleiterinnen und Übungsleiter mit Berufserfahrung die Zeit im Übungsbetrieb als teilweise zu knapp ein, um den unterschiedlichen Ansprüchen gerecht zu werden und markierten zumeist 'trifft teilweise zu' (MW = 1,96). Während die Befragten ohne Berufserfahrung die Zeit im Allgemeinen als eher zu knapp einschätzten und mit 'trifft eher zu' (MW = 1,64) antworteten. Dadurch ergab sich für das Item 8 zur Einstellung der Lernbehinderten ein tendenziell signifikanter Unterschied (Sig. = 0,070) zwischen den Antworten der Befragten mit und ohne Berufserfahrung.

Während sich die Übungsleiterinnen und Übungsleiter mit Berufserfahrung als eher hinreichend qualifiziert einschätzten, um den Übungsbetrieb einer inkludierten Gruppe mit Lernbehinderten zu leiten und auf das Item 9 mit 'trifft eher zu' (MW = 1,70) antworteten, schätzten diejenigen ohne Berufserfahrung sich als eher nicht hinreichend qualifiziert für ebendiese Aufgabe und markierten zumeist 'trifft eher nicht zu' (MW = 2,24). Dadurch ergibt sich ein sehr signifikanter Unterschied (0,004) für die Auswertung dieses Items 9.

4.2 Einstellungen der Lehrkräfte zur Inklusion von Menschen mit Behinderungen

Tab. 4.2.5: Vergleich der Einstellungen KuJ mit Körper- (GK) und Lernbehinderungen (GL) zwischen Übungsleiterinnen und Übungsleiter mit und ohne Berufserfahrung ('1 = trifft zu' bis '3 = trifft nicht zu')

	GK						GL					
Berufliche Erfahrung	Ja		Nein				Ja		Nein			
Item	MW	SD	MW	SD	F-Wert	Sig.	MW	SD	MW	SD	F-Wert	Sig.
01 Durch die Inklusion lernen alle zusammenzuarbeiten, um ein bestimmtes Ziel zu erreichen.	1,40	0,54	1,54	0,61	1,186	0,279	1,52	0,55	1,63	0,60	0,699	0,406
02 Es wird mehr Disziplinprobleme geben.	2,61	0,65	2,60	0,55	0,004	0,949	2,24	0,77	2,18	0,63	0,152	0,697
03 KuJ mit Lern- oder Körperbehinderungen werden schneller lernen, wenn sie einbezogen werden.	1,60	0,58	1,85	0,74	2,886	0,093	1,74	0,68	1,80	0,83	0,131	0,719
04 Die Inklusion erhöht Verständnis für individuelle Unterschiede.	1,24	0,48	1,26	0,51	0,013	0,909	1,40	0,50	1,40	0,55	0,000	1,000
05 KuJ mit einer Lern- oder Körperbehinderung werden von den nichtbehinderten SuS nicht akzeptiert.	2,68	0,56	2,45	0,51	3,458	0,067	2,60	0,54	2,35	0,60	3,663	0,059

4.2 Einstellungen der Lehrkräfte zur Inklusion von Menschen mit Behinderungen

	GK						GL					
Berufliche Erfahrung	Ja		Nein				Ja		Nein			
Item	MW	SD	MW	SD	F-Wert	Sig.	MW	SD	MW	SD	F-Wert	Sig.
06 Die Inklusion belastet die Lehrkraft zu sehr.	2,35	0,60	2,06	0,59	4,685	0,033	2,24	0,61	2,00	0,59	3,241	0,076
07 Im Allgemeinen haben ÜL nicht die notwendige Ausbildung zur Inklusion in ihren Gruppen.	1,66	0,71	1,29	0,52	6,744	0,011	1,70	0,71	1,37	0,49	5,338	0,024
08 Im Allgemeinen ist die Zeit im Übungsbetrieb zu knapp, um den unterschiedlichen Ansprüchen gerecht zu werden.	1,98	0,80	1,62	0,70	4,406	0,039	1,96	0,82	1,64	0,65	3,385	0,070
09 Ich fühle mich hinreichend qualifiziert, den Übungsbetrieb in einer inkludierten Gruppe zu leiten.	1,59	0,76	2,38	0,70	22,452	0,000	1,70	0,85	2,24	0,65	9,069	0,004

4.2 Einstellungen der Lehrkräfte zur Inklusion von Menschen mit Behinderungen

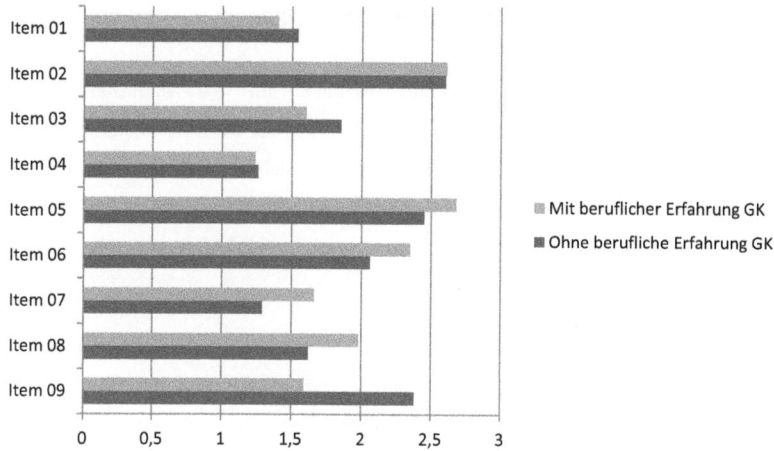

Abb. 4.2.5: Vergleich der Einstellungen zu KuJ mit Körperbehinderungen (GK) zwischen Übungsleiterinnen und Übungsleiter mit und ohne Berufserfahrung ('1 = trifft zu' bis '3 = trifft nicht zu')

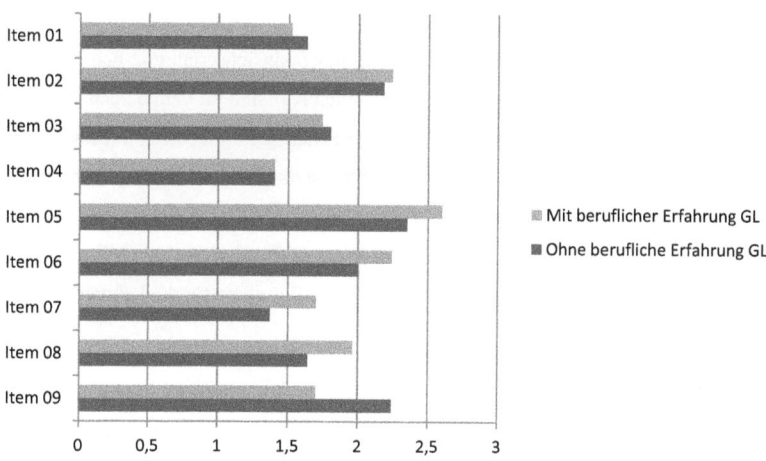

Abb. 4.2.6: Vergleich der Einstellungen zu KuJ mit Lernbehinderungen (GL) zwischen Übungsleiterinnen und Übungsleiter mit und ohne Berufserfahrung ('1 = trifft zu' bis '3 = trifft nicht zu')

4.2.6 Vergleich der Einstellungen zu KuJ mit Körper- und Lernbehinderungen zwischen Übungsleiterinnen und Übungsleitern mit und ohne Inklusionserfahrung

Bei der Auswertung der Items bezogen auf die Inklusionserfahrung der Übungsleiterinnen und Übungsleiter im Hinblick auf die Einstellungen zu Kinder und Jugendliche mit Körperbehinderungen ergaben sich bei den Items 5, 6, 7, 8 und 9 signifikante bis hoch signifikante Unterschiede in der Beantwortung zwischen den Leitern mit und ohne Inklusionserfahrung (vgl. Tabelle 4.2.6 und Abbildung 4.2.7 und 4.2.8).

Übungsleiterinnen und Übungsleiter, die Erfahrungen mit Inklusion vorweisen, negierten die Aussage in Item 5, dass Kinder und Jugendliche mit einer Körperbehinderung nicht von den SuS ohne Behinderungen akzeptiert werden. Sie markierten 'trifft nicht zu' (MW = 2,69). Anders diejenigen Übungsleiterinnen und Übungsleiter, die keine Erfahrung mit Inklusion sammeln konnten. Jene antworteten mit 'trifft eher nicht zu' (MW = 2,29) und vertraten so die Meinung, dass Körperbehinderte eher von SuS ohne Behinderung akzeptiert werden. Dieses Item weist einen sehr signifikanten Unterschied (Sig = 0,003) auf.

Die Unterschiede zwischen den Befragten mit Inklusionserfahrung und ohne Bezug auf die Einstellungen gegenüber körperbehinderten KuJ sind im Item 6 hoch signifikant (Sig. = 0,001). So vertreten die Übungsleiter, die Erfahrung im Umgang mit Inklusion machen konnten, die Meinung, dass Inklusion die Lehrkraft eher nicht zu sehr belastet und markierten bei diesem Item 'trifft eher nicht zu' (MW = 2,36). Ohne diese Erfahrung kreuzten Übungsleiterinnen und Übungsleiter 'trifft teilweise zu' (MW = 1,87) an und empfinden so die Inklusion teilweise zu sehr als Belastung für die Lehrpersonen.

Einen sehr signifikanten Unterschied (Sig. = 0,005) weist Item 7 zwischen den Befragten mit und ohne Inklusionserfahrung auf. Während der Meinung sind, dass Übungsleiterinnen und Übungsleiter eher nicht die notwendige Ausbildung zur Inklusion in ihren Gruppen haben und das Item 7 mit 'trifft eher zu' (MW = 1,62) markierten, vertraten Übungsleiterinnen und Übungsleiter ohne Inklusionserfahrung die Auffassung, dass im Allgemeinen die Übungsleiter nicht über die notwendige Ausbildung zur Inklusion in ihren Gruppen verfügen. Sie kreuzten zumeist 'trifft zu' (MW = 1,17) an.

Die befragten Übungsleiter mit Inklusionserfahrung empfinden die Zeit im Übungsbetrieb teilweise zu knapp, um den unterschiedlichen Ansprüchen gerecht zu werden und markierten bei dem Item 8 'trifft teilweise zu' (MW = 1,93). Wiesen sie keine Inklusionserfahrung auf, fanden sie die Zeit im Übungsbetrieb eher zu knapp und kreuzten 'trifft eher zu' (MW = 1,55) an, was zu einem signifikanten Unterschied (Sig. = 0,046) bei diesem Item führte.

Eher hinreichend qualifiziert, um einen Übungsbetrieb in einer inkludierten Gruppe, die Personen mit Körperbehinderungen aufweist, leiten zu können markierten vor allem Übungsleiter in Item 9, die Erfahrungen im Umgang mit Inklusion hatten. Sie antworteten mit 'trifft eher zu' (MW = 1,75). Anders die Übungsleiterinnen und Übungsleiter, die keine Inklusionserfahrung hatten. Jene fühlen sich eher nicht hinreichend qualifiziert für diese Aufgabe und markierten 'trifft eher nicht zu' (MW = 2,41), was zu einen hoch signifikanten Unterschied (Sig. = 0,001) zwischen den zwei Gruppen der Befragten führt.

Der Vergleich der Einstellungen zu KuJ mit Lernbehinderungen zwischen den Übungsleitern/Übungsleiterinnen mit und ohne Inklusionserfahrung weist Unterschiede bei der Beantwortung der Items 5, 6, 7 und 9 auf.

Kinder und Jugendliche mit einer Lernbehinderung werden von den nichtbehinderten SuS eher akzeptiert. Über diese Aussage sind sich sowohl die Übungsleiterinnen und Übungsleiter mit und ohne Inklusionserfahrung einig. Es besteht ein nur tendenziell signifikanter Unterschiede (Sig. = 0,092), denn beide Parteien markierten zumeist bei Item 5 'trifft eher nicht zu', wobei bei den Übungsleitern/Übungsleiterinnen mit Inklusionserfahrung folgender Wert gegeben war MW = 2,56 und bei den Leitern/Leiterinnen ohne Erfahrung im Umgang mit Inklusion dieser Wert MW = 2, 32.

Bei dem Item 6 besteht ein signifikanter Unterschied (Sig = 0,012) zwischen den Antworten der Befragten mit und den Befragten ohne Erfahrung mit Inklusion. Übungsleiterinnen und Übungsleiter, die bereits Erfahrungen sammeln konnten, empfanden die Inklusion von Lernbehinderten eher nicht zu sehr als Belastung für die Lehrkraft und kreuzten 'trifft eher nicht zu' (MW = 2,25) an. Während die Befragten ohne Erfahrung in diesen Bereich die Inklusion teilweise zu sehr als Belastung für die Lehrperson ansahen und markierten 'trifft teilweise zu' (MW = 1,87).

Ähnlich wie auch Item 6 weist Item 7 einen signifikanten Unterschied (Sig. = 0,026) zwischen den beiden Parteien auf. Wobei diejenigen Übungsleiterinnen und Übungsleiter, die Erfahrungen in diesem Bereich aufwiesen zumeist der Meinung waren, dass die Übungsleiterinnen und Übungsleiter im Allgemeinen eher nicht über die notwendige Ausbildung verfügen, um Inklusion in ihren Gruppen zu gewährleisten. Sie markierten 'trifft eher zu' MW = 1,65). Anders die Befragten ohne diese Erfahrung, diese gingen davon aus, dass Übungsleiterinnen und Übungsleiter im Allgemeinen nicht über die notwendige Ausbildung zur Inklusion in ihren Gruppen verfügen. Ihre Antworten waren zumeist 'trifft zu' (MW = 1,30).

Hoch signifikant (Sig = 0,001) ist der Unterschied bei Item 9. Die befragten Übungsleiterinnen und Übungsleiter mit Inklusionserfahrung fühlten sich eher hinreichend qualifiziert, den Übungsbetrieb in einer inkludierten Gruppen mit Lernbehinderten zu leiten und markierten zu diesem Item 'trifft eher zu' (MW = 1,75). Anders ist es bei den Übungsleitern/Übungsleiterinnen ohne eine solche Erfahrung, diese schätzen sich eher nicht hinreichend qualifiziert einen solchen Übungsbetrieb zu leiten und kreuzten 'trifft eher nicht zu' (MW = 2,41) an.

Tab. 4.2.6: Vergleich der Einstellungen zu KuJ mit Körper- (GK) und Lernbehinderungen (GL) zwischen Übungsleiterinnen und Übungsleitern mit und ohne Inklusionserfahrung ('1 = trifft zu' bis '3 = trifft nicht zu')

	GK						GL					
Inklusionser-fahrung	Ja		Nein				Ja		Nein			
Item	MW	SD	MW	SD	F-Wert	Sig.	MW	SD	MW	SD	F-Wert	Sig.
01 Durch die Inklusion lernen alle zusammenzuarbeiten, um ein bestimmtes Ziel zu erreichen.	1,41	0,53	1,61	0,66	2,099	0,151	1,53	0,54	1,65	0,65	0,703	0,404

4.2 Einstellungen der Lehrkräfte zur Inklusion von Menschen mit Behinderungen

	GK						**GL**					
Inklusionser-fahrung	Ja		Nein				Ja		Nein			
Item	MW	SD	MW	SD	F-Wert	Sig.	MW	SD	MW	SD	F-Wert	Sig.
02 Es wird mehr Disziplinprobleme geben.	2,66	0,61	2,58	0,59	1,412	0,238	2,21	0,77	2,23	0,53	0,013	0,909
03 KuJ mit Lern- oder Körperbehinderungen werden schneller lernen, wenn sie einbezogen werden.	1,72	0,65	1,68	0,72	0,050	0,824	1,81	0,76	1,65	0,71	0,738	0,393
04 Die Inklusion erhöht Verständnis für individuelle Unterschiede.	1,21	0,49	1,35	0,49	1,289	0,260	1,37	0,52	1,48	0,51	0,734	0,394
05 KuJ mit einer Lern- oder Körperbehinderung werden von den nichtbehinderten SuS nicht akzeptiert.	2,69	0,50	2,29	0,56	9,728	0,003	2,56	0,60	2,32	0,48	2,908	0,092
06 Die Inklusion belastet die Lehrkraft zu sehr.	2,36	0,58	1,87	0,55	12,135	0,001	2,25	0,58	1,87	0,63	6,653	0,012
07 Im Allgemeinen haben ÜL nicht die notwendige Ausbildung zur Inklusion in ihren Gruppen.	1.62	0,70	1,17	0,39	8,395	0,005	1,65	0,67	1,30	0,47	5,158	0,026

4.2 Einstellungen der Lehrkräfte zur Inklusion von Menschen mit Behinderungen

	GK						GL					
Inklusionser-fahrung	Ja		Nein				Ja		Nein			
Item	MW	SD	MW	SD	F-Wert	Sig.	MW	SD	MW	SD	F-Wert	Sig.
08 Im Allgemeinen ist die Zeit im Übungsbetrieb zu knapp, um den unterschiedlichen Ansprüchen gerecht zu werden.	1,93	0,79	1,55	0,67	4,094	0,046	1,89	0,80	1,64	0,66	1,777	0,187
09 Ich fühle mich hinreichend qualifiziert, den Übungsbetrieb in einer inkludierten Gruppe zu leiten.	1,75	0,82	2,41	0,67	11,381	0,001	1,75	0,79	2,41	0,67	11,901	0,001

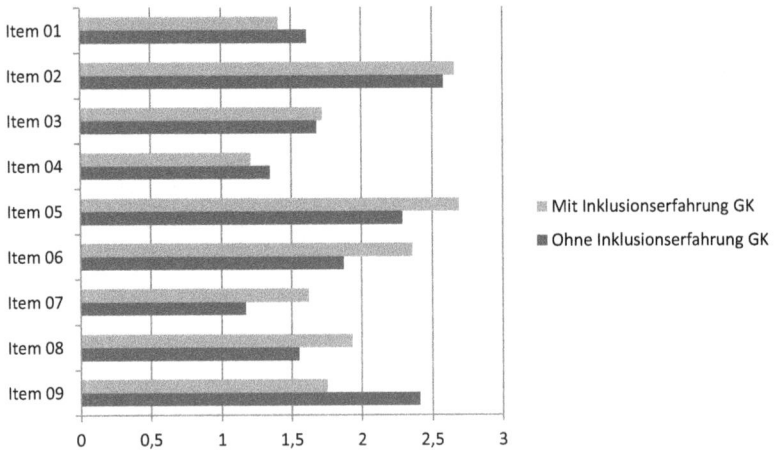

Abb. 4.2.7: Vergleich der Einstellungen zu KuJ mit Körperbehinderungen (GK) zwischen Übungsleiterinnen und Übungsleitern mit und ohne Inklusionserfahrung ('1 = trifft zu' bis '3 = trifft nicht zu')

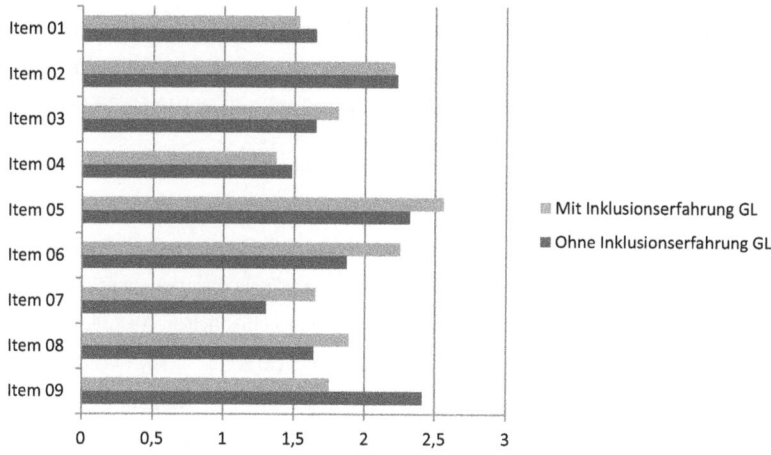

*Abb. 4.2.8: Vergleich der Einstellungen zu KuJ mit Lernbehinderungen (GL) zwischen
Übungsleiterinnen und Übungsleitern mit und ohne Inklusionserfahrung
('1 = trifft zu' bis '3 = trifft nicht zu')*

4.2.7 Vergleich der Einstellungen zu KuJ mit Körper-und Lernbehinderungen zwischen Übungsleiterinnen und Übungsleitern mit und ohne Kenntnis über die UN-Behindertenrechtskonvention

Unter Berücksichtigung der Kenntnisse über die UN-Behindertenrechtskonvention und der Einstellungen zu Personen mit Körperbehinderungen ergaben sich zwischen den Befragten Unterschiede in der Signifikanz bei den Items 2, 6, 8 und 9 (vgl. Tabelle 4.2.7,.Abbildung 4.2.9 und 4.2.10)

Diejenigen Befragten, die Kenntnis über die Behindertenrechtskonvention haben, sind nicht der Meinung, dass Inklusion Disziplinprobleme nach sich zieht (Item 2). Sie antworteten mit 'trifft nicht zu' (MW = 2,85). Anders die befragten Personen, die die Behindertenrechtskonvention nicht kannten. Sie sind eher nicht der Meinung, dass es mehr Disziplinprobleme geben wird und antworteten mit 'trifft eher nicht zu' (MW = 2,52). Dieses Item weist einen sehr signifikanten Unterschied (Sig. = 0,036) auf.

Zwischen den Befragten mit Kenntnis über die Behindertenrechtskonvention und ohne Bezug auf die Einstellung gegenüber KuJ mit Körperbehinderungen ergibt sich bei Item 6 ein hoch signifikanter Unterschied (Sig. = 0,001) in der Beantwortung. Während die

Befragten mit Kenntnis eher nicht der Meinung sind, dass die Inklusion zur Belastung der Lehrperson wird und mit 'trifft eher nicht zu' (MW = 2,60) antworteten, kreuzten diejenigen ohne das Wissen über die Behindertenrechtskonvention 'trifft teilweise zu' (MW = 2,10) an und empfinden die Inklusion teilweise als Belastung für Lehrpersonen.

Item 8 weist einen sehr signifikanten Unterschied (Sig. = 0,067) zwischen den Befragten mit und ohne Kenntnisse über die Behindertenrechtskonvention in Bezug auf ihre Einstellung zu KuJ mit Körperbehinderungen auf. Diejenigen Übungsleiterinnen und Übungsleiter mit Kenntnis über die Behindertenrechtskonvention empfinden die Zeit im Übungsbetrieb teilweise zu knapp, um den unterschiedlichen Ansprüchen gerecht zu werden und markierten 'trifft teilweise zu' (MW = 2,10). Anders diejenigen Übungsleiterinnen und Übungsleiter ohne Kenntnis über die Behindertenrechtskonvention, welche mit 'trifft eher zu' (MW = 1,73) antworteten und eher der Meinung sind, dass die Zeit im Übungsbetrieb eher zu knapp ist, um den Ansprüchen gerecht zu werden.

Auch bei der Einschätzung der hinreichenden Qualifikation zur Leitung eines Übungsbetriebes in einer inkludierten Gruppe wird ein sehr signifikanter Unterschied (Sig. = 0,015) deutlich. Übungsleiter, die sich der Behindertenrechtkonventionen sicher waren, fühlten sich eher hinreichend qualifiziert inkludierte Gruppen von Personen mit körperlichen Beeinträchtigungen zu leiten und kreuzten 'trifft eher zu' (MW = 1,55) an. Nicht ganz so sicher waren sich die Übungsleiter, die keine Kenntnisse über die Behindertenrechtskonvention vorwiesen. Sie kreuzten 'trifft teilweise zu' (MW = 2,05) an.

Wird bei den Übungsleiterinnen und Übungsleitern das Wissen über die Behindertenrechtskonvention berücksichtigt und auf die Einstellung zu geistig-behinderten Menschen bezogen, ergeben sich Unterschiede bei den Items 6 und 9 in der Signifikanz.

Wie auch in Item 6 bei dem Vergleich der Übungsleiterinnen und Übungsleiter mit und ohne Kenntnis über die Behindertenrechtskonvention mit Blick auf die Einstellung zu KuJ mit Körperbehinderungen weist dieses Item mit Fokus auf die KuJ mit geistigen Beeinträchtigungen einen hoch signifikanter Unterschied (Sig = 0,000) zwischen den Übungsleiterinnen und Übungsleitern mit und ohne Wissen über die

Behindertenrechtskonvention auf. Während diejenigen, die Wissen über die Konventionen abrufen können, die Inklusion eher nicht als eine Belastung empfinden – sie kreuzten 'trifft eher nicht zu' (MW = 2,55) an – markierten jene ohne dieses Wissen 'trifft teilweise zu' (MW = 2,00) und empfinden die Inklusion von Personen mit Lernbehinderungen teilweise als Belastung für die Lehrperson.

Befragte Personen, die Kenntnisse über die Behindertenrechtskonvention aufweisen, fühlen sich eher hinreichend qualifiziert Übungsbetriebe in inkludierte Gruppen mit KuJ mit geistigen Beeinträchtigungen zu leiten und antworteten mit 'trifft eher zu' (MW = 1,65). Anders den befragten Personen ohne das Wissen über die Konventionen, sie fühlten sich nur teilweise qualifiziert ebendiese Gruppen zu leiten und markierten 'trifft teilweise zu' (MW = 2,03). Dieses Item weist einen sehr signifikanten Unterschied (Sig. = 0,067) auf.

Tab. 4.2.7: Vergleich der Einstellungen zu KuJ mit Körper- (GK) und Lernbehinderungen (GL) zwischen Übungsleiterinnen und Übungsleitern mit und ohne Kenntnis über die UN-Behindertenrechtskonvention ('1 = trifft zu' bis '3 = trifft nicht zu')

	GK						GL					
Kenntnis über BRK	Ja		Nein				Ja		Nein			
Item	MW	SD	MW	SD	F-Wert	Sig.	MW	SD	MW	SD	F-Wert	Sig.
01 Durch die Inklusion lernen alle zusammenzuarbeiten, um ein bestimmtes Ziel zu erreichen.	1,40	0,50	1,49	0,60	0,385	0,537	1,45	0,61	1,62	0,56	1,293	0,259
02 Es wird mehr Disziplinprobleme geben.	2,85	0,37	2,52	0,65	4,538	0,036	2,35	0,67	2,17	0,72	1,011	0,318

4.2 Einstellungen der Lehrkräfte zur Inklusion von Menschen mit Behinderungen

	GK						GL					
Kenntnis über BRK	Ja		Nein				Ja		Nein			
Item	MW	SD	MW	SD	F-Wert	Sig.	MW	SD	MW	SD	F-Wert	Sig.
03 KuJ mit Lern- oder Körperbehinderungen werden schneller lernen, wenn sie einbezogen werden.	1,80	0,62	1,68	0,68	0,503	0,481	1,65	0,67	1,80	0,77	0,633	0,429
04 Die Inklusion erhöht Verständnis für individuelle Unterschiede.	1,10	0,31	1,30	0,53	2,543	0,115	1,25	0,44	1,45	0,53	2,272	0,136
05 KuJ mit einer Lern- oder Körperbehinderung werden von den nichtbehinderten SuS nicht akzeptiert.	2,60	0,50	2,58	0,56	0,028	0,868	2,55	0,51	2,47	0,60	0,314	0,577
06 Die Inklusion belastet die Lehrkraft zu sehr.	2,60	0,50	2,10	0,60	11,424	0,001	2,55	0,51	2,00	0,58	14,185	0,000
07 Im Allgemeinen haben ÜL nicht die notwendige Ausbildung zur Inklusion in ihren Gruppen.	1,42	0,69	1,52	0,65	0,302	0,584	1,53	0,70	1,56	0,62	0,038	0,846

4.2 Einstellungen der Lehrkräfte zur Inklusion von Menschen mit Behinderungen

	GK						GL					
Kenntnis über BRK	Ja		Nein				Ja		Nein			
Item	MW	SD	MW	SD	F-Wert	Sig.	MW	SD	MW	SD	F-Wert	Sig.
08 Im Allgemeinen ist die Zeit im Übungsbetrieb zu knapp, um den unterschiedlich en Ansprüchen gerecht zu werden.	2,10	0,72	1,73	0,78	3,455	0,067	2,05	0,76	1,74	0,76	2,443	0,122
09 Ich fühle mich hinreichend qualifiziert, den Übungsbetrieb in einer inkludierten Gruppe zu leiten.	1,55	0,76	2,07	0,81	6,254	0,015	1,65	0,88	2,03	0,77	3,446	0,067

4.2 Einstellungen der Lehrkräfte zur Inklusion von Menschen mit Behinderungen

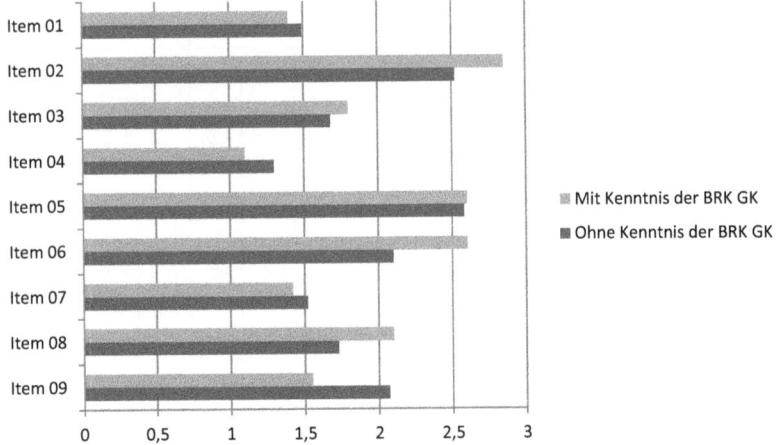

Abb. 4.2.9: Vergleich der Einstellungen zu KuJ mit Körperbehinderungen (GK) zwischen Übungsleiterinnen und Übungsleitern mit und ohne Kenntnis über die UN-Behindertenrechtskonvention ('1 = trifft zu' bis '3 = trifft nicht zu')

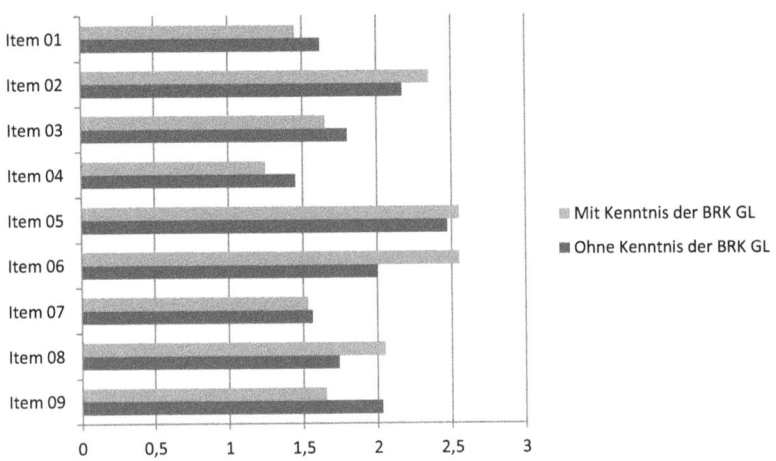

Abb. 4.2.10: Vergleich der Einstellungen zu KuJ mit Lernbehinderungen (GL) zwischen Übungsleiterinnen und Übungsleitern mit und ohne Kenntnis über die UN-Behindertenrechtskonvention ('1 = trifft zu' bis '3 = trifft nicht zu')

4.2.8 Vergleich der Einstellungen zu KuJ mit Körper- und Lernbehinderungen zwischen Übungsleiterinnen und Übungsleitern mit und ohne Kontakte(n) im privaten Bereich

Bei der Auswertung der Fragen bei Menschen mit Körperbehinderungen, die sich auf den Kontakt der Übungsleiterinnen und Übungsleiter mit Behinderungen im privaten Bereich beziehen, ergaben sich bei zwei Items sehr signifikante Werte (vgl. Tabelle 4.2.8, Abbildung 4.2.11 und 4.2.12). Zum einem betrifft es Item 3: KuJ mit Lern- oder Körperbehinderungen werden schneller lernen, wenn sie einbezogen werden, mit einem sehr signifikanten Unterschied (Sig. = 0,018) zwischen erhaltenen Antworten und zum anderen weist Item 6: Die Inklusion belastet die Lehrkraft zu sehr, einen sehr signifikanten Unterschied (Sig = 0,083) auf.

Die Befragten, die einen privaten Kontakt mit KuJ mit Einschränkungen angaben, antworteten mit 'trifft eher zu' (MW = 1,77), auf die Frage, ob KuJ schneller lernen, wenn sie einbezogen werden. Anders die Befragten, die keinen Kontakt mit KuJ mit Behinderungen ankreuzten. Sie antworteten auf dieses Item mit 'trifft zu' (MW = 1,22).

Personen, die einen privaten Kontakt mit KuJ mit Beeinträchtigungen angaben, antworteten mit 'trifft eher nicht zu' (MW = 2,26) auf Item 6 und empfinden die Inklusion eher nicht belastend für die Lehrperson. Anders die Personen, die in ihrem privaten Bereich keinen Kontakt mit Menschen mit Behinderungen vorweisen können. Sie kreuzten 'trifft teilweise zu' (MW = 1,22) an und empfinden die Inklusion teilweise als eine Belastung für die Lehrkraft.

Liegt der Fokus auf den Kontakt mit Menschen mit geistigen Behinderungen im privaten Bereich, ergibt sich bei einem Item ein sehr signifikanter Wert (Sig = 0,045) zwischen den Befragten mit und den Befragten ohne Kontakt. So kreuzten diejenigen, die einen privaten Umgang mit Personen mit Behinderungen hegen, 'trifft teilweise zu' (MW = 1,87) bei dem Item 9, ob sie sich hinreichend qualifiziert fühlen, den Übungsbetrieb in einer inkludierten Gruppe zu leiten. Während diejenigen, die keinen privaten Kontakt zu KuJ mit Beeinträchtigungen haben, 'trifft eher nicht zu' (MW = 2,44) ankreuzten.

4.2 Einstellungen der Lehrkräfte zur Inklusion von Menschen mit Behinderungen

Tab. 4.2.8: Vergleich der Einstellungen zu KuJ mit Körper- (GK) und Lernbehinderungen (GL) zwischen Übungsleiterinnen und Übungsleitern mit und ohne Kontakte(n) im privaten Bereich ('1 = trifft zu' bis '3 = trifft nicht zu')

	GK						GL					
Privater Bereich	Ja		Nein				Ja		Nein			
Item	MW	SD	MW	SD	F-Wert	Sig.	MW	SD	MW	SD	F-Wert	Sig.
01 Durch die Inklusion lernen alle zusammenzuarbeiten, um ein bestimmtes Ziel zu erreichen.	1,44	0,58	1,67	0,50	1,286	0,260	1,54	0,58	1,78	0,44	1,385	0,243
02 Es wird mehr Disziplinprobleme geben.	2,60	0,60	2,67	0,71	0,104	0,748	2,17	0,72	2,56	0,53	2,437	0,123
03 KuJ mit Lern- oder Körperbehinderungen werden schneller lernen, wenn sie einbezogen werden.	1,77	0,66	1,22	0,44	5,806	0,018	1,81	0,74	1,44	0,73	1,895	0,173
04 Die Inklusion erhöht Verständnis für individuelle Unterschiede.	1,24	0,49	1,38	0,52	0,574	0,451	1,40	0,52	1,38	0,52	0,020	0,887
05 KuJ mit einer Lern- oder Körperbehinderung werden von den nichtbehinderten SuS nicht akzeptiert.	2,58	0,55	2,67	0,50	0,213	0,646	2,50	0,58	2,44	0,53	0,074	0,786

4.2 Einstellungen der Lehrkräfte zur Inklusion von Menschen mit Behinderungen

	GK						GL					
Privater Bereich	Ja		Nein				Ja		Nein			
Item	MW	SD	MW	SD	F-Wert	Sig.	MW	SD	MW	SD	F-Wert	Sig.
06 Die Inklusion belastet die Lehrkraft zu sehr.	2,26	0,63	1,89	0,33	3,078	0,083	2,17	0,63	1,89	0,33	1,694	0,197
07 Im Allgemeinen haben ÜL nicht die notwendige Ausbildung zur Inklusion in ihren Gruppen.	1,50	0,68	1,44	0,53	0,056	0,813	1,58	0,65	1,33	0,50	1,192	0,278
08 Im Allgemeinen ist die Zeit im Übungsbetrieb zu knapp, um den unterschiedlichen Ansprüchen gerecht zu werden.	1,80	0,79	2,00	0,71	0,513	0,476	1,84	0,78	1,67	0,71	0,404	0,527
09 Ich fühle mich hinreichend qualifiziert, den Übungsbetrieb in einer inkludierten Gruppe zu leiten.	1,91	0,85	2,11	0,60	0,453	0,503	1,87	0,82	2,44	0,53	4,162	0,045

4.2 Einstellungen der Lehrkräfte zur Inklusion von Menschen mit Behinderungen

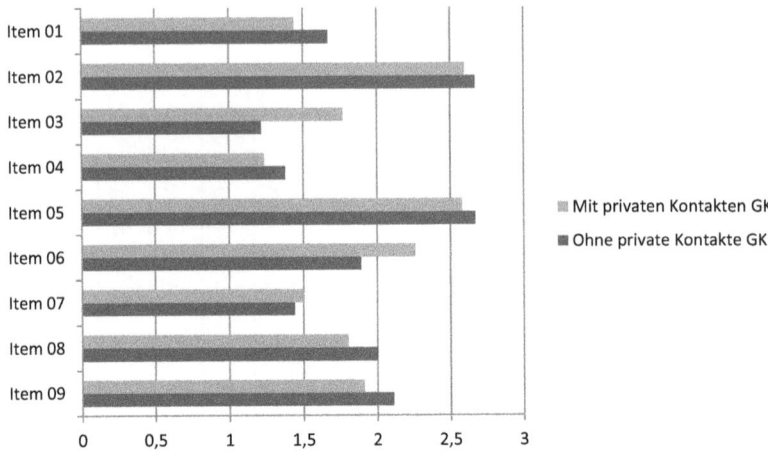

Abb. 4.2.11: Vergleich der Einstellungen KuJ mit Körperbehinderungen (GK) zwischen Übungsleiterinnen und Übungsleitern mit und ohne Kontakte(n) im privaten Bereich ('1 = trifft zu' bis '3 = trifft nicht zu')

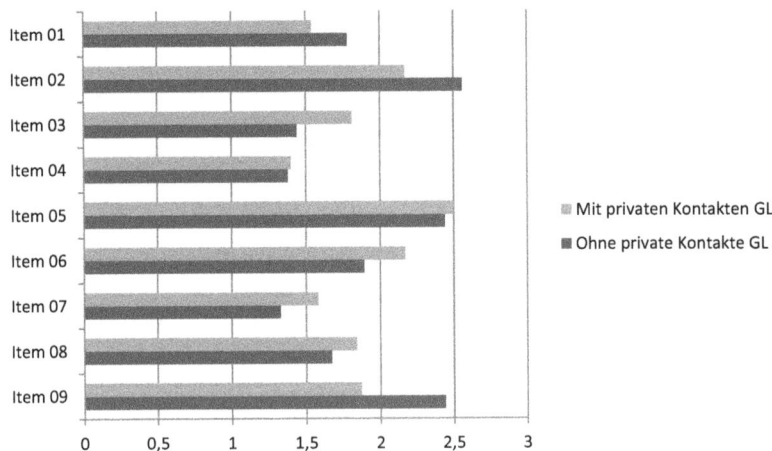

Abb. 4.2.12: Vergleich der Einstellungen KuJ mit Lernbehinderungen (GL) zwischen Übungsleiterinnen und Übungsleitern mit und ohne Kontakte(n) im privaten Bereich ('1 = trifft zu' bis '3 = trifft nicht zu')

4.2.9 Kommentare zum inkludierten Sport in Vereinen

Hier werden die Beiträge der Übungsleiterinnen und Übungsleiter aufgelistet. Diese Texte zu Einstellungen über Inklusion bieten ein breites Spektrum an Meinungen und bleiben unkommentiert.

- Ich finde, dass der Vereinssport mit diesem Thema außergewöhnlich belastet wird, da die Ausbildung dazu fehlt, weil ein einfacher Übungsleiter kein Therapeut, oder Mediziner ist, aber die Arbeit machen soll, für die in der Gesellschaft kein Geld da ist oder das Thema ist zu unattraktiv Alter und der körperliche und seelische verschleiß mit sich bringt, leider wird diese Leistung nicht gewürdigt von den Stellen, die diese Leistung eigentlich erbringen müssten!!

- Barrierefreiheit von Sportstätten nicht gegeben Gefahr der Überforderung ehrenamtlicher Strukturen

- Wir leben gemeinsam in der Gesellschaft und unser Pflicht mit Behinderten zusammen leben-arbeiten-mitmachen...Wir sind gegen Isolation der Behinderten, sondern Integration zur Gesellschaft...

- Ich habe den Fragebogen als erfahrener Übungsleiter (ÜL) von integrativen Rollstuhltanzgruppen ausgefüllt. Daher die sehr positiven Antworten. Unsere vier Rollstuhltanzgruppen im "normalen" Tanzsportclub Olsberg sind seit 13 Jahren aktiv. In unserem Gruppen ist es daher selbstverständlich, dass Menschen mit und ohne Behinderung Sport ausüben. Die Antworten aus meiner Befragung spiegeln sicherlich nicht das Bild von Übungsgruppen in Sportvereinen bzw. Gruppen wieder, in denen noch keine Menschen mit Behinderung aktiv sind. All unsere ÜL sind speziell für die Arbeit mit Menschen mit Behinderungen ausgebildet. Ein normaler Übungsleiter ist dieses nicht. Wenn ich z.B. von einem unserer Tanztrainer im "normalen" Trainingsbetrieb ausgehe: Dort tanzen nur Fußgänger-Paare Standard - und Latein und es würde ein Rollstuhltanzpaar hinzukommen. Es wäre nicht oder nur unter besonderen Bedingungen möglich, dieses Paar zu integrieren, da sie andere Tanzfolgen und mehr Platz für ihren Aktionsradius benötigen. Sonst würden sie die ihre und die Gesundheit der anderen Tanzpaare durch Unfälle auf der Tanzfläche riskieren. Das gleiche gilt für Leichtathletik und fast alle andere Sportarten (Fußball,

Volleyball...) wo die Spielregeln auf die Behinderungen angepasst werden müssen. Bei den Paralympics werden die Unterschiede deutlich.

- ich leite im PTSV-Jahn Freiburg eine integrative Sportgruppe, die sich einmal in der Woche zum Fußballspielen trifft. Das Ganze läuft seit 4 Jahren.(als Kooperation unseres Vereins mit der Akademie Himmelreich(bitte googeln), die den Großteil der Teilnehmer stellt.(etwa 8 pro Kurs). Es ist also zunächst eine Fußballgruppe von Jugendlichen mit Handicap, in die dann Jugendliche ohne Handicap integriert werden. Wir haben jede Woche andere Zusammensetzungen, weil jeder ohne Handicap mitmachen kann. Das sind manchmal Freunde, oder Bekannte von mir, die gerade Zeit haben, ein anderes Mal Schüler, die auf dem Vereinsgelände gerade mit ihrem Unterricht fertig sind, oder auch Jugendliche unseres Vereins, sprich ‚wer halt gerade vorbei schaut. Für mich ist es jedes Mal toll zu erleben, wie reibungslos dieses Zusammenspielen klappt, wie natürlich hier eine Inklusion stattfindet. Wir machen immer kleine Turniere auf einem Soccerfeld mit Bande und Kunstrasen, wir haben die Regel dass nach einem von einem Spieler ohne Handicap geschossenen Tor das nächste Tor seiner Mannschaft von einem Spieler mit Handicap geschossen werden muss.

- Wir haben in unseren Gruppen maximal 1-2 Kinder integriert. Es funktioniert nur mit Kindern mit leichten Behinderungen, deshalb kann nicht jedes behinderte Kind integriert werden. Es ist sehr abhängig von der jeweiligen Einschränkung.

- Ich arbeite schon immer integrativ in meinen Gruppen und hoffe, dass durch diese Studie die Akzeptanz zunimmt und sich die Sportgruppen für Menschen mit Behinderung weiter öffnen.

- Diese Umfrage ist viel zu oberflächlich.

- Aus meiner Sicht ist es ein Problem, dass die Träger (z.B. Lebenshilfe, Werkstätten) ihre Angebote vorwiegend Menschen mit geistiger oder psychischer Behinderung vorbehalten. Wir würden gerne mehr Körperbehinderte mit geistig oder psychisch Behinderte im Sport zusammenbringen. Da wären sicherlich auch gute Ergänzungen möglich. Aber diese Träger, die sich auf die Personengruppen geistiger und psychisch Behinderter "spezialisiert" haben, wollen diese Inklusion nicht. Aber wie soll dann die

Inklusion mit Nichtbehinderten funktionieren, wenn Behinderte schon in "Bereiche unterteilt" werden?

- Wir allen arbeiten ehrenamtlich, unentgeltlich! Vielleicht sollten Kommunen in ihren Haushalten zumindest einen kleinen Teil hierfür einplanen. Aber auch die Einrichtungen, in denen Menschen mit Behinderungen arbeiten, sollten hier etwas Geld (z.B. für den Transport zur Sportstätte und zurück) bereitstellen.

- Es ist sicher eine Frage der Sportart und auch eine Frage der Anzahl der Kinder und vor allem Zahl der Trainer in einer Trainingsgruppe. Als einziger Trainer bei ca. 20 bis 30 Kindern in der Turnhalle ist dies fast unmöglich, da die Kinder möglichst immer wieder was neues lernen wollen. Sie werden ungeduldig wenn es nicht vorwärts geht, langweilen sich, wenn wir zu viele Wiederholungen machen und verlieren die Lust und den Spaß am Training. Wir hatten ein lernbehindertes Mädchen dabei, ca. 4 Monate, obwohl wir zu der Zeit meist 2 Trainer in der Halle waren und wir uns Mühe gegeben haben, war es für sie dann doch zu schwierig und sie hat aufgehört. In anderen Sportarten ist dies vielleicht einfacher.

- Es kommt sicher immer auf die Zusammensetzung der Übungsgruppen darauf an, ob die Integration problemlos von statten geht oder eher nicht. In unseren Gruppen gibt es keinerlei Probleme, auch wenn jemand auf Gehhilfen angewiesen ist, beim Sport sitzen muss, das ist völlig egal, jeder so wie er kann. Und gemeinsam geht alles viel leichter und besser. Ein körperbehinderter Jugendlicher hat vor 2 Monaten in einer Gruppe angefangen und übt fleißig mit den älteren Patienten. Jeder hat Verständnis, und es macht allen viel Spaß. So wie man den körperbehinderten entgegen kommt, so kommt auch sein Fleiß wieder zurück. Dieser körperbehinderte Jugendliche ist vom ersten Moment an voll in der Gruppe anerkannt worden, und auch über dem Sport hinaus nimmt dieser gern an zusätzlichen gemeinsamen Veranstaltungen teil. Auf keinem Fall sollte man ihn allein stehen lassen, von Anfang an voll in der Gruppe aufgenommen fühlt er sich sehr wohl und freut sich von Woche zu Woche, wenn wir gemeinsam trainieren.

- Das Thema spielt in meiner Arbeit im Leistungssport (Bundesliga) keine oder fast keine Rolle. Im Breitensport sollte es aber durchaus Thema sein, da hier die sportliche Zielstellung anders ist.

- Ich habe 1994 einer Judo-Gruppe für Behinderte begonnen. Es sind, Lernbehinderte, geistig Behinderte und Körperbehinderte in der Gruppe. Ein Teil der Gruppe ist mehrfach behindert, geistig und körperlich. Nach einiger Zeit habe ich die Gruppe aufgeteilt. 1. Die stärker Behinderten 2. Die weniger stark Behinderten. Außerdem habe ich eine Gruppe - Gesund und fit durch Judo - in dieser Gruppe sind alle Berufsgruppen vertreten. Es sind Akademiker, Handwerker, Schüler und Studenten. In dieser Gruppe habe ich nach und nach die, die nach meiner Meinung in die Gruppe passen, integriert. Ich habe der Gruppe nichts von meinem Plan gesagt, einfach gemacht. Es hat funktioniert! Die behinderten sind zu 100 % in der Gruppe angenommen worden.

- Ich wünsche euch viel Erfolg bei eurer Erstellung der Arbeit! Es wäre schön, Ergebnisse und Auswertungen eurer Umfrage zu lesen. Könnt ihr dieses per Mail wieder zusenden?

- Als Lehrer in einer Schule mit integrativen Kindern, funktioniert der Umgang der Kinder untereinander, gegenseitige Hilfe super.

- Die koordinativen und konditionellen Fertigkeiten und Fähigkeiten von Kindern haben sich in den letzten 20 Jahren enorm verschlechtert.

- Wird ein bestimmtes Ziel verfolgt (z.B. Auftritte beim Tanzen, öffentliche Vorführungen), dann hatte ich es schwer, ein lernbehindertes Mädchen in die Gruppe zu integrieren. Sie konnte sich vieles nicht so schnell merken, war in den Bewegungen zeitverzögert oder konnte die Bewegungen nicht entsprechend umsetzen. Eine Tanzgruppe nur aus Mitgliedern der Wefa wird toleriert und bekommt Applaus. Tanzt in der normalen Gruppe ein Mädchen "aus der Reihe", stört das den Ablauf. Da wir auch bei Wettkämpfen tanzten, konnte ich sie nicht mit einbeziehen. Das war für mich eine Art Ausgrenzung. Auch bei den anderen Mädchen war die Akzeptanz gering. Deshalb hat das Mädchen wieder aufgehört. Im reinen Breitensport (es geht nur um die sportliche Betätigung), ist die Integration sicher einfacher. Aber es verlangt vom Trainer / Übungsleiter viel mehr Vorbereitung. Das ist für ehrenamtliche Übungsleiter kaum zu schaffen.

- Lern- und Körperbehinderung sind so nicht zu vergleichen. Die Fragestellung ist zu allgemein und oberflächlich. Trainer, die nicht qualifiziert sind für Körperbehinderung können nicht optimal auf ein Leistungsniveau eingehen. Mit der Lernbehinderung ist besser umzugehen, da die sportlichen Leistungen besser mit den sogenannten Normallernenden vergleichbar ist. Körperbehinderung ist sehr speziell. Von der Inklusion her betrachtet ist natürlich ein gemeinsames Sporttreiben sehr optimal, aber vom Leistungssport sehr weit entfernt. Also in welche Richtung soll denn die Arbeit gehen? Ich bin ein Verfechter von Inklusion dort, wo es passt. Viel Erfolg bei Ihrer Arbeit. Bei der Fragestellung sollte schon eine rechtschreibliche Sicherheit da sein.

- Der SSC Jena plant ab März 2013 in Kooperation mit der Hockey Company Jena e.V. ein Inklusions-Pilotprojekt, das im Rahmen einer universitären Auswertung begleitet werden sollte. Können Sie mir einen Kontakt verschaffen? Eine entsprechende Projektskizze gibt es bereits, Kontakt

- Dieses Thema brauch viel Zeit, welche selten zur Verfügung steht in der Praxis.

- Auch im Wettkampf könnte man diese Inklusion fortschreiben, durch Nachteilsausgleich.

- Zur Info Ich selbst habe beim Fußball ein Auge verloren und spiele trotzdem wieder bei den Alten Herren.

- Integration von behinderten Kindern ist einfacher möglich, da Kinder bereits durch den Schulalltag oft damit vertraut sind. Zeitlich ist eine Integration im Übungsbetrieb sehr schwierig und eine echte Aufgabe für den Übungsleiter.

- Das rote Sternchen wird nicht erläutert.

- Es gibt in Göttingen eine Gruppe Behinderter, die sich mit dem Handball beschäftigen, bzw. spielen. Das finde ich Klasse, davon sollte es mehr geben.

- Im Leistungssport wären integrative Übungsgruppen unmöglich. Aber auch im Freizeit- und Breitensport gäbe es Probleme. Ich bin Trainer einer Mannschaft, wo der Spaß und nicht die Leistung im Vordergrund stehen SOLLTE. Doch an mir selbst, meinen Spielern und meiner eigenen Zeit als Spieler erkenne ich, dass immer die Leistung im Vordergrund steht und alle Erfolg haben wollen. Egal in welcher Liga man spielt. In Sportkursen und Gruppen, die an keinem Wettkampfbetrieb teilnehmen, könnte das allerdings funktionieren.

5 ZUSAMMENFASSUNG UND AUSBLICK

In der vorliegenden Arbeit wurden allgemeine und spezifische Aspekte zur Problematik der Inklusion von KuJ mit Beeinträchtigungen im Sport vorgestellt und anhand eines spezifischen Fragebogens in Bezug auf die Einstellung von Lehrkräften und Übungsleiterinnen und Übungsleitern genauer analysiert.

Zunächst wurde in der Problemstellung dargelegt, dass es Gesetze und Bestrebungen gibt, die Inklusion umzusetzen. Jedoch bedarf es für eine vollständig inkludierte Gesellschaft mehr als nur theoretische Grundlagen. Es ist wichtig, dass alle Menschen in der Gesellschaft über diese Thematik aufgeklärt und dafür gewonnen werden, Inklusion tatkräftig zu unterstützen.

Um sich dem Forschungsgegenstand zu nähern, wurden im theoretischen Teil zunächst grundlegende Begriffe skizziert. Anschließend verdeutlichte die Arbeit den geschichtlichen Hintergrund der Inklusion. Danach wurde eine Analyse der Inklusionsbemühungen im Sport vorgenommen. Dabei wurden ausgewählte Aspekte zum Schul- und Vereinssport zusammengetragen und Ansätze zur weiteren Umsetzung von Inklusion in diesen Bereichen vorgestellt. Den Abschluss des theoretischen Teils bildete die Darbietung der UN-Behindertenrechtskonvention, die unter ausgewählten Aspekten im Bezug zum Sport und Schulunterricht analysiert wurde. Hierbei zeigt der aktuelle Forschungsstand die Entwicklung der Inklusion, bei der jedoch KuJ mit dem Förderschwerpunkt geistige Beeinträchtigung nicht berücksichtigt werden. Hier zeigen sich Forschungslücken, deren Schließung hiermit angeregt wird (vgl. Klemm, 2012; Lelgemann, 2012).

Im methodischen Teil dieser Arbeit wurde die Vorgehensweise, bestehend aus dem Untersuchungsverfahren, den -personen, der -durchführung und -auswertung, dargestellt. Insgesamt wurden 132 Personen (42 Lehrkräfte und 90 Übungsleiterinnen und Übungsleiter) mit Hilfe eines spezifischen Online-Fragebogens zur Einstellung gegenüber KuJ mit Behinderungen im Sport befragt. Dieser Fragebogen orientierte sich an dem standardisierten PEATH-Fragebogen, der um einige eigene Fragen ergänzt wurde (vgl. Doll-Tepper, 1994; Rizzo, 1984). Die Auswertung erfolgte mit dem Statistik-Programm-System für Sozialwissenschaften (SPSS).

Die Auswertung der Fragebögen führt zu dem Ergebnis, dass Personen, die bereits zusammen mit KuJ mit Behinderungen gearbeitet haben, ein positiveres Bild zur Inklusion besitzen. Weiterhin wurde deutlich, dass viele der Befragten nur eine mangelhafte Ausbildung im Bereich des inkludierten Sports aufweisen. Dies liegt in der derzeitigen Ausbildungsstruktur sowohl bei Übungsleiterinnen und Übungsleitern als auch in der Lehrerausbildung begründet und verdeutlicht, dass in diesem Bereich, der für gelingende Inklusion von grundlegender Bedeutung ist, noch viel Nachholbedarf besteht. Hier muss grundlegendes Umdenken stattfinden, wenn Inklusion im Sport in der gesamten Gesellschaft erreicht werden will, denn nur wo inkludierter Sport flächendeckend gelernt wird, wird er auch flächendeckend angeboten.

Wie Inklusion gelingen kann, zeigt Frau Müller (Anonymisiert). Sie arbeitet als Sportwart im Bereich Judo. Dort nehmen regelmäßig zwischen 11 und 16 Kinder am Training teil. Die Gruppe besteht aus mehreren Kindern ohne Beeinträchtigung, zwei Kindern mit einer Körperbehinderung, einem Kind mit Down-Syndrom und einem Kind mit Autismus. Frau Müllers Rezept für einen inkludierten Verein besteht aus dem Einsatz von aufgeschlossenen Trainerinnen und Trainern und einer hohen Unterstützung durch die Eltern. Dieses Engagement zahlt sich aus, denn dadurch werden Hemmschwellen und Berührungsängste aufseiten der KuJ ohne Behinderungen abgebaut. KuJ mit Behinderungen bekommen zudem die Möglichkeit, sich an KuJ ohne Behinderungen zu orientieren und erfahren somit auch eine bessere Förderung auf physischer und psychischer Ebene (Anhang 3).

Eine inkludierte Gesellschaft zu schaffen heißt, allen Menschen die Möglichkeiten für ein selbstbestimmtes Leben zu geben:

> „Inklusion ist, wenn alle mitmachen dürfen, wenn keiner mehr draußen bleiben muss, wenn Unterschiedlichkeit zum Ziel führt, wenn nebeneinander zum miteinander wird und Ausnahmen zur Regel werden, wenn anders sein normal ist." (Samtgemeinde Harsefeld, 2012)

Diese vorliegende Arbeit verdeutlicht, dass das Wissen um und der Wille zur Inklusion bereits in vielen Bereichen besteht. Diese Bereitschaft schlägt sich auch in der Ratifizierung der UN-Behindertenrechtskonvention und einigen Schulgesetzen nieder. Die Untersuchung macht allerdings auch deutlich, dass es vielerorts noch an der tatsächlichen Umsetzung inkludierter Maßnahmen mangelt. Lediglich eine geringe Anzahl von Sportvereinen und Schulen hat sich der Idee der Inklusion bislang vollständig angenommen und gezeigt, dass sie sich mit Erfolg umsetzen lässt.

Um eine vollständig inkludierte Gesellschaft zu werden, müssen noch viele Weichen gestellt und Hürden genommen werden. Dies betrifft sowohl die Schaffung rechtlicher Rahmenbedingungen, die Bereitstellung finanzieller Mittel für Aus- und Weiterbildung und für flächendeckende Barrierefreiheit als auch den Abbau von Vorurteilen und Ängsten gegenüber Menschen mit Behinderungen, die in unserer Gesellschaft noch immer eine Rolle spielen. Zur Überprüfung der eben skizzierten Prozesse und deren Unterstützung durch Anregungen und Hilfestellungen wird eine enge wissenschaftliche Begleitung des Inklusionsprozesses angeregt.

LITERATUR

Aichele, V. (2012). Neu in Bewegung: Das Recht von Menschen mit Behinderung auf Partizipation im Bereich Sport. In: F. Kiuppis & S. Kurzke-Maasmeier (Hrsg.), *Sport im Spiegel der UN-Behindertenrechtskonvention. Interdisziplinäre Zugänge und politische Positionen* (Behinderung – Theologie – Kirche, Bd. 3, S.41-59). Stuttgart: Kohlhammer.

Anders, G. (2003). Sportverein (sports club). In: P. Röthig (et al. Hrsg), *Sportwissenschaftliches Lexikon.* (7., völlig neu bearbeitete Auflage, S. 549-553). Schorndorf: Hofmann.

Anneken, V. (2012). Teilhabe und Sport – Herausforderungen durch die UN-Behindertenrechtskonvention. In: F. Kiuppis & S. Kurzke-Maasmeier (Hrsg.), *Sport im Spiegel der UN-Behindertenrechtskonvention. Interdisziplinäre Zugänge und politische Positionen* (Behinderung – Theologie – Kirche, Bd. 3, S.137-149). Stuttgart: Kohlhammer.

Bierwer, G. (2001). *Vom Integrationsmodell für Behinderte zur Schule für alle Kinder.* Neuwied/ Kriftel/ Berlin: Luchterhand.

Boban, I. & Hinz, A. (2003). Der Index für Inklusion – eine Möglichkeit zur Selbstevaluation von „Schulen für alle". In: G. Feuser (Hrsg.), *Integration heute – Perspektiven ihrer Weiterentwicklung in Theorie und Praxis* (Behindertenpädagogik und Integration, Bd.1, S. 37-46). Frankfurt am Main: Lang.

Brockhaus (2006a). *Enzyklopädie in 30 Bänden.* (Völlig neu bearbeitete Aufl., Bd. 3). Leipzig (et al.): Brockhaus.

Brockhaus (2006b). *Enzyklopädie in 30 Bänden.* (Völlig neu bearbeitete Aufl., Bd. 13). Leipzig (et al.): Brockhaus.

Deutscher Bildungsrat (Hrsg.). (1973). *Empfehlung der Bildungskommission. Zur pädagogischen Förderung behinderter und von Behinderung bedrohter Kinder und Jugendlicher.* Stuttgart: Klett.

Doll-Tepper, G. (1985). *Möglichkeiten einer motorischen Entwicklungsförderung von Kindern und Jugendlichen an Schulen für Lernbehinderte durch Sportunterricht.* Dissertation Freie Universität Berlin.

Doll-Tepper, G. (et. al.). (1994). *Einstellung von Sportlehrkräften zur Integration von Menschen mit Behinderungen in Schule und Verein.* Köln: Sport und Buch Stauß GmbH.

Doll-Tepper, G. (2002). Integrativer Behindertensport – Entwicklung und Perspektiven. In: H. Ohlert & J. Beckmann (Hrsg.), *Sport ohne Barrieren* (S. 15-26).Schorndorf: Hofmann.

Doll-Tepper, G. & Schmidt-Gotz, E. (2008). Inklusiver Schulsport – Zum gemeinsamen Unterricht von Kindern mit und ohne Behinderung in der Grundschule. In: W. Schmidt (Hrsg.), *Zweiter Deutscher Kinder- und Jugendsportbericht. Schwerpunkt Kindheit*

(Deutscher Kinder- und Jugendsportbericht, 2.2008, S. 361-370). Schorndorf: Hoffmann.

Dörner, K. *(1994)*. *Wir verstehen die Geschichte* der Moderne nur mit den Behinderten vollständig. *Leviathan. Zeitschrift für Sozialwissenschaften* (3), 367-390.

Esslinger-Hinz, I. (2006). *Schulentwicklungstheorie. Ein Beitrag zum schulentwicklungstheoretischen Diskurs.* Jena: IKS Garamond.

Eurich, J. (2008). *Gerechtigkeit für Menschen mit Behinderung. Ethische Reflexionen und sozialpolitische Perspektiven.* Frankfurt/Main (et al.): Campus Verlag.

Fediuk, F. (2008a). Einführung. In: F. Fediuk (Hrsg), *Inklusion als bewegungspädagogische Aufgabe. Menschen mit und ohne Behinderungen gemeinsam in Sport* (Bewegungspädagogik, Bd. 4, S. 5-12). Baltmannsweiler: Schneider Verlag Hohengehren GmbH.

Fediuk, F. (2008b): Menschen mit und ohne Behinderungen gemeinsam im (Schul-)Sport: Sportpädagogische Entwicklungen in Deutschland. In: F. Fediuk (Hrsg), *Inklusion als bewegungspädagogische Aufgabe. Menschen mit und ohne Behinderungen gemeinsam in Sport* (Bewegungspädagogik, Bd. 4, S. 33-53). Baltmannsweiler: Schneider Verlag Hohengehren GmbH.

Fuchs-Heinritz W. (Hrsg.). (2011). *Lexikon zur Soziologie.* (5., überarbeitete Aufl.). Wiesbaden: VS Verlag für Sozialwissenschaften.

Flieger, P. & Schönwiese, V. (2011). Die UN-Konventionen über die Rechte von Menschen mit Behinderungen: Eine Herausforderung für die Integrations- und Inklusionsforschung. In: P. Flieger & V. Schönwiese (Hrsg.), *Menschenrechte Integration Inklusion. Aktuelle Perspektive aus der Forschung* (S. 27-35). Bad Heilbrunn: Julius Klinkhardt Verlag.

Goethe, J. W. (1988). *Maximen und Reflexionen.* Leipzig: Insel Verlag.

Häberlein-Klumper, Ramona (2009): Separation – Integration – Inklusion unter problemgeschichtlicher Perspektive. In: P. Thoma & C. Rehle (Hrsg.), *Inklusive Schule. Leben und Lernen mittendrin* (S. 35-44). Bad Heilbrunn: Julius Klinkhardt Verlag.

Hinz, A. (2004). Vom sonderpädagogischen Verständnis der Integration zum integrationspädagogischen Verständnis der Inklusion!?. In: I. Schnell & A. Sander (Hrsg.), *Inklusive Pädagogik* (S. 41-74). Bad Heilbrunn: Julius Klinkhardt Verlag.

Hinz, A. (2010). Inklusion als Chance für individuelles gemeinsames Leben in heterogenen Gruppen. In. L. Schneider (Hrsg), *Gelingende Schulen. Gemeinsamer Unterricht kann gelingen; Schulen auf dem Weg zur Inklusion* (S. 3-21). Baltmannsweiler: Schneider Hohengehren.

Hölter, G. (2008). Perspektiven einer Sportpädagogik der Vielfalt – Integration und Inklusion. In: F. Fediuk (Hrsg), *Inklusion als bewegungspädagogische Aufgabe. Menschen mit und*

ohne Behinderungen gemeinsam in Sport (Bewegungspädagogik, Bd. 4, S. 97-122).
Baltmannsweiler: Schneider Verlag Hohengehren GmbH.

Hüppe, H. (2012a). Die UN-Behindertenrechtskonvention als Herausforderung und Maßstab
sport- und bildungspolitischer Gestaltung. In: F. Kiuppis & S. Kurzke-Maasmeier
(Hrsg.), *Sport im Spiegel der UN-Behindertenrechtskonvention. Interdisziplinäre
Zugänge und politische Positionen* (Behinderung – Theologie – Kirche, Bd. 3, S.90-98).
Stuttgart: Kohlhammer.

Karl, H. (1991). Die schulische und außerschulische Situation körperbehinderter Kinder und

Jugendlicher unter Berücksichtigung entwicklungs- und sozialpsychologischer Aspekte. In H.
Rusch & S. Größing (Hrsg.), *Sport mit Körperbehinderten* (Schriftreihe zur Praxis der
Leibeserziehung und des Sports, Bd. 198, S. 15-40). Schorndorf: Hofmann.

Krasovic, H. (1991). Spielfest mit Behinderten und Nichtbehinderten – Ziele, Planung,
Durchführung und Schwierigkeiten. In H. Rusch & S. Größing (Hrsg.), *Sport mit
Körperbehinderten* (Schriftreihe zur Praxis der Leibeserziehung und des Sports, Bd.
198, S. 89-100). Schorndorf: Hofmann.

Lingenauber, Sabine (2003). *Integration, Normalität und Behinderung. Eine
nomalismustheoretische Analyse der Werke (1970-2000) von Hans Eberwein und Georg
Feuser.* (Konstruktion von Normalität). Opladen: Leske + Budrich.

Löhrmann, S. (2012). Gemeinschaftsschule als Ausgleich sozialer und ethnischer
Benachteiligungen. In: Institut für Bildungsforschung und Bildungsrecht e.V. (Hrsg.),
Selektion und Gerechtigkeit in der Schule (Studien zum Schul- und Bildungsrecht, Bd.
1, S. 11-20). Baden-Baden: Nomos.

Markowetz, R. (2007). *Soziale Integration, Identität und Entstigmatisierung.
Behindertensoziologische Aspekte und Beiträge zur Theorieentwicklung in der
Integrationspädagogik.* Dissertation, Universität Hamburg.

Markowetz, R. (2008). Soziale Integration behinderter Kinder und Jugendlicher in
Sportverein – Erfahrungen und Schlussfolgerungen aus dem Modellprojekt PFiFF. In:
F. Fediuk (Hrsg), *Inklusion als bewegungspädagogische Aufgabe. Menschen mit und
ohne Behinderungen gemeinsam in Sport* (Bewegungspädagogik, Bd. 4, S. 183-208).
Baltmannsweiler: Schneider Verlag Hohengehren GmbH.

Marte, F. (1990). Einstellungen von Erziehern zur Integration behinderter Kinder. In:
Staatsinstitut für Frühpädagogik und Familienforschung München (Hrsg), *Handbuch
der integrativen Erziehung behinderter und nichtbehinderter Kinder* (S. 103-118).
München (et. al.): Reinhardt.

Maslow, A. H. (1991). *Motivation und Persönlichkeit.* (rororo, 7395 Aus dem Amerikanischen
von P. Kruntorad). Reinbeck bei Hamburg: Rowohlt Taschenbuch Verlag.

Merz-Atalik, K. (2008). Kooperation – Integration – Inklusion: Schulpädagogische
Grundlagen. In: F. Fediuk (Hrsg), *Inklusion als bewegungspädagogische Aufgabe.
Menschen mit und ohne Behinderungen gemeinsam in Sport* (Bewegungspädagogik, Bd.
4, S. 13-31). Baltmannsweiler: Schneider Verlag Hohengehren GmbH.

Ministerium für Stadtentwicklung, Kultur und Sport des Landes Nordrhein-Westfalen (Hrsg.). (1996). *Bewegung, Spiel und Sport mit behinderten Kindern und Jugendlichen. Abschlußbericht.* (Bearb. von Brettschneider, W. D. & Rheker, U.). Düsseldorf: Satz und Druck GmbH.

Obolenski, A. (2004). Qualifizierung für eine inklusive Pädagogik: Anforderungen an die LehrerInnenbildung. In: I. Schnell & A. Sander (Hrsg.), *Inklusive Pädagogik* (S. 313-319). Bad Heilbrunn: Julius Klinkhardt Verlag.

Opaschowski, H.W. (1976): *Pädagogik der Freizeit. Grundlegung für Wissenschaft und Praxis.* Bad Heilbrunn: Klinkhardt.

Opaschowski, H.W. (1990): *Pädagogik und Didaktik der Freizeit* (2., durchgesehene Aufl.). Opladen: Leske & Budrich.

Opaschowski, H.W. (2008): *Einführung in die Freizeitwissenschaft* (5. Auflage). Wiesbaden: VS Verlag für Sozialwissenschaften

Pörksen, A. (2012). Exklusion/Integration/Inklusion. Die UN-Behindertenrechtskonvention und ihre Umsetzung in Hamburg. In: Institut für Bildungsforschung und Bildungsrecht e.V. (Hrsg.), *Selektion und Gerechtigkeit in der Schule* (Studien zum Schul- und Bildungsrecht, Bd. 1, S. 21-34). Baden-Baden: Nomos.

Rehle, C. (2009). Grundlinien einer inklusiven, entwicklungsorientierten Didaktik. In: P. Thoma & C. Rehle (Hrsg.), *Inklusive Schule. Leben und Lernen mittendrin* (S. 183-193). Bad Heilbrunn: Julius Klinkhardt Verlag.

Rizzo, T. L. (1984). Attitudes of physical educators toward teaching handicapped pupils. *Adapted Physical Activity Quarterly*, 1, 263-274.

Rheker, U. (1993). *Spiel und Sport für alle. Integrationssport für Familie, Verein und Freizeit.* (Schriftreihe des Behinderten-Sportverbandes NW Behinderte machen Sport, Bd. 1). Aachen: Meyer & Meyer.

Rheker, U. (1996): *Integrationssport – Sport ohne Aussonderung. Darstellung eines praxisorientierten Ansatzes einer differenzierten Integrationspädagogik für den Sport von Menschen mit unterschiedlichen Voraussetzungen.* (Sportwissenschaftliche Dissertation und Habilitationen, 40). Hamburg: Czwalina.

Rheker, U. (2008). Differenzierte Integrationspädagogik für Sport von Menschen mit unterschiedlichen Voraussetzungen. In: F. Fediuk (Hrsg), *Inklusion als bewegungspädagogische Aufgabe. Menschen mit und ohne Behinderungen gemeinsam in Sport* (Bewegungspädagogik, Bd. 4, S. 159-181). Baltmannsweiler: Schneider Verlag Hohengehren GmbH.

Rusch, H. (1991). Pädagogisch-didaktische Aspekte des Sportunterrichts mit körperbehinderten Kindern und Jugendlichen. In: H. Rusch & S. Größing (Hrsg.), *Sport mit Körperbehinderten* (Schriftreihe zur Praxis der Leibeserziehung und des Sports, 198, S.66-88). Schorndorf: Hofmann.

Sander, A. (2002). Über die Dialogfähigkeit der Sonderpädagogik. Neue Anstöße durch inklusive Pädagogik. In: B. Warzecha (Hrsg.), *Zur Relevanz des Dialogs in Erziehungswissenschaft, Behindertenpädagogik, Beratung und Therapie* (Erziehungswissenschaft, 51, S. 59-98). Hamburg (et. al.): LIT.

Scheid, V. (1995). *Chancen der Integration durch Sport.* (Schriftreihe des Behinderten-Sportverbandes NW Behinderte machen Sport, Bd. 2). Aachen: Meyer & Meyer.

Scheid, V. (2008). „Behinderte helfen Nichtbehinderten" – eine ungewöhnliche Initiative mit beachtlicher Wirkung. In: F. Fediuk (Hrsg), *Inklusion als bewegungspädagogische Aufgabe. Menschen mit und ohne Behinderungen gemeinsam in Sport* (Bewegungspädagogik, Bd. 4, S. 143-158). Baltmannsweiler: Schneider Verlag Hohengehren GmbH.

Schmerbitz, H. & Seidensticker, W. (1997). Sportunterricht und Jungenarbeit. *Sportpädagogik, 21* (6), 25-37.

Schmidt, Werner (2008): Zur Bedeutung des Sportvereins im Kindesalter. In: W. Schmidt (Hrsg.), *Zweiter Deutscher Kinder- und Jugendsportbericht. Schwerpunkt Kindheit* (Deutscher Kinder- und Jugendsportbericht, 2.2008, S. 373-390). Schorndorf: Hoffmann.

Schuler, A. (2000). Physiotherapie/Krankengymnastik im Unterricht – Möglichkeiten und Grenzen. In: M. Sowa (Hrsg.), *„Das reißt uns vom Hocker!". Lernwelten in Bewegung* (S. 327-337). Dortmund: Verlag modernes Lernen.

Semmerling, R. (2004). Integration. In: D. Lenzen (Hrsg.), *Pädagogische Grundbegriffe. Aggression bis Interdisziplinarität* (7. Aufl., Rororo, 55487: Rowohlts Enzyklopädie, Bd. 1, S. 740-750). Reinbek bei Hamburg: Rowohlt-Taschenbuch-Verlag.

Singer, O. (2012). Regulative und sportliche Perspektiven der EU mit Blick auf Inklusion und Teilhabe. . In: F. Kiuppis & S. Kurzke-Maasmeier (Hrsg.), *Sport im Spiegel der UN-Behindertenrechtskonvention. Interdisziplinäre Zugänge und politische Positionen* (Behinderung – Theologie – Kirche, Bd. 3, S.100-109). Stuttgart: Kohlhammer.

Sowa, M. (2000a). Bewegung als Grundbedürfnis des Menschen mit und ohne Behinderung. In: M. Sowa (Hrsg.), *„Das reißt uns vom Hocker!". Lernwelten in Bewegung* (S. 21-26). Dortmund: Verlag modernes Lernen.

Sowa, M. (2000b). Maximilian und die Hosenfalte. Die lautlosen Kommunikationsversuche eines 20-jährigen schwerbehinderten Schülers. Möglichkeiten der Zusammenarbeit von Pädagogik und Therapie. In: M. Sowa (Hrsg.), *„Das reißt uns vom Hocker!". Lernwelten in Bewegung* (S. 338-352). Dortmund: Verlag modernes Lernen.

Tenorth H. E. & Tippelt, R (Hrsg.). (2007). *Beltz Lexikon Pädagogik.* (Studium Pädagogik). Weinheim & Basel: Beltz.

Tervooren, A. (2003). Pädagogik der Differenz oder differenzierte Pädagogik?. *Behinderte in Familie, Schule und Gesellschaft, 26 1,* 26-36.

Thoma, P. & Rehle, C. (2009). Zusammenfassende Analyse und Bewertung der Beispiele. In: P. Thoma & C. Rehle (Hrsg.), *Inklusive Schule. Leben und Lernen mittendrin* (S. 173-178). Bad Heilbrunn: Julius Klinkhardt Verlag.

Thumser, G. (2009). Clara: Der Traum von schulischer Integration. In: P. Thoma & C. Rehle (Hrsg.), *Inklusive Schule. Leben und Lernen mittendrin* (S. 95-107). Bad Heilbrunn: Julius Klinkhardt Verlag.

Vernooij, M. A. (2005). *Erziehung und Bildung Beeinträchtigter Kinder und Jugendlicher.* Paderborn: Schöningh

Wedemeyer-Kolwe, B. (2010). Behindertensport. In: M. Krüger & H. Langenfeld), *Handbuch Sportgeschichte* (Beiträge zur Lehre und Forschung im Sport, 173, S. 345-354). Schorndorf: Hofmann.

Weichert, W. (2008). Integration durch Bewegungsbeziehungen. In: F. Fediuk (Hrsg), *Inklusion als bewegungspädagogische Aufgabe. Menschen mit und ohne Behinderungen gemeinsam in Sport* (Bewegungspädagogik, Bd. 4, S. 55-95). Baltmannsweiler: Schneider Verlag Hohengehren GmbH.

Weis, K. (2003). Integration, soziale (social integration). In: P. Röthig (et al. Hrsg), *Sportwissenschaftliches Lexikon.* (7., völlig neu bearbeitete Auflage, S. 271f). Schorndorf: Hofmann.

Wilhelm, Marianne (et. al. Hrsg.). (2006). *Inklusive Schulentwicklung. Planungs- und Arbeitshilfen zur neuen Schulkultur.* (Belz Sonderpädagogik. Gemeinsam leben und lernen. Integration von Menschen mit Behinderungen). Weinheim & Basel: Belz.

Wurzel, B. (2008). Mehrperspektivischer Sportunterricht in heterogenen Gruppen von nichtbehinderten und behinderten Schülern-Was über „erstbeste Lösungen" hinausgeht. In: F. Fediuk (Hrsg), *Inklusion als bewegungspädagogische Aufgabe. Menschen mit und ohne Behinderungen gemeinsam in Sport* (Bewegungspädagogik, Bd. 4, S. 123-141). Baltmannsweiler: Schneider Verlag Hohengehren GmbH.

INTERNETQUELLEN

Aktion Mensch (2012a, 16. November). Städtetour. Zugriff am 16. November 2012 unter
http://www.aktion-mensch.de/ueberuns/staedtetour.php

Aktion Mensch (2012b, 16. November). *Station 13 der Aktion Mensch-Städtetour: Erfurt.*
Zugriff am 16. November 2012 unter http://www.aktion-mensch.de/ueberuns/erfurt.php

BRK-Allianz (2012, 10. November). Gemeinsame NGO Einreichung – UPR zur
Bundesrepublik Deutschland, 16. Sitzung, Mai 2013. Zugriff am 11. November 2012
unter http://www.brk-allianz.de/

Bundesministerium für Arbeit und Soziales (2012, 28. August). *Übereinkommen der
Vereinten Nationen über Rechte von Menschen mit Behinderungen. Erster
Staatenbericht der Bundesrepublik Deutschland.* Zugriff am 02. September 2012 unter
http://www.bmas.de/SharedDocs/Downloads/DE/staatenbericht-
2011.pdf?__blob=publicationFile

Deutsches Institut für Menschenrechte (2011, 31. März). *Stellungnahme der Monitoring-
Stelle. Eckpunkte zur Verwirklichung eines inklusiven Bildungssystems (Primarstufe
und Sekundarstufe I und II).* Zugriff am 02. September 2012 unter http://www.institut-
fuer-
menschenrechte.de/uploads/tx_commerce/stellungnahme_der_monitoring_stelle_eckpu
nkte_z_verwirklichung_eines_inklusiven_bildungssystems_31_03_2011.pdf

Hüppe, H. (Hrsg.). (2012b, 09. November). *Die UN-Behindertenrechtskonvention.* Zugriff am
12. September 2012 unter
http://www.behindertenbeauftragter.de/SharedDocs/Publikationen/DE/Broschuere_UN
Konvention_KK.pdf?__blob=publicationFile

Samtgemeinde Harsefeld (2012, 16. November). *Lesung "Der halbe Mann" mit Florian
Sitzmann am 13. Oktober , 19.30 Uhr.* Zugriff am 20.10.2012 unter
https://harsefeld.de/Harsefeld/system/aktuelles/archiv.htm?print=true&selection=1343&
xmlstyle=detail

Stuttgarter Nachrichten (2007, 11. Februar). *Die Geschichte des Schulsports. Von der
griechischen Antike bis zur Gegenwart.* Zugriff am 01.10.2012 unter
http://www.sportunterricht.de/lksport/geschisp1.html

ICF (2008, 20. August). *ICF. Internationale Klassifikation der Funktionsfähigkeit,
Behinderung und Gesundheit.* Zugriff am 02. September 2012 unter
http://www.dimdi.de/dynamic/de/klassi/downloadcenter/icf/endfassung/icf_endfassung-
2005-10-01.pdf

Hamburgisches Schulgesetz (2012, 31. Juli). *Hamburgisches Schulgesetz.* Zugriff am
02.Oktober 2012 unter
http://www.hamburg.de/contentblob/1995414/data/schulgesetzdownload.pdf

Klemm, K. (2012, 7. September). *Gemeinsam lernen. Inklusion lebe. Status Quo und
Herausforderungen inklusiver Bildung in Deutschland (im Auftrag der Bertelsmann*

Stiftung.). Zugriff am 02. September 2012 unter http://www.bertelsmann-stiftung.de/bst/de/media/xcms_bst_dms_32811_32812_2.pdf

Leyen, U. von der (2011, 14. September*). Unser Weg in eine inklusive Gesellschaft. Der Nationale Aktionsplan der Bundesregierung zur Umsetzung der UN-Behindertenrechtskonvention.* Zugriff am 14. September 2012 unter http://www.bmas.de/SharedDocs/Downloads/DE/PDF-Publikationen/a740-nationaler-aktionsplan-barrierefrei.pdf?__blob=publicationFile

Lelgemann, R. (et. al.) (2012, 28. Juni). *Forschungsbericht. Qualitätsbedingungen schulischer Inklusion für Kinder und Jugendliche mit dem Förderschwerpunkt Körperliche und motorische Entwicklung.* Zugriff am 02. September 2012 unter http://www.lvr.de/media/wwwlvrde/schulen/integrativerunterricht/hintergrundinfos_1/d okumente_115/Forschungsbericht_uni_wuerzburg_zwei_fertig.pdf

Singer, O. (2012, 15. März). *Sportpolitik der Europäischen Union nach dem Lissabon-Vertrag.* Zugriff am 02. September 2012 unter http://www.bundestag.de/dokumente/analysen/2010/Sportpolitik_EU.pdf.

Thüringer Kultusministerium (2005, 9. November). *Lehrplan für die Regelschule und für die Förderschule mit dem Bildungsgang der Regelschule. Sport.* Zugriff am 02. September 2012 unter http://www.thillm.de/thillm/pdf/lehrplan/rs/rs_lp_sp.pdf

Matschie C. (2011, 4. August). *Thüringer Schulgesetz.* Zugriff am 04. September 2012 unter http://www.thueringen.de/de/publikationen/pic/pubdownload1230.pdf

Thüringer Finanzministerium (2012, 16. November) *Thüringer Verordnung zur sonderpädagogischen Förderung (ThürSoFöV)(2004). Gesamtausgabe in der Gültigkeit vom 30.06.2009 bis 31.07.2014.* Zugriff am 16. November 2012 unter http://landesrecht.thueringen.de/jportal/portal/t/jby/page/bsthueprod.psml?pid=Dokume ntanzeige&showdoccase=1&js_peid=Trefferliste&documentnumber=1&numberofresult s=1&fromdoctodoc=yes&doc.id=jlr-SoP%C3%A4dFVTHrahmen&doc.part=X&doc.price=0.0#focuspoint

WEITERFÜHRENDE LITERATUR

Dörner, K. (2006). Der Nationalsozialismus. In: E. Wüllenweber (et. al. Hrsg.), *Pädagogik bei geistigen Behinderungen. Ein Handbuch für Studium und Praxis* (S. 23-29). Stuttgart: Kohlhammer.

Fediuk, F. (2008). *Sport in heterogenen Gruppen. Integrative Prozesse in Sportgruppen mit behinderten und benachteiligten Menschen.* (Schriftreihe des Behinderten-Sportverbandes NW aktiv dabei, Bd. 15). Aachen: Meyer & Meyer.

Hinz, A. (2006b). Integration und Inklusion. In: E. Wüllenweber (et. al. Hrsg.), *Pädagogik bei geistigen Behinderungen. Ein Handbuch für Studium und Praxis* (S. 251-261). Stuttgart: Kohlhammer.

Hinz, Andreas (2012, 26. Juni). *Inklusion und Arbeit – wie kann das gehen?* In: impulse Nr.39, März, Zugriff am 02. September 2012 unter http://bidok.uibk.ac.at/library/imp-39-06-hinz-inklusion.html

Lienert, C. (2008). Sportunterricht für Schüler/innen mit und ohne Behinderungen – Eine kritische Perspektive aus den USA. In: F. Fediuk (Hrsg), *Inklusion als bewegungspädagogische Aufgabe. Menschen mit und ohne Behinderungen gemeinsam in Sport* (Bewegungspädagogik, Bd. 4, S. 209-221). Baltmannsweiler: Schneider Verlag Hohengehren GmbH.

Niehoff, U. (2006). Menschen mit geistiger Behinderung in der Freizeit – Versuch einer Standortbestimmung. In: E. Wüllenweber (et. al. Hrsg.), *Pädagogik bei geistigen Behinderungen. Ein Handbuch für Studium und Praxis* (S. 408-415). Stuttgart: Kohlhammer.

Sander, A. (2003). *Über die Integration zur Inklusion: Entwicklung der Schulischen Integration von Kindern und Jugendlichen mit sonderpädagogischem Förderbedarf auf ökosystematischer Grundlage am Beispiel des Saarlandes.* (Saarbrücker Beiträge zur Integrationspädagogik, 12). St. Ingbert: Röhring.

Sowa, M. (2000a). Früchte, Fernsehshows und Fußball am Seil. Die etwas andere Art, Sport zu treiben. In: M. Sowa (Hrsg.), *„Das reißt uns vom Hocker!". Lernwelten in Bewegung* (S. 271-287). Dortmund: Verlag modernes Lernen.

Sowa, M. (2000b). Schüler mit geistiger Behinderung im Fitness-Studio. Kooperation von Schulen mit öffentlichen Anbietern. In: M. Sowa (Hrsg.), *„Das reißt uns vom Hocker!". Lernwelten in Bewegung* (S. 289-299). Dortmund: Verlag modernes Lernen.

Sportjugend Hessen (Hrsg.). (1991). *Bewegung kunterbunt. Spiel und Sport für behinderte und nichtbehinderte Kinder.* Frankfurt: Sportjugend Hessen.

Sportjugend Hessen (Hrsg.) (1992): *Integration durch Sport. Fachtagung des Hessischen Kultusministeriums in Zusammenarbeit mit der Sportjugend Hessen.* Frankfurt:Sportjugend Hessen Frankfurt

Sportpädagogik (2003): *Themenheft: Schüler mit Behinderungen. Spezial: Auf dem Weg zur Inklusion,* (4).

Sportunterricht (1997): *Themenheft: Behinderte im Sportunterricht der Regelschule,* (9).

Speck, O. (2011). *Schulische Inklusion aus heilpädagogischer Sicht. Rhetorik und Realität.* (2., durchgesehene Auflage).München & Basel: Reinhardt.

Störmer, N. (2006). Die Entwicklung der Erziehung, Bildung und Betreuung von Menschen mit geistiger Behinderung von den Anfängen bis zur Zeit des Nationalsozialismus. In: E. Wüllenweber (et. al. Hrsg.), *Pädagogik bei geistigen Behinderungen. Ein Handbuch für Studium und Praxis* (S. 12-22). Stuttgart: Kohlhammer.

Westling, D. (et. al.). (2006). Aktuelle Trends in der Pädagogik für Menschen mit geistiger Behinderung den USA. In: E. Wüllenweber (et. al. Hrsg.), *Pädagogik bei geistigen Behinderungen. Ein Handbuch für Studium und Praxis* (S. 107-114). Stuttgart: Kohlhammer.

ANHANG

Wissenschaftliche Hausarbeit
Zur Ersten Staatsprüfung für das Lehramt an
Regelschulen

im Fach: Sport

Thema:
Zur Problematik der Inklusion von Kindern und Jugendlichen
mit Beeinträchtigungen im Sport, vor dem Hintergrund der
Behindertenrechtskonventionen

INHALT

Anhang 1

Maslow'sche Bedürfnishierarchie

Bei der Maslow'schen Bedürfnishierarchie handelt es sich um ein Modell, welches der US-amerikanische Psychologe Abraham Harold Maslow im Jahre 1943 zu entwickeln begann. Es besagt, dass die Bedürfnisse aller Menschen eine hierarchische Struktur besitzen. Zwar sind diese bei jedem einzelnen Individuum unterschiedlich, dennoch existiert ein hierarchisches Streben von niederen zu höheren Bedürfnissen im Wesen aller. Maslow geht davon aus, dass es das Ziel von jedem Menschen ist, sich selbst zu verwirklichen. Wird der Prozess der Selbstverwirklichung blockiert, und somit auch sein Bedürfnis nach höheren Bedürfnissen, erkrankt das Individuum.

Aus diesem Menschenbild heraus entwickelte Maslow ein Stufenmodell der Motivation, welches sich in folgende fünf Stufen gliedert:

1. Die grundlegenden/physiologischen Bedürfnisse

Die Grundbedürfnisse – Trinken, Schlaf, Nahrung, Bewegung etc. – des Menschen, denen ein jeder nachgeht, setzen den Grundstein für die Persönlichkeitsentwicklung. Allerdings ist eine enorme Ungleichverteilung dieser Nutzung der Grundbedürfnisse zwischen den verschiedenen Kulturräumen erkennbar. So kann man z. B. sagen, dass der Großteil der physiologischen Bedürfnisse in den europäischen Kulturräumen gedeckt ist, wobei in einigen afrikanischen Kulturräumen große Defizite – Hunger und Durst – vorherrschen.

2. Die Sicherheitsbedürfnisse

Sowie die Bedürfnisse der ersten Stufe gewährleistet sind, entsteht das Bedürfnis nach Sicherheit. Diese Stufe setzt sich mit Stabilität, Geborgenheit, Schutz und die Angstfreiheit des Individuums auseinander. Maslow geht davon aus, dass der Mensch sich nach Ordnung, Grenzen und Gesetzen sehnt, die ihn und sein Eigentum schützen. Große Teile sichert hier abermals die Kultur ab. In der BRD gibt es Gesetze – z. B. Grundgesetz, Jugendschutzgesetzt Strafgesetzbuch – und Behörden – beispielsweise die Polizei, das THW und die Bundeswehr – die den Menschen nicht nur ein Sicherheitsgefühl vermittelt sondern auch ihre Rechte durchsetzen.

Eine weitere wichtige Rolle bei der Frage nach Sicherheit nimmt die Familie ein. Je nachdem wie intakt ein Familienleben ist, kann es entweder Sicherheit bieten oder nicht. Durch einen Streit, einer Scheidung oder dem Androhen bzw. der Ausführung körperlicher Gewalt, kann bei den Mitgliedern der Familie das Gefühl geweckt werden, jegliche Sicherheit verloren zu haben. Worauf die Reaktionen Angst, Schrecken und Gewalt nicht ausgeschlossen werden können.

3. Die sozialen Bedürfnisse

Wenn nun die zwei oben genannten Bedürfnisse sichergestellt sind, erweckt der Drang nach sozialen Beziehungen. Der Mensch sehnt sich nach Freundschaften, Liebe, Akzeptanz und Zugehörigkeit in einer sozialen Gruppe. Man baut einen Freundeskreis auf, lernt die Nachbarschaft kennen und geht in einen Sportverein um Menschen kennenzulernen, mit denen man seine Interessen teilen kann. Einsamkeit und Isolierung treffen das Individuum besonders hart und es versucht alles, um aus dieser Situation zu kommen, bzw. diese nicht aufkommen zu lassen. Als Erwachsener hat man manchmal die Wahl, ob man nun die sozialen Bedürfnisse der Karriere im Beruf unterwirft und z. B. wegzieht, ein Kind hat diese Wahl jedoch nicht.

4. Die Individualbedürfnisse

Das Bedürfnis nach Achtung anderer und die Selbstachtung besitzen fast alle Menschen in unserer Gesellschaft und lassen sich in zwei Unterpunkte einordnen. Zum einen existiert das Begehren nach Kompetenz und Bewältigung, mentaler und körperlicher Stärke, Unabhängigkeit und Leistung, zum anderen gibt es das Verlangen nach Wertschätzung, Bedeutung, Prestige, es ist ein Verlangen nach Wichtigkeit, dass man sich bewusst wird, dass andere Menschen einen Achten, Würdigen und Brauchen.

5. Selbstverwirklichung

Wenn alle bisher genannten Bedürfnisse befriedigt wurden, entsteht nun der Drang nach Selbstverwirklichung. Der Mensch strebt nach seiner Berufung und solange Unzufrieden sein, bis er diese verwirklicht hat. Was genau diese Berufung sein soll, liegt in der Natur des einzelnen Menschen. Bei dem einen kann es das Streben danach sein, einen guten Vater abzugeben, ein anderer setzt sich zum Ziel, einen Marathonlauf zu schaffen und der nächste malt Bilder (vgl. Maslow,. 1991, S. 62-87).

Abschließend ist zu Bemerken, dass Maslow seinem Modell kurz vor seinem Tod im Jahre 1970 eine sechste Stufe hinzufügte. Er nannte sie das Bedürfnis nach Transzendenz, also dem Streben, welches das eigene Sein übersteigt und sich durch Selbstlosigkeit auszeichnet.

Der Mensch ist ein Lebewesen, welcher über eine Vielzahl von Bedürfnissen verfügt. Selten erreicht er einen Zustand völliger Befriedigung und wenn, dann nur für kurze Zeit. Die menschliche Natur ist so aufgebaut, dass wir immer nach neuen und höheren Zielen streben, sobald wir eines erreicht haben.

Anhang 2

„Sport hat die Macht die Welt zu verändern. Er hat die Macht, zu inspirieren. Er hat die Macht, Menschen zu vereinen, auf eine Weise, wie es wenig anderes vermag. Sport kann Hoffnung wecken, wo zuvor nichts als Verzweiflung war."

Nelson Mandela

Der Deutsche Hockey-Bund kooperiert bei diesem Projekt mit dem Verein SSC Jena e.V. und der Hockey Company Jena e.V. Die Hockey Company Jena e.V. wurde im Januar 2008 gegründet und hat als Satzungsziel, „insbesondere die Kinder- und Jugendarbeit in Vereinen und Schulen ideell, finanziell und sportlich zu unterstützen". Dabei haben sich im Lauf des Engagements neben organisatorisch agierenden Teams auch eine Reihe von Gruppen gebildet, die ihre Arbeit als ideell Richtung weisend im Hockey verstehen und sich mit der Entwicklung von Projekten mit moralisch und ethisch hohem Stellenwert befassen. Eines dieser Teams befasst sich mit der Thematik „Hockey als Behindertensport" und „Integration behinderter Kinder im Hockey". Das gemeinsame Ziel ist es nun, behinderten Kindern eine Teilhabe am Freizeitverhalten „normaler Kinder und Jugendlicher" zu ermöglichen, der Ausgrenzung und Aussonderung von Menschen aufgrund ihrer Andersartigkeit keinen Platz zu lassen und benachteiligten Kindern mit Handicap neue Fördermöglichkeiten durch Integration und Inklusion sowie durch körperliche Betätigung zu eröffnen. Man will die Kraft des Sports – in diesem Fall Hockey nutzen, um ein neues Miteinander anzustoßen, in dem Kinder aufgrund ihrer Behinderung oder Benachteiligung nicht länger aus sozialen Gemeinschaften ausgeschlossen werden.

Problembeschreibung

Allein in der Stadt Jena leben 10.221 Menschen mit Behinderungen (Stand 2007), darunter 451 Schüler und 183 Kinder, die in Kindertagesstätten betreut werden. Während die integrativen Angebote der Stadt Jena im schulischen und vorschulischen Bereich (zwei integrative Grund- und eine integrative Gesamtschule, sowie insgesamt 8 integrative Kindertagesstätten) als gut zu bezeichnen sind, ist die Situation im Sport fast ausnahmslos durch Ausgrenzung von Menschen mit Behinderung gekennzeichnet. Keiner der ortsansässigen Sportvereine bietet Integration behinderter Kinder und

Jugendlicher im Sport an, etabliert hat sich lediglich eine Rollstuhl-Basketballmannschaft. Unstrittig ist Sport ein wesentlicher Bestandteil des gesellschaftlichen Zusammenlebens und muss insofern in dem seit Dezember 2005 geltenden Thüringer Gesetz zur Gleichstellung und Verbesserung der Integration von Menschen mit Behinderungen (ThürGiG) Berücksichtigung finden: „Ziel des Gesetzes ist es, Benachteiligungen von Menschen mit Behinderungen zu verhindern und bestehende Benachteiligung zu beseitigen sowie die gleichberechtigte Teilhabe von Menschen mit Behinderungen am Leben in der Gesellschaft herzustellen". Mannschaftssport bietet aufgrund der gemeinsamen Zielsetzung über die Grenzen kognitiver, sozialer, finanzieller Möglichkeiten oder ethnischer Zusammengehörigkeit hinaus eine einzigartige Chance der Sozialisation und Integration. Berücksichtigt man die Art und Ausprägung der Behinderung, so ist festzustellen, dass 30 bis 40 % der 634 behinderten Kinder in Jena aufgrund ihrer Geh- bzw. Sehbehinderung nicht in der Lage sind, einen Mannschaftssport auszuüben. Es bleiben aber immerhin zwischen 380 und 444 Kinder bis 15 Jahre, die trotz ihrer Behinderung am Mannschaftssport teilhaben könnten. Die Realität sieht in Hinblick auf Integration im Sport trotzdem sehr düster aus. Im Rahmen einer Seminarfacharbeit („Konzept zur Integration behinderter Kinder in den Vereinssport, exemplarisch dargestellt an der Sportart Hockey und dem SSC Jena e.V.") konnte der eklatante Mangel an Integrationsmöglichkeiten im Sport und der Bedarf für entsprechende Angebote eindrucksvoll nachgewiesen werden. 70% aller befragten Eltern behinderter Kinder in Jena würden ihr Kind gern an einer integrativen Sportmannschaft teilhaben lassen, mehr als die Hälfte würde das Angebot einer integrativen Hockeymannschaft nutzen wollen. Befragt man im Integrationsbereich tätige Menschen zu ihren Erfahrungen, so ist die Schlussfolgerung einheitlich: Integration eröffnet nicht nur ein immenses Lernpotential für behinderte oder benachteiligte Kinder, vielmehr gehen Fachleute von einem umfassenden und nachhaltigen gegenseitigen Lernprozess aus: Toleranz gegenüber Andersartigkeit, Umgang mit eigenen und fremden Stärken und Schwächen sowie ein neuer Blickwinkel für die unterschiedlichen Talente, die ein Individuum in eine Gemeinschaft einbringen kann sind nur einige Stichpunkte, die hier Raum finden. Diesem Gedanken Rechnung tragend sprechen wir auch besser von Inklusion, die von der Besonderheit und den individuellen Bedürfnissen eines jeden Kindes ausgeht als von Integration, die zwischen Kindern mit und ohne sonderpädagogischem Förderbedarf unterscheidet.

Lösungsansatz

Der Deutsche Hockey-Bund hat sich in Zusammenarbeit mit dem SSC Jena e.v und der Hockey Company Jena e.v. zum Ziel gesetzt, "Hockey als Behindertensport" und „Integration behinderter Kinder im Hockey" anzubieten. Als kooperierender Verein konnte der SSC Jena e.v. deshalb gewonnen werden, da er für das Projekt optimale Voraussetzungen bietet: Zum einen wurde das Vereinsgelände von Beginn an barrierefrei gestaltet wurde, allein der Vereinsname „Sport- und **Sozial**club Jena e.v." spiegelt das etwas andere Selbstverständnis des Vereins wider. Zum anderen wurde in einer Mitgliederversammlung und Elternversammlung im Jahr 2009 einstimmig die Realisierung des Projektes befürwortet. Die Bereitschaft aller aktiven Kinder des Hockeyvereins sowie deren Eltern, den Integrationsgedanken mitzutragen und der Wille jedes Einzelnen, seinen Teil zum Gelingen beizusteuern sind unabdingbare Grundlagen für das Gelingen eines solchen Vorhabens. Auch die Anforderungen an den mit Integration betrauten Trainer sind sehr hoch: Neben einer ausgeprägten sportlichen Qualifikation, möglichst langjähriger Trainingserfahrung sowie Erfahrung im Bereich Behindertensport muss er ein außerordentlich hohes Maß an pädagogischer Qualifikation und persönlichem Engagement mitbringen. Wir verstehen wir das Projekt Integration behinderter Kinder im SSC Jena e.V. als Pilotprojekt, dessen Konzept und Umsetzung auf andere Hockeyvereine und andere Mannschaftssportarten übertragbar ist.

Meilensteine

1. Angebot „Hockey als Behindertensport"

Über die verschiedenen Fördereinrichtungen für behinderte Kinder in Jena wird Hockey als Behindertensport im SSC Jena e.V. in 2 Altersgruppen (4- bis 7-jährige, 7- bis 10-Jährige) angeboten. Dabei werden den behinderten und benachteiligten Kindern in einem Zeitraum von 3 Monaten in speziell auf Behindertensport ausgerichteten Förderstunden die grundlegenden Techniken im Umgang mit dem Hockeyschläger sowie die wichtigsten Spielregeln der Sportart vermittelt. Begleitend wird vom Trainer für jedes Kind ein Dokumentationsbogen geführt. Diese Trainingseinheiten finden idealerweise zeitlich parallel zu den Trainingsgruppen der gleichen Altersklasse, in denen im Anschluss die Integration durchgeführt werden soll, statt. Dadurch kommt es bereits zu ersten Kontakten zwischen Behinderten und Nicht-Behinderten und einem Abbau von Berührungsängsten. Gegen Ende dieser ersten Trainingsphase wird gemeinsam mit den

Eltern unter Auswertung der Dokumentationsbögen die Möglichkeit und Sinnhaftigkeit des Wechsels in eine Integrationsgruppe diskutiert. Die Trainingsgruppen „Hockey als Behindertensport" bleiben unabhängig von der Integration einzelner Kinder weiter bestehen.

2. Vorbereitung der bestehenden Mannschaften auf die neue Aufgabe

In einer Vorbereitungsphase werden die bereits bestehenden Trainingsgruppen im Mini- und

D-Kinder-Bereich auf die neuen Trainings- und Spielbedingungen sowie evtl. auftretende Problemsituationen in einer Integrationsmannschaft hingeführt. Im Rahmen von Elternabenden wird auch für die Familien der stabilen Kinder eine entsprechende Gesprächsgrundlage für zu Hause vermittelt. An Familiennachmittagen werden erste Erfahrungen mit dem Zusammensein und Zusammenspiel behinderter und nicht behinderter Menschen gesammelt.

3. Erarbeiten von Trainingsrichtlinien und Spielmodifikationen

Basierend auf den Erfahrungen der Trainingseinheiten „Hockey als Behindertensport" erarbeitet der Trainer Schwerpunkte und Richtlinien für das Training von Integrationsmannschaften. Gegebenenfalls sind anfangs in einem zu definierenden Rahmen Modifikationen der Spielregeln einzuführen, um den Trainings- und Spielablauf nicht zu sehr einzuschränken. Für alle Kinder ist 2 x wöchentlich Training vorgesehen, der Übergang zwischen „Hockey als Behindertensport" und „Hockey in der Integrationsmannschaft" muss individuell gefunden werden.

4. Aufbau der Integrationsmannschaften

Aus dem Bereich „Hockey als Behindertensport" werden gezielt Kinder in altersentsprechende Mannschaften integriert. Dabei soll der Anteil an behinderten Kindern die 20%-Grenze zunächst nicht überschreiten (in Schulen wird ein Integrationsschlüssel von 25% praktiziert). Damit das Projekt als gemeinsame Aufgabe empfunden werden kann, bietet es sich an, dass gesunde Kinder eine „Patenschaft" für die benachteiligten Kinder übernehmen. In regelmäßigen Mannschaftsbesprechungen müssen Gefühle, Bedenken und auftretende Probleme analysiert und thematisiert werden.

5. Kontakt zu anderen Vereinen und anderen Sportarten

Um möglichst vielen behinderten Kindern die Chance der Teilnahme an einem Mannschaftssport zu eröffnen, ist es notwendig, dieses Projekt als Pilotprojekt an die Öffentlichkeit zu bringen. Sowohl über die Presse als auch über Hospitationsangebote sollen andere Hockeyvereine und andere Mannschaftssportarten zur Initiierung von Integration im eigenen Verein motiviert werden. Ziel ist für uns, Berührungsängste zu beseitigen und die

Durchführbarkeit exemplarisch vorzuleben. Weitere öffentlichkeitswirksame Aktivitäten sind die Teilnahme der Integrationsmannschaften an überregionalen Turnieren und Trainingslagern.

Finanz- und Personalbedarf

Die oben beschriebenen Anforderungen, die das Projekt an den Trainer stellen, sind vielschichtig und extrem hoch, sie übersteigen das übliche Profil einer Trainerstelle bei weitem. Neben der Vorbereitung, Begleitung und Umstrukturierung der bestehenden Mannschaften, des Trainings- und Spielbetriebs, neben Elternarbeit und Anleitung der behinderten Kinder ist ein überaus großes Maß an Einfühlungsvermögen erforderlich. Es ist nicht zu erwarten, dass die Umstellung einer Hockeymannschaft auf eine Integrationsgruppe reibungslos abläuft. Hier sind verschiedenste soziale Interaktionen und Auseinandersetzungen zu erwarten. Zudem ist es zur Durchführung von Praxiseinheiten mit den behinderten Kindern erforderlich, eine Helferstelle zur Unterstützung des ÜL einzurichten.

Für die beschriebene Aufgabe ist folgender wöchentlicher Zeitansatz zu berechnen

Summe: 12 h / Woche Training

2 Trainingseinheiten à 60 min Hockey als Behindertensport 4- bis 7-Jährige

2 Trainingseinheiten à 60 min Hockey als Behindertensport 7- bis 10-Jährige

2 Trainingseinheiten à 60 min Hockey Integration Minis

2 Trainingseinheiten à 90 min Hockey Integration D-Knaben

2 Trainingseinheiten à 90 min Hockey Integration C-Mädchen

Summe: 8 h / Woche Vorbereitung, Koordination, Dokumentation, Problemmanagement

1 h Vorbereitung, 1 h Dokumentation, 1 h Elternarbeit Behindertensport

3 x 1 h Mannschaftsbesprechung und Problemlösung Integrationsmannschaften

2 h Anleitung Co-Trainer, Kommunikation Vereine und Verbände, Weiterbildung,...

Eigenleistung

Bei dieser Finanzplanung ist berücksichtigt, dass die Hockey Company Jena e.V. im Sinne einer Eigenleistung einen Kostenbeitrag, sowie einen Teil der Ausrüstung für benachteiligte Kinder in Leihvergabe kostenlos zur Verfügung stellt. Zudem besteht die Zusage des SSC Jena e.v., alle Trainingsmaterialien und Vereinsräumlichkeiten sowie den Trainingsplatz kostenlos nutzen zu dürfen.

Evaluierung und weiterführende Zielsetzungen

Während die Rahmenbedingungen, der regionale Bedarf und die Grundlagen des Projektes in der bereits zitierten Seminarfacharbeit zusammenfassend dargestellt wurden, wird die detaillierte Konzepterstellung und Dokumentation des Verlaufs in einer Bachelor-Arbeit der Fakultät für Sportwissenschaften der Friedrich-Schiller-Universität Jena erarbeitet. Im Rahmen dieser Arbeit soll auch die Übertragbarkeit des Konzeptes und der Rahmenbedingungen für andere Vereine und Mannschaftssportarten konkretisiert werden. Basierend auf das beschriebene Projekt mit dessen Ergebnissen und der darauf aufbauenden Bachelor-Arbeit soll daher ein Leitfaden erstellt und in Form eines Infoflyers, bzw. einer Infobroschüre gedruckt werden. Diese Druckversion soll den Hockeyvereinen bei einem Vereinsversand zugesendet werden. Zudem soll es für Interessierte aus anderen Verein und Verbänden jederzeit möglich sein, durch Nachfrage beim Deutschen Hockey- Bund einen solchen Leitfaden zur Eigennutzung zu erhalten.

Zusammenfassung

Integration bzw. Inklusion sind von zentraler Bedeutung für ein ausgewogenes Miteinander in einer Gesellschaft, in der jeder sein Talent einbringen kann und will. Eine Mannschaftssportart ist optimal geeignet zur Umsetzung des Integrationsgedankens. Trotzdem gibt es im Bereich Sport kaum entsprechende Angebote, der Bedarf dagegen ist sehr groß. Durch Einsatz eines hoch qualifizierten Trainers und die Bereitschaft eines Vereins und seiner Mitglieder soll Integration behinderter Kinder im Hockey im SSC Jena e.V. umgesetzt und als bisher in dieser Form für Jena einzigartiges und beispielhaftes Pilotprojekt für andere Hockeyvereine und Mannschaftssportarten konzipiert werden. Durch eine entsprechende Dokumentation und Evaluierung soll die Nachhaltigkeit des Projektes gesichert werden.

Bei positiver Auswertung wird eine Weiterführung und Anschlussförderung angestrebt. Die Initiative des Deutschen Hockey-Bundes in Kooperation dem SSC Jena e.V. und der Hockey Company Jena e.V. wird vom Behindertenbeauftragten der Stadt Jena, Herrn Marcus Barth aktiv unterstützt und begleitet.

Anhang 3

Frau Müller (Anonymisiert) arbeitet als Sportwart im Bereich Judo mit Behinderten im Budo Club.

1. Welche Funktion nehmen Sie in ihrem Verein ein?

Seit 1986 bin ich aktives Mitglied im Budo Club in der Abteilung „Judo". Seit Gründung der Abteilung „Judo der Behinderten" im Jahr 1998, bin ich dort als Übungsleiterin tätig. Mittlerweile zudem Sportwartin dieser Abteilung.

2. Welche Sportarten bieten Sie für inkludierte Sportgruppen an

Judo

3. Wie lange existieren inkludierte Sportgruppen schon?

Die Gruppe „Judo der Behinderten" wurde 1998 primär als Sportangebot für Menschen mit einer geistigen, seelischen und/oder körperlichen Behinderung gegründet. Grund war: Im Kreis XXX gab es zum damaligen Zeitpunkt keine entsprechende Möglichkeit für Menschen mit einer – hauptsächlich geistigen - Behinderung irgendeine Sportart auszuüben.

Alle Judoka hatten aber von Beginn an die Möglichkeit, in bereits bestehenden „normalen" Judogruppen in unserem Verein mitzutrainieren – was auch genutzt wurde und genutzt wird.

Im sportlichen Bereich gibt es die offizielle Bezeichnung „G-Judo" für das Judo für Menschen mit einer geistigen Behinderung.

4. In welchem Alter befinden sich die Teilnehmer dieser Sportgruppen?

Die Teilnehmer dieser Gruppe sind zwischen 3,5 und 8 Jahren alt.

5. Wie ist die Struktur der Gruppen gekennzeichnet?

Regelmäßig nehmen zwischen 11 und 16 Kindern an diesem Training teil. 2 Kinder körperbehindert (1 Kind Spastik Hand und Zustand nach Hirntumor-OP mit Schand im Kopf), 1 Kind mit Down-Syndrom, 1 Kind Autist,

6. Wie sind die Trainingszeiten?

Wir haben 3 Trainingseinheiten G-Judo:

1. Dienstag 16:00 bis 17:30 Uhr: Kinder-Training

2. Dienstag 17:30 bis 19:00 Uhr: Jugendliche und Erwachsene

3. Freitag 18:00 bis 19:30 Uhr: Leistungs-Training

Das G-Judo-Training wird zwar offen, für jeden Interessierten, angeboten, genutzt werden aber das Training Jugendliche und Erwachsene sowie das Leistungs-Training ausschließlich von Judoka mit einer Behinderung.

Anders das Kindertraining:

Früher war es auch ein reines G-Judo-Angebot. Seit ca. 1,5 Jahren ist es aber ein sehr heterogenes Training geworden.

7. Gibt es Wettkämpfe?

Ja, aber nicht für die Teilnehmer am Kindertraining, sondern für Teilnehmer der anderen Trainingseinheiten

8. Was benötigt ein Sportverein um inkludierten Sport anzubieten?

TrainerInnen, die offen für alles sind.

9. Wie viele Trainer haben Sie während der Übungseinheiten?

2 bis 3 Übungsleiter (ÜL- Lizenz Judo für Menschen mit einer geistigen, körperlichen, psychischen Behinderung).

10. Beteiligen sich die Eltern mit beim Sport?

Ja – aktuell: viel Unterstützung der Eltern

(Kuchen backen, Theken-Dienst, Mattenaufbau und alles Weitere, das anfällt)

11. Gibt es Probleme bei inkludierten Sportgruppen?

Keine Probleme, bei den Kindern ohne Behinderung, die in die Gruppe integriert sind. Kinder. Sie lassen sich sehr gut auf die Kinder mit Behinderung ein und integrieren diese problemlos in die Gruppe.

Kinder ohne Behinderung, die nicht in dieser Gruppe trainieren, stehen den Kindern mit Behinderung eher negativ gegenüber. Das wir z.B. während gemeinsamer Trainingseinheiten in den Ferien immer wieder deutlich.

12. Was sehen Sie für Vorteile bei Inklusiven Gruppen

Abbau von Hemmschwellen und Berührungsängsten bei Kindern ohne Behinderungen

Bessere Förderung für Kinder mit Behinderungen, da sie sich an den anderen Kindern orientieren.

13. Welche Auswirkungen/Effekte hat inkludierter Vereinssport für KuJ ohne Behinderungen Ihrer Meinung nach?

Abbau von Hemmschwellen und Berührungsängsten, Sensibilisierung für das Thema Behinderung. Die Kinder lernen einen „normalen" Umgang miteinander – zu dem auch gehört, ein Kind mit Down-Syndrom in entsprechender Situation mal „anzumeckern" und es nicht nur „mit Samthandschuhen" anzufassen (z.B. beim Vordrängelen oder Schummeln während eines Spieles).

14. Welche Auswirkungen/Effekte hat inklusiver Vereinssport für KuJ mit Behinderungen Ihrer Meinung nach?

Zu den oben genannten kommt hinzu, dass im Vereinssport kein Leistungsdenken wie im schulischen Bereich erwartet wird. Weder seitens der Eltern noch der Kinder selber. Die Kinder setzen sich also selbst nicht unter Druck (bzw. werden nicht unter Druck gesetzt), bei irgendetwas mithalten zu müssen. Eltern von Kindern ohne Behinderungen, die ein inklusives Schulsystem ablehnen, lehnen Inklusion im sportlichen Bereich nicht ab. Im Gegenteil, sie fördern sie, da sie möchten, dass ihr Kind ohne Behinderungen für Kinder mit Behinderungen sensibilisiert wird und sich soziale Kompetenzen im gemeinsamen

Umgang aneignet. Der inklusive Vereinssport ermöglicht ein zwangloses Zusammenkommen aller Kinder.

15. Ein Rückblick, wenn Sie ein Resümee der letzten Jahre ziehen, was haben sie erreicht?

Eine Kindergruppe, die mit 3 Kindern (damals alle 3 mit geistiger Behinderung) quasi schon vor dem Aus stand und die sich innerhalb weniger Monate zu einem sehr gut besuchten Training mit den unterschiedlichsten Kindern entwickelte.

16. Was sind ihre Ziele/Projekte für die Zukunft zum Thema Inklusion?

Keine Training mehr anbieten zu müssen, das offiziell noch unter dem Namen „Judo der Behinderten" läuft – sondern einfach nur noch „Judo" anbieten zu können. (Weiteres dazu siehe 17).

17. Hier können Sie mir noch mitteilen, was Ihnen auf dem Herzen liegt.

Warum die Abteilung noch immer „Judo der Behinderten" heißt, hat einen rein wirtschaftlichen Grund: Die meisten Spenden, die unser recht kleiner Verein erhält, sind zweckgebunden für genau diese Abteilung. Das hat den großen Vorteil, dass wir unseren behinderten Judoka quasi alle Angebote (Teilnahme an Turnieren und Meisterschaften, Lehrgängen, Freizeitmaßnahmen u.ä.) kostenfrei zur Verfügung stellen können. Ohne diese Unterstützung wären viele der SportlerInnen aus sozial schwachen Familien von den Angeboten ausgeschlossen.

Die traurige Wahrheit ist, dass die Menschen nicht bereit sind, sportliches Engagement zu honorieren – sie es aber sehr wohl doch sind, wenn es für „die armen Behinderten" ist (... und ich hoffe sehr, dass Sie diesen etwas überspitzten Kommentar jetzt nicht missverstehen...).

Anhang 4

Umfrage Lehrer

Inklusion im Sportunterricht

0 %

Ihre Antworten auf diesem Fragebogen sollen uns helfen, die Einstellung von Sportfachkräften zum gemeinsamen Sporttreiben von Menschen mit Lern- oder Körperbehinderungen mit nichtbehinderten Sportlern innerhalb von Regelgruppen kennenzulernen.

Antworten Sie bitte aufrichtig und lassen Sie keine Antworten aus. Datenschutz ist gewährleistet; geben Sie bitte ihren Namen nicht an, sondern machen Sie bitte lediglich die Angaben zur Person!

Lernbehinderte: Diese Menschen sind in ihrem Lernen so schwerwiegend, langdauernd und umfänglich beeinträchtigt, dass deutlich abweichende Verhaltens und Leistungsformens sichtbar werden.

Körperbehinderte: Dieser Begriff bezieht sich auf Menschen mit körperlichen Behinderungen wie z.B. Amputationen, Gliedmaßenfehlbildungen, spastischen Lähmungen, Querschnittslähmungen usw.

Seite 1

Durch die Inklusion lern- oder körperbehinderter SuS in allgemeine Übungsgruppen lernen alle zusammenzuarbeiten, um ein bestimmtes Ziel zu erreichen.

	Trifft zu	Trifft teilweise zu	Trifft nicht zu	Keine Angaben
Körperbehinderte SuS	☐	☐	☐	☐
Lernbehinderte SuS	☐	☐	☐	☐

219

Sofern keine anderen logischen Abfolgen bestimmt wurden, wird der Teilnehmer nach dieser Seite zu **Seite 2** weitergeleitet.

Seite 2

Es wird mehr Disziplinprobleme in meinem Sportunterricht geben, wenn ein Teilnehmer lern- oder körperbehindert ist.

	Trifft zu	Trifft teilweise zu	Trifft nicht zu	Keine Angaben
Körperbehinderte SuS	☐	☐	☐	☐
Lernbehinderte SuS	☐	☐	☐	☐

Sofern keine anderen logischen Abfolgen bestimmt wurden, wird der Teilnehmer nach dieser Seite zu **Seite 3** weitergeleitet.

Seite 3

SuS mit Lern- oder Körperbehinderungen werden schneller lernen, wenn sie in den Übungsbetrieb der nichtbehinderten Teilnehmer einbezogen werden.

	Trifft zu	Trifft teilweise zu	Trifft nicht zu	Keine Angaben
Körperbehinderte SuS	☐	☐	☐	☐
Lernbehinderte SuS	☐	☐	☐	☐

Sofern keine anderen logischen Abfolgen bestimmt wurden, wird der Teilnehmer nach dieser Seite zu **Seite 4** weitergeleitet.

Seite 4

Die Inklusion von SuS mit Lern- oder Körperbehinderungen in den allgemeinen Übungsbetrieb erhöht auf Seiten der Nichtbehinderten das Verständnis für individuelle Unterschiede.

	Trifft zu	Trifft teilweise zu	Trifft nicht zu	Keine Angaben
Körperbehinderte SuS	☐	☐	☐	☐
Lernbehinderte SuS	☐	☐	☐	☐

Sofern keine anderen logischen Abfolgen bestimmt wurden, wird der Teilnehmer nach dieser Seite zu **Seite 5** weitergeleitet.

Seite 5

SuS mit einer Lern- oder Körperbehinderung werden von den nichtbehinderten SuS nicht akzeptiert.

	Trifft zu	Trifft teilweise zu	Trifft nicht zu	Keine Angaben
Körperbehinderte SuS	☐	☐	☐	☐
Lernbehinderte SuS	☐	☐	☐	☐

Sofern keine anderen logischen Abfolgen bestimmt wurden, wird der Teilnehmer nach dieser Seite zu **Seite 6** weitergeleitet.

Seite 6

Die Inklusion von SuS mit Lern- oder Körperbehinderungen in den regulären Sportunterricht belastet die Lehrkraft zu sehr. *

	Trifft zu	Trifft teilweise zu	Trifft nicht zu	Keine Angaben
Körperbehinderte SuS	☐	☐	☐	☐
Lernbehinderte SuS	☐	☐	☐	☐

Sofern keine anderen logischen Abfolgen bestimmt wurden, wird der Teilnehmer nach dieser Seite zu **Seite 7** weitergeleitet.

Seite 7

Im Allgemeinen haben Lehrkräfte nicht die notwendige Ausbildung zur Inklusion von SuS mit Lern- oder Körperbehinderungen in ihren Gruppen.

	Trifft zu	Trifft teilweise zu	Trifft nicht zu	Keine Angaben
Körperbehinderte SuS	☐	☐	☐	☐
Lernbehinderte SuS	☐	☐	☐	☐

Sofern keine anderen logischen Abfolgen bestimmt wurden, wird der Teilnehmer nach dieser Seite zu **Seite 8** weitergeleitet.

Seite 8

Im Allgemeinen ist die Zeit im Übungsbetrieb zu knapp, um den unterschiedlichen Ansprüchen von Teilnehmern mit Lern- oder Körperbehinderungen einerseits und Nichtbehinderten andererseits gerecht zu werden. *

	Trifft zu	Trifft teilweise zu	Trifft nicht zu	Keine Angaben
Körperbehinderte SuS	☐	☐	☐	☐
Lernbehinderte SuS	☐	☐	☐	☐

Sofern keine anderen logischen Abfolgen bestimmt wurden, wird der Teilnehmer nach dieser Seite zu **Seite 9** weitergeleitet.

Seite 9

Ich fühle mich hinreichend qualifiziert, den Übungsbetrieb in einer inkludierten Gruppe zu leiten.

	Trifft zu	Trifft teilweise zu	Trifft nicht zu	Keine Angaben
Körperbehinderte SuS	☐	☐	☐	☐
Lernbehinderte SuS	☐	☐	☐	☐

Sofern keine anderen logischen Abfolgen bestimmt wurden, wird der Teilnehmer nach dieser Seite zu **Seite 10** weitergeleitet.

Seite 10

Meine Sporthalle ist zugänglich für Lern- und Körperbehinderte. *

	Trifft zu	Trifft teilweise zu	Trifft nicht zu	Keine Angaben
Körperbehinderte SuS	☐	☐	☐	☐
Lernbehinderte SuS	☐	☐	☐	☐

Sofern keine anderen logischen Abfolgen bestimmt wurden, wird der Teilnehmer nach dieser Seite zu **Seite 11** weitergeleitet.

Seite 11

Meine Sporthalle besitzt ausreichend Material für inkludierten Unterricht mit Lern- oder Körperbehinderten.

	Trifft zu	Trifft teilweise zu	Trifft nicht zu	Keine Angaben
Körperbehinderte SuS	☐	☐	☐	☐
Lernbehinderte SuS	☐	☐	☐	☐

Sofern keine anderen logischen Abfolgen bestimmt wurden, wird der Teilnehmer nach dieser Seite zu **Seite 12** weitergeleitet.

Seite 12

Welche Ausbildung haben Sie? Hier sind mehrere Antworten möglich! *

- Lehramt für die Primarstufe
- Lehramt für die Sekundarstufe I
- Lehramt für die Sekundarstufe II
- Lehramt für Sonderschulen
- Lehramt für Berufsschulen

Sofern keine anderen logischen Abfolgen bestimmt wurden, wird der Teilnehmer nach dieser Seite zu **Seite 13** weitergeleitet.

Seite 13

Haben Sie eine Ausbildung im Fach Sport?

- ja
- nein

Sofern keine anderen logischen Abfolgen bestimmt wurden, wird der Teilnehmer nach dieser Seite zu **Seite 14** weitergeleitet.

Seite 14

Haben Sie in Ihrem Sportunterricht bereits Lern- oder Körperbehinderte?

- ja
- nein

Sofern keine anderen logischen Abfolgen bestimmt wurden, wird der Teilnehmer nach dieser Seite zu **Seite 15** weitergeleitet.

Seite 15

Haben Sie Erfahrung mit der Inklusion von Behinderten?

☐ ja

☐ nein

Sofern keine anderen logischen Abfolgen bestimmt wurden, wird der Teilnehmer nach dieser Seite zu **Seite 16** weitergeleitet.

Seite 16

Kennen Sie die UN-Behindertenrechtskonventionen?

☐ ja

☐ nein

Sofern keine anderen logischen Abfolgen bestimmt wurden, wird der Teilnehmer nach dieser Seite zu **Seite 17** weitergeleitet.

Seite 17

Kennen Sie im privaten Bereich Personen mit Lern- oder Körperbehinderungen?

☐ ja

☐ nein

Sofern keine anderen logischen Abfolgen bestimmt wurden, wird der Teilnehmer nach dieser Seite zu **Seite 18** weitergeleitet.

Seite 18

Sie haben noch etwas auf dem Herzen? Hier ist Platz um dies mitzuteilen:

Sofern keine anderen logischen Abfolgen bestimmt wurden, wird die Umfrage nach dieser Seite **beendet**.

Die Umfrage ist beendet. Vielen Dank für die Teilnahme.

Umfrage Trainer/Übungsleiter/Betreuer

Inklusion im Sport

0 %

Ihre Antworten auf diesem Fragebogen sollen uns helfen, die Einstellung von Sportfachkräften zum gemeinsamen Sporttreiben von Menschen mit Lern- oder Körperbehinderungen mit nichtbehinderten Sportlern innerhalb von Regelgruppen kennenzulernen.

Antworten Sie bitte aufrichtig und lassen Sie keine Antworten aus. Datenschutz ist gewährleistet; geben Sie bitte ihren Namen nicht an, sondern machen Sie bitte lediglich die Angaben zur Person!

Lernbehinderte: Diese Menschen sind in ihrem Lernen so schwerwiegend, langdauernd und umfänglich beeinträchtigt, dass deutlich abweichende Verhaltens und Leistungsformens sichtbar werden.

Körperbehinderte: Dieser Begriff bezieht sich auf Menschen mit körperlichen Behinderungen wie z.b. Amputationen, Gliedmaßenfehlbildungen, spastischen Lähmungen, Querschnittslähmungen usw.

Seite 1

Durch die Inklusion lern- oder körperbehinderter Sportler in allgemeine Übungsgruppen lernen alle zusammenzuarbeiten, um ein bestimmtes Ziel zu erreichen. *

	Trifft zu	Trifft teilweise zu	Trifft nicht zu	Keine Angabe
Körperbehinderte Teilnehmer	☐	☐	☐	☐
Lernbehinderte Teilnehmer	☐	☐	☐	☐

Sofern keine anderen logischen Abfolgen bestimmt wurden, wird der Teilnehmer nach dieser Seite zu **Seite 2** weitergeleitet.

Seite 2

Es wird mehr Disziplinprobleme in meiner Übungsgruppe geben, wenn ein Teilnehmer lern- oder körperbehindert ist.

	Trifft zu	Trifft teilweise zu	Trifft nicht zu	Keine Angabe
Körperbehinderte Teilnehmer	☐	☐	☐	☐
Lernbehinderte Teilnehmer	☐	☐	☐	☐

Sofern keine anderen logischen Abfolgen bestimmt wurden, wird der Teilnehmer nach dieser Seite zu **Seite 3** weitergeleitet.

Seite 3

Sportler mit Lern- oder Körperbehinderungen werden schneller lernen, wenn sie in den Übungsbetrieb der nichtbehinderten Teilnehmer einbezogen werden.

	Trifft zu	Trifft teilweise zu	Trifft nicht zu	Keine Angabe
Körperbehinderte Teilnehmer	☐	☐	☐	☐
Lernbehinderte Teilnehmer	☐	☐	☐	☐

Sofern keine anderen logischen Abfolgen bestimmt wurden, wird der Teilnehmer nach dieser Seite zu **Seite 4** weitergeleitet.

Seite 4

Die Inklusion von Teilnehmern mit Lern- oder Körperbehinderungen in den allgemeinen Übungsbetrieb erhöht auf Seiten der Nichtbehinderten das Verständnis für individuelle Unterschiede.

	Trifft zu	Trifft teilweise zu	Trifft nicht zu	Keine Angabe
Körperbehinderte Teilnehmer	☐	☐	☐	☐
Lernbehinderte Teilnehmer	☐	☐	☐	☐

Sofern keine anderen logischen Abfolgen bestimmt wurden, wird der Teilnehmer nach dieser Seite zu **Seite 5** weitergeleitet.

Seite 5

Sportler mit einer Lern- oder Körperbehinderung werden von den nichtbehinderten Teilnehmern nicht akzeptiert.

	Trifft zu	Trifft teilweise zu	Trifft nicht zu	Keine Angabe
Körperbehinderte Teilnehmer	☐	☐	☐	☐
Lernbehinderte Teilnehmer	☐	☐	☐	☐

Sofern keine anderen logischen Abfolgen bestimmt wurden, wird der Teilnehmer nach dieser Seite zu **Seite 6** weitergeleitet.

Seite 6

Die Inklusion von Sportlern mit Lern- oder Körperbehinderungen in den regulären Übungsbetrieb belastet den Übungsleiter zu sehr.

	Trifft zu	Trifft teilweise zu	Trifft nicht zu	Keine Angabe
Körperbehinderte Teilnehmer	☐	☐	☐	☐
Lernbehinderte Teilnehmer	☐	☐	☐	☐

Sofern keine anderen logischen Abfolgen bestimmt wurden, wird der Teilnehmer nach dieser Seite zu **Seite 7** weitergeleitet.

Seite 7

Im Allgemeinen haben Übungsleiter nicht die notwendige Ausbildung zur Inklusion von
Sportlern mit Lern- oder Körperbehinderungen in ihren Gruppen. *

	Trifft zu	Trifft teilweise zu	Trifft nicht zu	Keine Angabe
Körperbehinderte Teilnehmer	☐	☐	☐	☐
Lernbehinderte Teilnehmer	☐	☐	☐	☐

Sofern keine anderen logischen Abfolgen bestimmt wurden, wird der Teilnehmer nach
dieser Seite zu **Seite 8** weitergeleitet.

Seite 8

Im Allgemeinen ist die Zeit im Übungsbetrieb zu knapp, um den unterschiedlichen
Ansprüchen von Teilnehmern mit Lern- oder Körperbehinderungen einerseits und
Nichtbehinderten andererseits gerecht zu werden. *

	Trifft zu	Trifft teilweise zu	Trifft nicht zu	Keine Angabe
Körperbehinderte Teilnehmer	☐	☐	☐	☐
Lernbehinderte Teilnehmer	☐	☐	☐	☐

Sofern keine anderen logischen Abfolgen bestimmt wurden, wird der Teilnehmer nach
dieser Seite zu **Seite 9** weitergeleitet.

Seite 9

Ich fühle mich hinreichend qualifiziert, den Übungsbetrieb in einer inkludierten Gruppe zu leiten.

	Trifft zu	Trifft teilweise zu	Trifft nicht zu	Keine Angabe
Körperbehinderte Teilnehmer	☐	☐	☐	☐
Lernbehinderte Teilnehmer	☐	☐	☐	☐

Sofern keine anderen logischen Abfolgen bestimmt wurden, wird der Teilnehmer nach dieser Seite zu **Seite 10** weitergeleitet.

Seite 10

Welche Übungsleiterlizenzen haben Sie?

☐

Sofern keine anderen logischen Abfolgen bestimmt wurden, wird der Teilnehmer nach dieser Seite zu **Seite 11** weitergeleitet.

Seite 11

Welche Sportart betreiben Sie hauptsächlich mit ihrer Übungsgruppe?

☐

Sofern keine anderen logischen Abfolgen bestimmt wurden, wird der Teilnehmer nach dieser Seite zu **Seite 12** weitergeleitet.

Seite 12

Haben Sie in ihrer Übungsgruppe Lern- oder Körperbehinderte?

☐　ja

☐　nein

Sofern keine anderen logischen Abfolgen bestimmt wurden, wird der Teilnehmer nach dieser Seite zu **Seite 13** weitergeleitet.

Seite 13

Haben Sie Erfahrung mit der Inklusion von Behinderten?

☐ ja

☐ nein

Sofern keine anderen logischen Abfolgen bestimmt wurden, wird der Teilnehmer nach dieser Seite zu **Seite 14** weitergeleitet.

Seite 14

Keinen Sie die Inhalte der UN-Behindertenrechtskonventionen?

☐ ja

☐ nein

Sofern keine anderen logischen Abfolgen bestimmt wurden, wird der Teilnehmer nach dieser Seite zu **Seite 15** weitergeleitet.

Seite 15

Kennen Sie im privaten Bereich Personen mit Lern- oder Körperbehinderungen?

☐ ja

☐ nein

Sofern keine anderen logischen Abfolgen bestimmt wurden, wird der Teilnehmer nach dieser Seite zu **Seite 16** weitergeleitet.

Seite 16

Sie haben noch etwas auf dem Herzen? Hier ist Platz um dies mitzuteilen:

Sofern keine anderen logischen Abfolgen bestimmt wurden, wird die Umfrage nach dieser Seite **beendet**.

Die Umfrage ist beendet. Vielen Dank für die Teilnahme.

Anhang 5

1K) Durch die Inklusion körperbehinderter SuS/KuJ in allgemeine Übungsgruppen lernen alle zusammenzuarbeiten, um ein bestimmtes Ziel zu erreichen.

	Lehrkraft	**Übungsleiter/Übungsleiterin**
Trifft zu	19 (45,24 %)	53 (58,89 %)
Trifft teilweise zu	19 (45,24 %)	32 (35,56 %)
Trifft nicht zu	4 (9,52 %)	3 (3,33 %)
keine Antwort	0 (0 %)	2 (2,22 %)

1L) Durch die Inklusion körperbehinderter SuS/KuJ in allgemeine Übungsgruppen lernen alle zusammenzuarbeiten, um ein bestimmtes Ziel zu erreichen.

	Lehrkraft	**Übungsleiter/Übungsleiterin**
Trifft zu	17 (40,48 %)	43 (47,78 %)
Trifft teilweise zu	19 (45,24 %)	40 (44,44 %)
Trifft nicht zu	6 (14,28 %)	3 (3,33 %)
keine Antwort	0 (0 %)	4 (4,44 %)

2K) Es wird mehr Disziplinprobleme in meinem/meiner Sportunterricht/Übungsgruppe geben, wenn ein Teilnehmer körperbehindert ist.

	Lehrkraft	**Übungsleiter/Übungsleiterin**
Trifft zu	4 (9,52 %)	5 (5,55 %)
Trifft teilweise zu	8 (19,05 %)	26 (28,89 %)
Trifft nicht zu	30 (71,43 %)	56 (62,22 %)
keine Antwort	0 (0 %)	3 (3,33 %)

2L) Es wird mehr Disziplinprobleme in meinem/meiner Sportunterricht/Übungsgruppe geben, wenn ein Teilnehmer körperbehindert ist.

	Lehrkraft	**Übungsleiter/Übungsleiterin**
Trifft zu	8 (19,05 %)	14 (15,56 %)
Trifft teilweise zu	16 (38,09 %)	40 (44,44 %)
Trifft nicht zu	18 (42,86 %)	32 (35,56 %)
keine Antwort	0 (0 %)	4 (4,44 %)

3K) SuS/KuJ mit Körperbehinderten werden schneller lernen, wenn sie in den Übungsbetrieb der nichtbehinderten Teilnehmer einbezogen werden.

	Lehrkraft	**Übungsleiter/Übungsleiterin**
Trifft zu	7 (16,67 %)	34 (37,78 %)
Trifft teilweise zu	22 (52,38 %)	40 (44,44 %)
Trifft nicht zu	12 (28,57 %)	10 (11,11 %)
keine Antwort	1 (2,38 %)	6 (6,67 %)

3L) SuS/KuJ mit Körperbehinderten werden schneller lernen, wenn sie in den Übungsbetrieb der nichtbehinderten Teilnehmer einbezogen werden.

	Lehrkraft	**Übungsleiter/Übungsleiterin**
Trifft zu	9 (21,43 %)	38 (42,22 %)
Trifft teilweise zu	22 (52,38 %)	34 (37,78 %)
Trifft nicht zu	11 (26,19 %)	15 (16,67 %)
keine Antwort	0 (0 %)	3 (3,33 %)

4K) Die Inklusion von SuS/KuJ mit Körperbehinderung in den allgemeinen Übungsbetrieb erhöht auf Seiten der Nichtbehinderten das Verständnis für individuelle Unterschiede.

	Lehrkraft	**Übungsleiter/Übungsleiterin**
Trifft zu	23 (56,09 %)	67 (74,44 %)
Trifft teilweise zu	15 (36,58 %)	16 (17,78 %)
Trifft nicht zu	2 (4,88 %)	2 (2,22 %)
keine Antwort	1 (2,44 %)	5 (5,55 %)

4L) Die Inklusion von SuS/KuJ mit Körperbehinderung in den allgemeinen Übungsbetrieb erhöht auf Seiten der Nichtbehinderten das Verständnis für individuelle Unterschiede.

	Lehrkraft	**Übungsleiter/Übungsleiterin**
Trifft zu	16 (39,02 %)	53 (58,89 %)
Trifft teilweise zu	20 (48,78 %)	31 (34,44 %)
Trifft nicht zu	4 (9,76 %)	2 (2,22 %)
keine Antwort	1 (2,44 %)	4 (4,44 %)

5K) SuS/KuJ mit einer Körperbehinderung werden von den nichtbehinderten SuS/Teilnehmern nicht akzeptiert.

	Lehrkraft	**Übungsleiter/Übungsleiterin**
Trifft zu	3 (7,32 %)	3 (3,37 %)
Trifft teilweise zu	16 (39,02 %)	32 (35,96 %)
Trifft nicht zu	20 (48,78 %)	50 (56,18 %)
keine Antwort	2 (4,88 %)	4 (4,49 %)

5L) SuS/KuJ mit einer Körperbehinderung werden von den nichtbehinderten SuS/KuJ nicht akzeptiert.

	Lehrkraft	**Übungsleiter/Übungsleiterin**
Trifft zu	4 (9,76 %)	5 (5,62 %)
Trifft teilweise zu	19 (46,34 %)	38 (42,70 %)
Trifft nicht zu	16 (39,02 %)	43 (48,31 %)
keine Antwort	2 (4,88 %)	3 (1,12 %)

6K) Die Inklusion von SuS/KuJ mit Körperbehinderung in den regulären Sportunterricht/Übungsbetrieb belasteten die/den Lehrkraft/Übungsleiter zu sehr.

	Lehrkraft	**Übungsleiter/Übungsleiterin**
Trifft zu	13 (31,70 %)	8 (9,20 %)
Trifft teilweise zu	19 (46,34 %)	48(55,17 %)
Trifft nicht zu	8 (19,51 %)	28(32,19 %)
keine Antwort	1 (2,44 %)	3 (3,45 %)

6L) Die Inklusion von SuS/KuJ mit Körperbehinderung in den regulären Sportunterricht/Übungsbetrieb belasteten die/den Lehrkraft/Übungsleiter zu sehr.

	Lehrkraft	**Übungsleiter/Übungsleiterin**
Trifft zu	8 (19,51 %)	10 (11,49 %)
Trifft teilweise zu	20 (48,78 %)	50 (57,47 %)
Trifft nicht zu	12 (29,27 %)	23 (26,44 %)
keine Antwort	1 (2,44 %)	4 (4,60 %)

7K) Im Allgemeinen haben Lehrkräfte/Übungsleiter nicht die notwendige Ausbildung zur Inklusion von SuS/KuJ mit Körperbehinderung in ihren Gruppen.

	Lehrkraft	Übungsleiter/Übungsleiterin
Trifft zu	37 (90,24 %)	48 (55,17 %)
Trifft teilweise zu	3 (7,32 %)	25 (28,74 %)
Trifft nicht zu	0 (0 %)	7 (8,05 %)
keine Antwort	1 (2,44 %)	7 (8,05 %)

7L) Im Allgemeinen haben Lehrkräfte/Übungsleiter nicht die notwendige Ausbildung zur Inklusion von SuS/KuJ mit Körperbehinderung in ihren Gruppen.

	Lehrkraft	Übungsleiter/Übungsleiterin
Trifft zu	31 (75,61 %)	42 (48,28 %)
Trifft teilweise zu	7 (17,07 %)	31 (35,63 %)
Trifft nicht zu	3 (7,32 %)	6 (6,90 %)
keine Antwort	0 (0 %)	8 (9,20 %)

8K) Im Allgemeinen ist die Zeit im Übungsbetrieb zu knapp, um den unterschiedlichen Ansprüchen von Teilnehmern mit Körperbehinderung einerseits und Nichtbehinderten andererseits gerecht zu werden.

	Lehrkraft	Übungsleiter/Übungsleiterin
Trifft zu	18 (45 %)	33 (37,93 %)
Trifft teilweise zu	18 (45 %)	31 (35,63 %)
Trifft nicht zu	3 (7,5 %)	19 (21,84 %)
keine Antwort	1 (2,5 %)	4 (4,60 %)

8L) Im Allgemeinen ist die Zeit im Übungsbetrieb zu knapp, um den unterschiedlichen Ansprüchen von Teilnehmern mit Lernbehinderung einerseits und Nichtbehinderten anderseits gerecht zu werden.

	Lehrkraft	Übungsleiter/Übungsleiterin
Trifft zu	14 (35 %)	31 (35,63 %)
Trifft teilweise zu	13 (32,5 %)	32 (36,78 %)
Trifft nicht zu	11 (27,5 %)	18 (20,69 %)
keine Antwort	2 (5 %)	6 (6,90 %)

9K) Ich fühle mich hinreichend qualifiziert, den Übungsbetrieb in einer inkludierten Gruppe zu leiten.

	Lehrkraft	Übungsleiter/Übungsleiterin
Trifft zu	5 (12,5 %)	30 (34,48 %)
Trifft teilweise zu	8 (20 %)	26 (29,89 %)
Trifft nicht zu	26 (65 %)	24 (27,59 %)
keine Antwort	1 (2,5 %)	7 (8,05 %)

9L) Ich fühle mich hinreichend qualifiziert, den Übungsbetrieb in einer inkludierten Gruppe zu leiten.

	Lehrkraft	Übungsleiter/Übungsleiterin
Trifft zu	9 (22,5 %)	29 (33,33 %)
Trifft teilweise zu	12 (30 %)	28 (32,18 %)
Trifft nicht zu	18 (45 %)	23 (26,44 %)
keine Antwort	1 (2,5 %)	7 (8,05 %)

Die Lehrkräfte wurden speziell über die Zugänglichkeit und Materialausstattung ihrer Sporthallen befragt. Übungsleiter/Übungsleiterinnen wurden von dieser Befragung ausgelassen, da man davon ausgeht, diese besitzen nicht immer den Zugang zu allen Materialien der Halle und können somit auch nicht über den Materialbestand Aussagekräftige Antworten geben.

10K) Meine Sporthalle ist zugänglich für Körperbehinderte

	Lehrkraft
Trifft zu	19 (47,5 %)
Trifft teilweise zu	7 (17,5 %)
Trifft nicht zu	11 (27,5 %)
keine Antwort	3 (7,5 %)

10L) Meine Sporthalle ist zugänglich für Lernbehinderte

	Lehrkraft
Trifft zu	32 (80 %)
Trifft teilweise zu	4 (10 %)
Trifft nicht zu	1 (2,5 %)
keine Antwort	3 (7,5 %)

11K) Meine Sporthalle besitzt ausreichend Material für inkludierten Unterricht mit Körperbehinderten.

	Lehrkraft
Trifft zu	5 (12,5 %)
Trifft teilweise zu	10 (25 %)
Trifft nicht zu	20 (50 %)
keine Antwort	5 (12,5 %)

11L) Meine Sporthalle besitzt ausreichend Material für inkludierten Unterricht mit Lernbehinderten.

	Lehrkraft
Trifft zu	10 (25 %)
Trifft teilweise zu	12 (30 %)
Trifft nicht zu	14 (35 %)
keine Antwort	4 (10 %)

Anhang 6

_Antwort-ID	Start Datum und Zeit	Ende Datum und Zeit	Teilnahmestatus	1. Durch die Inklusion lern- oder körperbehinderter SuS in allgemeine Übungsgruppen lernen alle zusammenzuarbeiten, um ein bestimmtes Ziel zu erreichen.	
				Körperbe-hinderte SuS	Lernbehinderte SuS
3620078	19.09.2012 11:43	19.09.2012 11:46	teilgenommen und beendet	3	3
3620327	19.09.2012 12:27	19.09.2012 12:30	teilgenommen und beendet	3	3
3621586	19.09.2012 15:06	19.09.2012 15:12	teilgenommen und beendet	1	1
3621803	19.09.2012 15:23	19.09.2012 15:28	teilgenommen und beendet	2	3
3622506	19.09.2012 16:27	19.09.2012 16:29	teilgenommen und beendet	2	2
3623227	19.09.2012 17:33	19.09.2012 17:38	teilgenommen und beendet	2	2
3623510	19.09.2012 17:57	19.09.2012 17:59	teilgenommen und beendet	2	1
3624538	19.09.2012 19:39	19.09.2012 19:45	teilgenommen und beendet	1	1
3633261	20.09.2012 19:40	20.09.2012 19:43	teilgenommen und beendet	2	1
3640072	21.09.2012 20:11	21.09.2012 20:14	teilgenommen und beendet	2	2
3758293	11.10.2012 11:41	11.10.2012 11:43	teilgenommen und beendet	1	2
3786776	15.10.2012 20:09	15.10.2012 20:12	teilgenommen und beendet	1	2
3633863	20.09.2012 21:08	20.09.2012 21:12	teilgenommen und beendet	3	3
3633913	20.09.2012 21:13	20.09.2012 21:15	teilgenommen und beendet	1	1
3633969	20.09.2012 21:19	20.09.2012 21:23	teilgenommen und beendet	2	1

2. Es wird mehr Disziplinprobleme in meinem Sportunterricht geben, wenn ein Teilnehmer lern- oder körperbehindert ist.		3. SuS mit Lern- oder Körperbehinderungen werden schneller lernen, wenn sie in den Übungsbetrieb der nichtbehinderten Teilnehmer einbezogen werden.		4. Die Inklusion von SuS mit Lern- oder Körperbehinderungen in den allgemeinen Übungsbetrieb erhöht auf Seiten der Nichtbehinderten das Verständnis für individuelle Unterschiede.	
Körperbehindert e SuS	Lernbehinderte SuS	Körperbehindert e SuS	Lernbehinderte SuS	Körperbehindert e SuS	Lernbehinderte SuS
3	2	3	3	2	2
3	3	3	3	2	2
2	3	2	1	3	3
3	3	2	3	1	2
3	3	3	3	2	2
3	2	3	3	2	2

2. Es wird mehr Disziplinprobleme in meinem Sportunterricht geben, wenn ein Teilnehmer lern- oder körperbehindert ist.		3. SuS mit Lern- oder Körperbehinderungen werden schneller lernen, wenn sie in den Übungsbetrieb der nichtbehinderten Teilnehmer einbezogen werden.		4. Die Inklusion von SuS mit Lern- oder Körperbehinderungen in den allgemeinen Übungsbetrieb erhöht auf Seiten der Nichtbehinderten das Verständnis für individuelle Unterschiede.	
2	3	2	2	1	2
3	3	1	1	1	1
3	2	2	2	1	1
3	3	2	1	1	1
3	2	1	2	1	2
1	1	1	1	1	1
1	1	2	2	2	2
3	3	1	1	1	2
2	2	2	2	1	2

5. SuS mit einer Lern- oder Körperbehinderung werden von den nichtbehinderten SuS nicht akzeptiert.		6. Die Inklusion von SuS mit Lern- oder Körperbehinderungen in den regulären Sportunterricht belastet die Lehrkraft zu sehr.		7. Im Allgemeinen haben Lehrkräfte nicht die notwendige Ausbildung zur Inklusion von SuS mit Lern- oder Körperbehinderungen in ihren Gruppen.	
Körperbehindert e SuS	Lernbehinderte SuS	Körperbehindert e SuS	Lernbehinderte SuS	Körperbehindert e SuS	Lernbehinderte SuS
2	2	2	3	1	2
0	0	2	2	1	1
1	2	1	2	1	1
3	3	2	3	1	1
2	2	1	1	1	1
2	2	2	2	1	1
2	2	3	1	0	3
2	2	2	2	1	1
3	2	3	3	2	2
3	3	2	3	1	1
2	2	2	2	1	1
2	2	1	1	1	1
2	1	1	1	1	1
3	3	2	3	1	3
3	2	2	2	1	1

8. Im Allgemeinen ist die Zeit im Übungsbetrieb zu knapp, um den unterschiedlichen Ansprüchen von Teilnehmern mit Lern- oder Körperbehinderungen einerseits und Nichtbehinderten andererseits gerecht zu werden.		9. Ich fühle mich hinreichend qualifiziert, den Übungsbetrieb in einer inkludierten Gruppe zu leiten.		10. Meine Sporthalle ist zugänglich für Lern- und Körperbehinderte.	
Körperbehindert e SuS	Lernbehinderte SuS	Körperbehindert e SuS	Lernbehinderte SuS	Körperbehindert e SuS	Lernbehinderte SuS
2	3	3	3	0	0
1	1	3	3	3	1
1	1	3	3	1	1
2	3	3	1	2	1
1	1	2	2	1	1
1	1	1	1	1	1
1	0	3	1	3	1
3	3	2	2	2	2
3	3	0	0	1	1
1	2	3	3	3	1
1	1	3	3	1	1
1	1	3	3	0	0
2	2	3	3	1	1
2	3	1	1	1	1
2	2	3	3	3	3

11. Meine Sporthalle besitzt ausreichend Material für inklusiven Unterricht mit Lern- oder Körperbehinderten.		12. Welche Ausbildung haben Sie? Hier sind mehrere Antworten möglich!				
Körperbe-hinderte SuS	Lernbe-hinderte SuS	Lehramt für die Primarstufe	Lehramt für die Sekundarstufe I	Lehramt für die Sekundarstufe II	Lehramt für Sonderschulen	Lehramt für Berufsschulen
0	0	1				
3	3			1		
3	3	1				
3	3	1				
3	3				1	
3	3				1	

11. Meine Sporthalle besitzt ausreichend Material für inklusiven Unterricht mit Lern- oder Körperbehinderten.	12. Welche Ausbildung haben Sie? Hier sind mehrere Antworten möglich!					
Körperbe-hinderte SuS / Lernbe-hinderte SuS	Lehramt für die Primarstufe	Lehramt für die Sekundarstufe I	Lehramt für die Sekundarstufe II	Lehramt für Sonderschulen	Lehramt für Berufsschulen	

Körperbe-hinderte SuS	Lernbe-hinderte SuS	Lehramt für die Primarstufe	Lehramt für die Sekundarstufe I	Lehramt für die Sekundarstufe II	Lehramt für Sonderschulen	Lehramt für Berufsschulen
2	2		1	1		
3	3			1		
1	1				1	
2	2	1				
3	3	1				
0	0					
3	3		1			
1	1				1	
3	3		1			

13. Haben Sie eine Ausbildung im Fach Sport?	14. Haben Sie in Ihrem Sportunterricht bereits Lern- oder Körperbehinderte?	15. Haben Sie Erfahrung mit der Inklusion von Behinderten?	16. Kennen Sie die UN-Behindertenrechtsko nventionen?	17. Kennen Sie im privaten Bereich Personen mit Lern- oder Körperbehinderunge n?
nein	nein	ja	ja	ja
nein	nein	nein	ja	nein
nein	ja	ja	ja	nein
ja	ja	ja	nein	ja
nein	ja	ja	ja	ja
nein	ja	ja	ja	ja
nein	nein	ja	ja	nein
ja	nein	ja	ja	ja
nein	nein	nein	ja	ja
nein	nein	nein	nein	ja
nein	ja	nein	ja	nein
nein	ja	nein	ja	ja
nein	ja	ja	ja	ja
ja	nein	nein	ja	ja

18. Sie haben noch etwas auf dem Herzen? Hier ist Platz um dies mitzuteilen:
Meine Erfahrung ist, dass Regelschulkinder eine begrenzte Geduld und Bereitschaft haben, die behinderten Kinder, die nicht in ihrem Level Sport machen können, zu integrieren. Die Regelschulkinder verlieren den Spaß am Sport, wenn sie da nicht powern können, sondern stets niederlevelig sich betätigen. Bei aller Differenzierung... im Sportunterricht ist die Inklusion für Regelschulkinder eine massive Belastung.
Da die UN-Konvention nicht aussagt, dass Inklusion kommen muss, wäre es wichtig, dies dazulegen. Die UN-Konvention besagt nur, dass ein Zugang zum ALLGEMEINEN Bildungssystem gewährleistet sein soll. Und Deutschland hat ein allgemeines Bildungssystem, anders als z.B. Italien, das Schwerstmehrfachbehinderten den Weg in die Schule nicht gewährleistet.
Das ist die Erfahrung eines Lehrers für Sport, der sich zum Schulpsychologen weiterqualifiziert hat.

_Antwort-ID	Start Datum und Zeit	Ende Datum und Zeit	Teilnahmestatus	1. Durch die Inklusion lern- oder körperbehinderter SuS in allgemeine Übungsgruppen lernen alle zusammenzuarbeiten, um ein bestimmtes Ziel zu erreichen.	
				Körperbehinderte SuS	Lernbehinderte SuS
3634246	20.09.2012 21:55	20.09.2012 22:04	teilgenommen und beendet	2	2
3634380	20.09.2012 22:17	20.09.2012 22:20	teilgenommen und beendet	1	1
3634449	20.09.2012 22:28	20.09.2012 22:32	teilgenommen und beendet	2	2
3635738	21.09.2012 08:11	21.09.2012 08:15	teilgenommen und beendet	1	2
3635978	21.09.2012 09:06	21.09.2012 09:09	teilgenommen und beendet	1	2
3636000	21.09.2012 09:11	21.09.2012 09:13	teilgenommen und beendet	1	1
3636514	21.09.2012 10:54	21.09.2012 10:59	teilgenommen und beendet	1	2

_Antwort-ID	Start Datum und Zeit	Ende Datum und Zeit	Teilnahmestatus	1. Durch die Inklusion lern- oder körperbehinderter SuS in allgemeine Übungsgruppen lernen alle zusammenzuarbeiten, um ein bestimmtes Ziel zu erreichen.	
				Körperbe-hinderte SuS	Lernbe-hinderte SuS
3636796	21.09.2012 11:32	21.09.2012 11:36	teilgenommen und beendet	1	3
3637702	21.09.2012 14:16	21.09.2012 14:23	teilgenommen und beendet	1	2

2. Es wird mehr Disziplinprobleme in meinem Sportunterricht geben, wenn ein Teilnehmer lern- oder körperbehindert ist.		3. SuS mit Lern- oder Körperbehinderungen werden schneller lernen, wenn sie in den Übungsbetrieb der nichtbehinderten Teilnehmer einbezogen werden.		4. Die Inklusion von SuS mit Lern- oder Körperbehinderungen in den allgemeinen Übungsbetrieb erhöht auf Seiten der Nichtbehinderten das Verständnis für individuelle Unterschiede.	
Körperbehindert e SuS	Lernbehinderte SuS	Körperbehindert e SuS	Lernbehinderte SuS	Körperbehindert e SuS	Lernbehinderte SuS
3	2	2	2	1	2
3	3	2	2	2	2
3	2	2	2	2	3
3	3	2	2	2	2
2	2	2	2	1	1
3	3	1	1	1	1
3	1	2	2	2	1
3	3	3	1	1	1
3	1	0	3	1	2

5. SuS mit einer Lern- oder Körperbehinderung werden von den nichtbehinderten SuS nicht akzeptiert.		6. Die Inklusion von SuS mit Lern- oder Körperbehinderungen in den regulären Sportunterricht belastet die Lehrkraft zu sehr.		7. Im Allgemeinen haben Lehrkräfte nicht die notwendige Ausbildung zur Inklusion von SuS mit Lern- oder Körperbehinderungen in ihren Gruppen.	
Körperbehindert e SuS	Lernbehinderte SuS	Körperbehindert e SuS	Lernbehinderte SuS	Körperbehindert e SuS	Lernbehinderte SuS
2	2	3	3	1	1
2	2	2	2	1	1
2	1	1	2	1	1

5. SuS mit einer Lern- oder Körperbehinderung werden von den nichtbehinderten SuS nicht akzeptiert.		6. Die Inklusion von SuS mit Lern- oder Körperbehinderungen in den regulären Sportunterricht belastet die Lehrkraft zu sehr.		7. Im Allgemeinen haben Lehrkräfte nicht die notwendige Ausbildung zur Inklusion von SuS mit Lern- oder Körperbehinderungen in ihren Gruppen.	
3	3	2	2	1	1
3	3	2	2	1	1
3	3	2	2	1	1
3	2	3	2	1	1
3	3	2	3	1	1
3	2	1	2	1	1

8. Im Allgemeinen ist die Zeit im Übungsbetrieb zu knapp, um den unterschiedlichen Ansprüchen von Teilnehmern mit Lern- oder Körperbehinderungen einerseits und Nichtbehinderten andererseits gerecht zu werden.		9. Ich fühle mich hinreichend qualifiziert, den Übungsbetrieb in einer inkludierten Gruppe zu leiten.		10. Meine Sporthalle ist zugänglich für Lern- und Körperbehinderte.	
Körperbehindert e SuS	Lernbehinderte SuS	Körperbehindert e SuS	Lernbehinderte SuS	Körperbehindert e SuS	Lernbehinderte SuS
0	0	1	1	1	1
2	2	1	1	1	1
1	1	3	3	2	1
3	3	2	2	3	1
2	2	3	3	0	0
2	2	2	2	2	2
2	2	3	2	1	1
2	3	3	3	3	1
1	1	3	3	1	1

11. Meine Sporthalle besitzt ausreichend Material für inklusiven Unterricht mit Lern- oder Körperbehinderten.		12. Welche Ausbildung haben Sie? Hier sind mehrere Antworten möglich!					
Körperbehi nderte SuS	Lernbehind erte SuS	Lehramt für die Primarstufe	Lehramt für die Sekundarstufe I	Lehramt für die Sekundarstufe II	Lehramt für Sonderschulen	Lehramt für Berufsschulen
2	2	1			1	
1	1				1	
0	0	1				

11. Meine Sporthalle besitzt ausreichend Material für inklusiven Unterricht mit Lern- oder Körperbehinderten.		12. Welche Ausbildung haben Sie? Hier sind mehrere Antworten möglich!				
Körperbehinderte SuS	Lernbehinderte SuS	Lehramt für die Primarstufe	Lehramt für die Sekundarstufe I	Lehramt für die Sekundarstufe II	Lehramt für Sonderschulen	Lehramt für Berufsschulen
3	3	1				
0	0	1				
2	2	1				
3	3			1		
2	2	1				
0	1				1	

13. Haben Sie eine Ausbildung im Fach Sport?	14. Haben Sie in Ihrem Sportunterricht bereits Lern- oder Körperbehinderte?	15. Haben Sie Erfahrung mit der Inklusion von Behinderten?	16. Kennen Sie die UN-Behindertenrechtskonventionen?	17. Kennen Sie im privaten Bereich Personen mit Lern- oder Körperbehinderungen?
ja	ja	ja	ja	ja
nein	ja	ja	nein	ja
nein	nein	nein	ja	nein
nein	nein	ja	nein	ja
nein	nein	ja	ja	ja
ja	ja	ja	ja	ja
nein	ja	ja	nein	nein
ja	nein	ja	ja	ja
nein	ja	ja	ja	nein

18. Sie haben noch etwas auf dem Herzen? Hier ist Platz um dies mitzuteilen:
Inklusion ist für mich keine Zukunftsmusik, wenn eine Lobby dafür geschaffen wird, auch mit den Konsequenzen einer angemessenen personellen und sächlichen Ausstattung. Die derzeitige bildungspolitische Auseinandersetzung ist in Deutschland halbherzig und die überwiegende Umsetzung (bspw. in Berlin) unpraktikabel.

18. Sie haben noch etwas auf dem Herzen? Hier ist Platz um dies mitzuteilen:

Integration von behinderten Kindern ist wichtig und grundsätzlich sinnvoll. Sie muss aber DRINGEND mit der entsprechenden Qualifizierung der Lehrkräfte und mit einer Erhöhung der Personaldecke einhergehen. Es hat einen Grund dass die Klassen in Sonderschulen deutlich kleiner sind und wenn wir behinderte SuS integrieren benötigen wir min. 2 Erwachsene im Klassenzimmer!

Theoretisch ist die Integration von SuS mit Behinderungen in den Regelunterricht eine gute Sache. Allerdings denke ich, dass dies nicht für alle SuS möglich ist (abhängig von Art und Schwere der Behinderung) und außerdem ein gesellschaftliches Umdenken erfordert, welches noch sehr viel Zeit braucht. Die momentan laufenden Entwicklungen zur "Inklusion" (das was geschieht, entspricht nicht der eigentlichen Wortbedeutung!) sind dabei nicht ausreichend und machen die Situation für SuS mit Behinderung eventuell sogar schlimmer!

				1. Durch die Inklusion lern- oder körperbehinderter SuS in allgemeine Übungsgruppen lernen alle zusammenzuarbeiten, um ein bestimmtes Ziel zu erreichen.	
_Antwort-ID	Start Datum und Zeit	Ende Datum und Zeit	Teilnahmestatus	Körperbehindert e SuS	Lernbehindert e SuS
3638178	21.09.2012 15:27	21.09.2012 15:39	teilgenommen und beendet	1	1
3639124	21.09.2012 17:54	21.09.2012 17:59	teilgenommen und beendet	2	2
3677049	28.09.2012 13:43	28.09.2012 13:46	teilgenommen, aber noch nicht beendet	1	1
3677221	28.09.2012 14:27	28.09.2012 14:29	teilgenommen und beendet	1	1
3735702	08.10.2012 13:47	08.10.2012 14:00	teilgenommen und beendet	2	2
3754476	10.10.2012 20:15	10.10.2012 20:24	teilgenommen, aber noch nicht beendet	2	2
3782276	15.10.2012 12:26	15.10.2012 12:29	teilgenommen und beendet	2	2
3783906	15.10.2012 15:10	15.10.2012 15:14	teilgenommen, aber noch nicht beendet	1	1
3785521	15.10.2012 17:43	15.10.2012 17:47	teilgenommen und beendet	2	1
3786173	15.10.2012 18:59	15.10.2012 19:03	teilgenommen und beendet	1	2
3786871	15.10.2012 20:20	15.10.2012 20:22	teilgenommen und beendet	2	2
3787123	15.10.2012 20:52	15.10.2012 20:55	teilgenommen und beendet	2	3

_Antwort-ID	Start Datum und Zeit	Ende Datum und Zeit	Teilnahmestatus	1. Durch die Inklusion lern- oder körperbehinderter SuS in allgemeine Übungsgruppen lernen alle zusammenzuarbeiten, um ein bestimmtes Ziel zu erreichen.	
				Körperbehindert e SuS	Lernbehindert e SuS
3793467	16.10.2012 16:39	16.10.2012 16:45	teilgenommen und beendet	2	2

2. Es wird mehr Disziplinprobleme in meinem Sportunterricht geben, wenn ein Teilnehmer lern- oder körperbehindert ist.		3. SuS mit Lern- oder Körperbehinderungen werden schneller lernen, wenn sie in den Übungsbetrieb der nichtbehinderten Teilnehmer einbezogen werden.		4. Die Inklusion von SuS mit Lern- oder Körperbehinderungen in den allgemeinen Übungsbetrieb erhöht auf Seiten der Nichtbehinderten das Verständnis für individuelle Unterschiede.	
Körperbehindert e SuS	Lernbehinderte SuS	Körperbehindert e SuS	Lernbehinderte SuS	Körperbehindert e SuS	Lernbehinderte SuS
2	1	2	2	1	1
3	3	2	2	1	1
1	2	1	1	2	1
3	3	2	2	2	2
3	2	3	3	1	1
3	2	2	2	1	1
3	3	2	2	0	0
3	3	2	3	1	1
2	2	3	2	2	2
3	1	3	2	2	2
1	1	3	3	3	3
2	2	2	2	1	3
3	1	3	3	1	1

5. SuS mit einer Lern- oder Körperbehinderung werden von den nichtbehinderten SuS nicht akzeptiert.		6. Die Inklusion von SuS mit Lern- oder Körperbehinderungen in den regulären Sportunterricht belastet die Lehrkraft zu sehr.		7. Im Allgemeinen haben Lehrkräfte nicht die notwendige Ausbildung zur Inklusion von SuS mit Lern- oder Körperbehinderungen in ihren Gruppen.	
Körperbehindert e SuS	Lernbehinderte SuS	Körperbehindert e SuS	Lernbehinderte SuS	Körperbehindert e SuS	Lernbehinderte SuS
2	2	1	1	1	1
3	3	3	3	2	2
1	1	3	3	1	2

5. SuS mit einer Lern- oder Körperbehinderung werden von den nichtbehinderten SuS nicht akzeptiert.		6. Die Inklusion von SuS mit Lern- oder Körperbehinderungen in den regulären Sportunterricht belastet die Lehrkraft zu sehr.		7. Im Allgemeinen haben Lehrkräfte nicht die notwendige Ausbildung zur Inklusion von SuS mit Lern- oder Körperbehinderungen in ihren Gruppen.	
Körperbehindert e SuS	Lernbehinderte SuS	Körperbehindert e SuS	Lernbehinderte SuS	Körperbehindert e SuS	Lernbehinderte SuS
3	3	3	3	1	1
2	2	1	1	1	1
3	3	0	0	2	2
0	0	3	1	1	1
3	3	2	2	1	1
2	2	1	2	1	2
3	2	1	2	1	2
1	1	1	1	1	1
3	3	2	3	1	1
3	3	2	2	1	1

8. Im Allgemeinen ist die Zeit im Übungsbetrieb zu knapp, um den unterschiedlichen Ansprüchen von Teilnehmern mit Lern- oder Körperbehinderungen einerseits und Nichtbehinderten andererseits gerecht zu werden.		9. Ich fühle mich hinreichend qualifiziert, den Übungsbetrieb in einer inkludierten Gruppe zu leiten.		10. Meine Sporthalle ist zugänglich für Lern- und Körperbehinderte.	
Körperbehindert e SuS	Lernbehinderte SuS	Körperbehindert e SuS	Lernbehinderte SuS	Körperbehindert e SuS	Lernbehinderte SuS
1	2	3	3	1	1
2	2	1	1	2	1
2	1	2	1	1	1
2	3	2	2	2	2
2	2	2	2	1	1
2	2	2	2	1	1
1	1	3	3	2	2
2	2	3	3	1	1
2	3	3	2	3	1
1	1	3	2	1	1
1	1	3	3	1	1
1	1	3	2	3	1
2	3	3	3	3	1

11. Meine Sporthalle besitzt ausreichend Material für inklusiven Unterricht mit Lern- oder Körperbehinderten.		12. Welche Ausbildung haben Sie? Hier sind mehrere Antworten möglich!					
Körperbehinderte SuS	Lernbehinderte SuS	Lehramt für die Primarstufe	Lehramt für die Sekundarstufe I	Lehramt für die Sekundarstufe II	Lehramt für Sonderschulen	Lehramt für Berufsschulen
3	3	1					
1	1	1					
1	1						
2	2		1				
2	2		1				
2	2		1				
3	3	1	1				
2	2		1	1			
3	1	1					
3	2	1					
2	2	1					
3	2	1					
3	1	1					

13. Haben Sie eine Ausbildung im Fach Sport?	14. Haben Sie in Ihrem Sportunterricht bereits Lern- oder Körperbehinderte?	15. Haben Sie Erfahrung mit der Inklusion von Behinderten?	16. Kennen Sie die UN-Behindertenrechtskonventionen?	17. Kennen Sie im privaten Bereich Personen mit Lern- oder Körperbehinderungen?
nein	ja	nein	ja	nein
nein	ja	nein	ja	ja
ja	ja	ja	nein	ja
ja	ja	ja	ja	ja
ja	ja	nein	ja	ja
ja	ja	nein	ja	ja
nein	ja	ja	ja	ja
nein	ja	ja	ja	ja
ja	ja	nein	ja	ja
nein	ja	ja	ja	nein

13. Haben Sie eine Ausbildung im Fach Sport?	14. Haben Sie in Ihrem Sportunterricht bereits Lern- oder Körperbehinderte?	15. Haben Sie Erfahrung mit der Inklusion von Behinderten?	16. Kennen Sie die UN-Behindertenrechtskonventionen?	17. Kennen Sie im privaten Bereich Personen mit Lern- oder Körperbehinderungen?
ja	ja	nein	ja	nein
ja	ja	ja	nein	ja

18. Sie haben noch etwas auf dem Herzen? Hier ist Platz um dies mitzuteilen:
Inklusion kann nur funktionieren, wenn Sonderpädagogen und Lehrer täglich im Team vor der Klasse stehen - auch im Sportunterricht!

_Antwort-ID	Start Datum und Zeit	Ende Datum und Zeit	Teilnahmestatus	1. Durch die Inklusion lern- oder körperbehinderter SuS in allgemeine Übungsgruppen lernen alle zusammenzuarbeiten, um ein bestimmtes Ziel zu erreichen. Körperbehinderte SuS	Lernbehinderte SuS
3796281	16.10.2012 22:02	16.10.2012 22:03	teilgenommen, aber noch nicht beendet	3	2
3798687	17.10.2012 10:21	17.10.2012 10:26	teilgenommen und beendet	1	1
3807290	17.10.2012 23:44	17.10.2012 23:48	teilgenommen und beendet	2	1
3820004	19.10.2012 14:35	19.10.2012 14:37	teilgenommen, aber noch nicht beendet	1	1
3876412	26.10.2012 08:05	26.10.2012 08:12	teilgenommen und beendet	2	1

2. Es wird mehr Disziplinprobleme in meinem Sportunterricht geben, wenn ein Teilnehmer lern- oder körperbehindert ist.		3. SuS mit Lern- oder Körperbehinderungen werden schneller lernen, wenn sie in den Übungsbetrieb der nichtbehinderten Teilnehmer einbezogen werden.		4. Die Inklusion von SuS mit Lern- oder Körperbehinderungen in den allgemeinen Übungsbetrieb erhöht auf Seiten der Nichtbehinderten das Verständnis für individuelle Unterschiede.	
Körperbehindert e SuS	Lernbehinderte SuS	Körperbehindert e SuS	Lernbehinderte SuS	Körperbehindert e SuS	Lernbehinderte SuS
2	2	2	2		
3	2	1	2	1	1
3	3	3	2	2	2
3	2	3	3	2	2
3	3	2	1	1	1

5. SuS mit einer Lern- oder Körperbehinderung werden von den nichtbehinderten SuS nicht akzeptiert.		6. Die Inklusion von SuS mit Lern- oder Körperbehinderungen in den regulären Sportunterricht belastet die Lehrkraft zu sehr.		7. Im Allgemeinen haben Lehrkräfte nicht die notwendige Ausbildung zur Inklusion von SuS mit Lern- oder Körperbehinderungen in ihren Gruppen.	
Körperbehindert e SuS	Lernbehinderte SuS	Körperbehindert e SuS	Lernbehinderte SuS	Körperbehindert e SuS	Lernbehinderte SuS
2	2	2	2	1	1
3	3	1	2	1	1
3	3	2	2	1	1
2	3	1	3	1	3

8. Im Allgemeinen ist die Zeit im Übungsbetrieb zu knapp, um den unterschiedlichen Ansprüchen von Teilnehmern mit Lern- oder Körperbehinderungen einerseits und Nichtbehinderten andererseits gerecht zu werden.		9. Ich fühle mich hinreichend qualifiziert, den Übungsbetrieb in einer inkludierten Gruppe zu leiten.		10. Meine Sporthalle ist zugänglich für Lern- und Körperbehinderte.	
Körperbehindert e SuS	Lernbehinderte SuS	Körperbehindert e SuS	Lernbehinderte SuS	Körperbehindert e SuS	Lernbehinderte SuS
1	1	3	3	3	1
1	2	3	2	1	1
1	3	3	1	3	1

11. Meine Sporthalle besitzt ausreichend Material für inklusiven Unterricht mit Lern- oder Körperbehinderten.		12. Welche Ausbildung haben Sie? Hier sind mehrere Antworten möglich!					
Körperbehi nderte SuS	Lernbehindert e SuS	Lehramt für die Primarstufe	Lehramt für die Sekundarstufe I	Lehramt für die Sekundarstufe II	Lehramt für Sonderschulen	Lehramt für Berufsschulen
3	3			1		
3	1	1				

11. Meine Sporthalle besitzt ausreichend Material für inklusiven Unterricht mit Lern- oder Körperbehinderten.		12. Welche Ausbildung haben Sie? Hier sind mehrere Antworten möglich!					
Körperbehi nderte SuS	Lernbehindert e SuS	Lehramt für die Primarstufe	Lehramt für die Sekundarstufe I	Lehramt für die Sekundarstufe II	Lehramt für Sonderschulen	Lehramt für Berufsschulen	
3	1	1	1				

13. Haben Sie eine Ausbildung im Fach Sport?	14. Haben Sie in Ihrem Sportunterricht bereits Lern- oder Körperbehinderte?	15. Haben Sie Erfahrung mit der Inklusion von Behinderten?	16. Kennen Sie die UN-Behindertenrechtsko nventionen?	17. Kennen Sie im privaten Bereich Personen mit Lern- oder Körperbehinderunge n?
nein	nein	ja	ja	ja
nein	ja	ja	nein	ja
ja	ja	ja	ja	ja

18. Sie haben noch etwas auf dem Herzen? Hier ist Platz um dies mitzuteilen:
Bin selbst eine sogenannte "Behinderte" - soll`s auch geben, wäre in den Fragen bzgl. "Kennen von Menschen mit ...." sinnvoll gewesen. ; ; Sog. "Behinderte" sind nicht alle "schon immer" behindert gewesen - und manche haben sogar ein Lehramt ;-)
Leider soll einfach inklusiv unterrichtet werden, ohne jedoch die Bedingungen dafür zu schaffen. In meiner Klasse befinden sich zwei LE - Kinder, die sind im Sportunterricht überhaupt nicht auffällig/schwierig, da sie im normalen schulischen Kontext gut integriert sind. Bei meinem körperbehinderten Mädchen sieht das schon ganz anders aus. Trotz Schulbegleitung ist sie immer wieder auf zusätzliche und massive Hilfe angewiesen, die die Klasse und auch ich immer weniger leiste können, da das Mädchen inzwischen 120kg wiegt und die räumlichen Voraussetzungen einfach nicht stimmen.

_Antwort-ID	Übungsleiter/Übungsleiterinnen Start Datum und Zeit	Ende Datum und Zeit	Teilnahmestatus	1. Durch die Inklusion lern- oder körperbehinderter Sportler in allgemeine Übungsgruppen lernen alle zusammenzuarbeiten, um ein bestimmtes Ziel zu erreichen. Körperbehinderte KuJ	Lernbehinderte KuJ
3608916	17.09.2012 18:02	17.09.2012 22:43	teilgenommen und beendet	1	2
3613755	18.09.2012 13:38	18.09.2012 13:47	teilgenommen und beendet	2	2
3614032	18.09.2012 14:24	18.09.2012 14:28	teilgenommen und beendet	2	2
3614100	18.09.2012 14:34	18.09.2012 14:40	teilgenommen und beendet	2	2
3614953	18.09.2012 16:32	18.09.2012 16:36	teilgenommen und beendet	1	1
3617568	18.09.2012 22:52	18.09.2012 23:00	teilgenommen und beendet	1	1
3618973	19.09.2012 08:49	19.09.2012 08:55	teilgenommen und beendet	1	1
3621292	19.09.2012 14:40	19.09.2012 14:52	teilgenommen und beendet	1	1
3622761	19.09.2012 16:51	19.09.2012 17:02	teilgenommen und beendet	2	2
3623484	19.09.2012 17:55	19.09.2012 17:58	teilgenommen und beendet	1	0
3623831	19.09.2012 18:27	19.09.2012 18:31	teilgenommen und beendet	1	1
3624052	19.09.2012 18:53	19.09.2012 18:57	teilgenommen und beendet	0	0
3624089	19.09.2012 18:56	19.09.2012 19:07	teilgenommen und beendet	2	2
3625570	19.09.2012 21:31	19.09.2012 21:34	teilgenommen und beendet	2	2
3627170	20.09.2012 07:20	20.09.2012 07:25	teilgenommen und beendet	1	2

2. Es wird mehr Disziplinprobleme in meiner Übungsgruppe geben, wenn ein Teilnehmer lern- oder körperbehindert ist.		3. Sportler mit Lern- oder Körperbehinderungen werden schneller lernen, wenn sie in den Übungsbetrieb der nichtbehinderten Teilnehmer einbezogen werden.		4. Die Inklusion von Teilnehmern mit Lern- oder Körperbehinderungen in den allgemeinen Übungsbetrieb erhöht auf Seiten der Nichtbehinderten das Verständnis für individuelle Unterschiede.	
Körperbehindert e KuJ	Lernbehinderte KuJ	Körperbehindert e KuJ	Lernbehinderte KuJ	Körperbehindert e KuJ	Lernbehinderte KuJ
2	1	1	1	2	2
3	3	2	3	2	2
3	3	1	1	1	1
3	2	2	1	1	1
3	3	2	2	1	1
3	2	2	2	1	1
3	3	2	2	1	1
2	1	1	1	3	2
3	2	2	2	1	1
3	0	2	0	1	0
2	2	1	1	1	1
0	0	0	0	0	0
3	2	2	2	1	1
3	2	1	1	1	2
2	2	2	2	1	1

5. Sportler mit einer Lern- oder Körperbehinderung werden von den nichtbehinderten Teilnehmern nicht akzeptiert.		6. Die Inklusion von Sportlern mit Lern- oder Körperbehinderungen in den regulären Übungsbetrieb belastet den Übungsleiter zu sehr.		7. Im Allgemeinen haben Übungsleiter nicht die notwendige Ausbildung zur Inklusion von Sportlern mit Lern- oder Körperbehinderungen in ihren Gruppen.	
Körperbehindert e KuJ	Lernbehinderte KuJ	Körperbehindert e KuJ	Lernbehinderte KuJ	Körperbehindert e KuJ	Lernbehinderte KuJ
2	2	2	2	1	1
3	3	1	1	2	2
3	3	2	1	1	1
2	2	2	2	1	1
2	2	2	2	1	1
3	3	2	2	1	2
3	3	2	2	2	2
2	2	3	2	3	3
2	2	3	2	1	1

5. Sportler mit einer Lern- oder Körperbehinderung werden von den nichtbehinderten Teilnehmern nicht akzeptiert.		6. Die Inklusion von Sportlern mit Lern- oder Körperbehinderungen in den regulären Übungsbetrieb belastet den Übungsleiter zu sehr.		7. Im Allgemeinen haben Übungsleiter nicht die notwendige Ausbildung zur Inklusion von Sportlern mit Lern- oder Körperbehinderungen in ihren Gruppen.	
Körperbehindert e KuJ	Lernbehinderte KuJ	Körperbehindert e KuJ	Lernbehinderte KuJ	Körperbehindert e KuJ	Lernbehinderte KuJ
3	0	2	0	2	0
2	2	2	2	1	1
0	0	0	0	0	0
2	2	2	2	2	2
0	2	1	1	1	1
2	2	2	2	1	1

8. Im Allgemeinen ist die Zeit im Übungsbetrieb zu knapp, um den unterschiedlichen Ansprüchen von Teilnehmern mit Lern- oder Körperbehinderungen einerseits und Nichtbehinderten andererseits gerecht zu werden.		9. Ich fühle mich hinreichend qualifiziert, den Übungsbetrieb in einer inkludierten Gruppe zu leiten.		10. Welche Übungsleiterlizenzen haben Sie?
Körperbehinderte KuJ	Lernbehinderte KuJ	Körperbehinderte KuJ	Lernbehinderte KuJ	
1	1	2	2	C, BLizenz Breitensport, Prävention
1	1	2	2	Beh.-und Reha Sport
1	1	3	3	Radsport
2	1	3	3	A-Lizenz Fußball
1	1	3	3	B-/C-Trainerlizenzen (bis 2009)
3	3	3	3	keine
1	1	1	1	REHA-Lizenz Innere Medizin,
1	1	1	1	c
1	1	1	1	ÜL-B Reha / Beh-Sport (Orthopädie / Innere / Neurologie etc) Tanzsport Trainer C , Prüferlizenz Sportabzeichen Tanz
3	0	1	0	
3	2	3	3	
0	0	0	0	
2	2	2	1	Übungsleiterschein für Behinderten- und Rehasport

8. Im Allgemeinen ist die Zeit im Übungsbetrieb zu knapp, um den unterschiedlichen Ansprüchen von Teilnehmern mit Lern- oder Körperbehinderungen einerseits und Nichtbehinderten andererseits gerecht zu werden.			9. Ich fühle mich hinreichend qualifiziert, den Übungsbetrieb in einer inkludierten Gruppe zu leiten.		10. Welche Übungsleiterlizenzen haben Sie?
Körperbehinderte KuJ	Lernbehinderte KuJ	Körperbehinderte KuJ	Lernbehinderte KuJ		
1	1	2	2		Trainer C Badminton
2	2	3	2		Prävention

11. Welche Sportart betreiben Sie hauptsächlich mit ihrer Übungsgruppe?	12. Haben Sie in ihrer Übungsgruppe Lern- oder Körperbehinderte?	13. Haben Sie Erfahrung mit der Inklusion von Behinderten?	14. Keinen Sie die Inhalte der UN-Behindertenrechtskonventionen?	15. Kennen Sie im privaten Bereich Personen mit Lern- oder Körperbehinderungen?
Gymnastik, Walking	ja	ja	nein	ja
Gymnastik	ja	ja	nein	nein
Radsport	nein	ja	nein	ja
Fußball	nein	nein	ja	nein
Volleyball	nein	nein	nein	ja
Bowling	nein	nein	nein	ja
Gymnastik, Ballspiele, Kraftübungen	ja	ja	nein	ja
Wandern, Billard, Fußball, Betreuung...	ja	ja	nein	ja
Bewegung mit Musik / Gesellschaftstanz sowie Koronarsport	ja	ja	ja	ja
Sitzvolleyball	ja	ja	nein	ja
Rollstuhltanz, Segeln, Kanufahren	ja	ja	ja	nein
Fußball	ja	ja	nein	ja
Badminton	nein	nein	nein	ja
Gesundheitssport	nein	ja	nein	ja

16. Sie haben noch etwas auf dem Herzen? Hier ist Platz um dies mitzuteilen:
Ich finde, dass der Vereinssport mit diesem Thema außergewöhnlich belastet wird, da die Ausbildung dazu fehlt, weil ein einfacher Übungsleiter kein Therapeut, Sozialwissenschaftler oder Mediziner ist, aber die Arbeit machen soll, für die in der Gesellschaft kein Geld da ist oder das Thema ist zu unattraktiv. ; Bei uns ist jeder mit Befindlichkeiten willkommen, die fast jeder hat, oder die das Alter und der körperliche und seelische Verschleiß mit sich bringt, leider wird diese Leistung nicht gewürdigt von den Stellen, die diese Leistung eigentlich erbringen müssten!!
Barrierefreiheit von Sportstätten nicht gegeben; Gefahr der Überforderung ehrenamtlicher Strukturen
Wir leben gemeinsam in der Gesellschaft und unser Pflicht mit Behinderten zusammen leben-arbeiten-mitmachen...Wir sind gegen Isolation den Behinderten, sondern Integration zur Gesellschaft...

_Antwort-ID	Start Datum und Zeit	Ende Datum und Zeit	Teilnahmestatus	1. Durch die Inklusion lern- oder körperbehinderter Sportler in allgemeine Übungsgruppen lernen alle zusammenzuarbeiten, um ein bestimmtes Ziel zu erreichen.	
				Körperbehinderte KuJ	Lernbehinderte KuJ
3627276	20.09.201 2 07:51	20.09.201 2 08:06	teilgenommen und beendet	1	1
3627284	20.09.201 2 07:53	20.09.201 2 07:57	teilgenommen und beendet	1	1
3628610	20.09.201 2 11:04	20.09.201 2 11:09	teilgenommen und beendet	1	1
3629031	20.09.201 2 12:00	20.09.201 2 12:54	teilgenommen und beendet	1	1
3629153	20.09.201 2 12:13	20.09.201 2 12:15	teilgenommen, aber noch nicht beendet	1	0
3629201	20.09.201 2 12:18	20.09.201 2 12:22	teilgenommen und beendet	2	2

_Antwort-ID	Start Datum und Zeit	Ende Datum und Zeit	Teilnahmestatus	1. Durch die Inklusion lern- oder körperbehinderter Sportler in allgemeine Übungsgruppen lernen alle zusammenzuarbeiten, um ein bestimmtes Ziel zu erreichen.	
				Körperbehinderte KuJ	Lernbehinderte KuJ
3630735	20.09.2012 15:12	20.09.2012 15:21	teilgenommen und beendet	1	1
3630790	20.09.2012 15:17	20.09.2012 15:21	teilgenommen und beendet	1	1
3631163	20.09.2012 15:46	20.09.2012 15:52	teilgenommen und beendet	2	2

2. Es wird mehr Disziplinprobleme in meiner Übungsgruppe geben, wenn ein Teilnehmer lern- oder körperbehindert ist.		3. Sportler mit Lern- oder Körperbehinderungen werden schneller lernen, wenn sie in den Übungsbetrieb der nichtbehinderten Teilnehmer einbezogen werden.		4. Die Inklusion von Teilnehmern mit Lern- oder Körperbehinderungen in den allgemeinen Übungsbetrieb erhöht auf Seiten der Nichtbehinderten das Verständnis für individuelle Unterschiede.	
Körperbehinderte KuJ	Lernbehinderte KuJ	Körperbehinderte KuJ	Lernbehinderte KuJ	Körperbehinderte KuJ	Lernbehinderte KuJ
3	3	2	2	1	2
3	3	2	2	1	1
0	0	0	0	0	0
3	2	1	1	1	1
3	3	3	2	1	2
3	1	2	2	1	1
3	3	2	2	1	1
3	0	2	1	1	1
3	2	2	2	1	1

5. Sportler mit einer Lern- oder Körperbehinderung werden von den nichtbehinderten Teilnehmern nicht akzeptiert.		6. Die Inklusion von Sportlern mit Lern- oder Körperbehinderungen in den regulären Übungsbetrieb belastet den Übungsleiter zu sehr.		7. Im Allgemeinen haben Übungsleiter nicht die notwendige Ausbildung zur Inklusion von Sportlern mit Lern- oder Körperbehinderungen in ihren Gruppen.	
Körperbehinderte KuJ	Lernbehinderte KuJ	Körperbehinderte KuJ	Lernbehinderte KuJ	Körperbehinderte KuJ	Lernbehinderte KuJ
3	3	3	3	2	2
3	3	3	3	1	1
3	3	0	0	0	0

5. Sportler mit einer Lern- oder Körperbehinderung werden von den nichtbehinderten Teilnehmern nicht akzeptiert.		6. Die Inklusion von Sportlern mit Lern- oder Körperbehinderungen in den regulären Übungsbetrieb belastet den Übungsleiter zu sehr.		7. Im Allgemeinen haben Übungsleiter nicht die notwendige Ausbildung zur Inklusion von Sportlern mit Lern- oder Körperbehinderungen in ihren Gruppen.	
Körperbehindert e KuJ	Lernbehinderte KuJ	Körperbehindert e KuJ	Lernbehinderte KuJ	Körperbehindert e KuJ	Lernbehinderte KuJ
3	3	2	3	2	2
3	2	2	2	1	1
3	2	3	3	2	2
0	0	2	2	2	2
2	2	3	2	1	1

8. Im Allgemeinen ist die Zeit im Übungsbetrieb zu knapp, um den unterschiedlichen Ansprüchen von Teilnehmern mit Lern- oder Körperbehinderungen einerseits und Nichtbehinderten andererseits gerecht zu werden.		9. Ich fühle mich hinreichend qualifiziert, den Übungsbetrieb in einer inkludierten Gruppe zu leiten.		10. Welche Übungsleiterlizenzen haben Sie?
Körperbehinderte KuJ	Lernbehinderte KuJ	Körperbehinderte KuJ	Lernbehinderte KuJ	
2	2	1	1	Fachübungsleiter für Rehabilitationssport im Bereich Neurologie - bin als ÜL für Rollstuhltanz aktiv
1	1	1	1	Trainer C Schwimmen
0	0	0	0	
3	3	2	1	ÜL B Stütz- und Bewegungsapparat
2	1	3	2	
2	3	1	1	Rehasport, Gymnastik
2	2	0	0	Allgemeines Turnen
2	2	1	1	Trainer B Tanz, Trainer B Rollstuhltanz Trainer B Rehasport

11. Welche Sportart betreiben Sie hauptsächlich mit ihrer Übungsgruppe?	12. Haben Sie in ihrer Übungsgruppe Lern- oder Körperbehinderte ?	13. Haben Sie Erfahrung mit der Inklusion von Behinderten?	14. Keinen Sie die Inhalte der UN-Behindertenrechtsko nventionen?	15. Kennen Sie im privaten Bereich Personen mit Lern- oder Körperbehinderunge n?
Integrativer Rollstuhltanz	ja	ja	ja	ja
Schwimmen	ja	ja	ja	ja
Tanzsport	ja	ja		ja
Allgemein Spiele und Leichtathletik	ja	ja	ja	ja
Volleyball	ja	ja	nein	ja
Fitness, Gymnastik, Schwimmen	ja	ja	ja	ja
Turnen	nein	nein	nein	ja
Tanz	ja	ja	ja	ja

16. Sie haben noch etwas auf dem Herzen? Hier ist Platz um dies mitzuteilen:

Ich habe den Fragebogen als erfahrener Übungsleiter (ÜL) von integrativen Rollstuhltanzgruppen ausgefüllt. Daher die sehr positiven Antworten. Unsere vier Rollstuhltanzgruppen im "normalen" Tanzsportclub Olsberg sind seit 13 Jahren aktiv. In unserem Gruppen ist es daher selbstverständlich, dass Menschen mit und ohne Behinderung Sport ausüben. Die Antworten aus meiner Befragung spiegeln sicherlich nicht das Bild von Übungsgruppen in Sportvereinen bzw. Gruppen wieder, in denen noch keine Menschen mit Behinderung aktiv sind. All unsere ÜL sind speziell für die Arbeit mit Menschen mit Behinderungen ausgebildet. Ein normaler Übungsleiter ist dieses nicht. Wenn ich z. B. von einem unserer Tanztrainer im "normalen" Trainingsbetrieb ausgehe: Dort tanzen nur Fußgänger-Paare Standard - und Latein und es würde ein Rollstuhltanzpaar hinzukommen. Es wäre nicht oder nur unter besonderen Bedingungen möglich, dieses Paar zu integrieren, da sie andere Tanzfolgen und mehr Platz für ihren Aktionsradius benötigen. Sonst würden sie ihre und die Gesundheit der anderen Tanzpaare durch Unfälle auf der Tanzfläche riskieren. Das gleiche gilt für Leichtathletik und fast alle andere Sportarten (Fußball, Volleyball...) wo die Spielregeln auf die Behinderungen angepasst werden müssen. Bei den Paralympics werden die Unterschiede deutlich.

_Antwort-ID	Start Datum und Zeit	Ende Datum und Zeit	Teilnahmestatus	1. Durch die Inklusion lern- oder körperbehinderter Sportler in allgemeine Übungsgruppen lernen alle zusammenzuarbeiten, um ein bestimmtes Ziel zu erreichen.	
				Körperbehinderte KuJ	Lernbehinderte KuJ
3632722	20.09.2012 18:39	20.09.2012 19:03	teilgenommen und beendet	1	1
3636040	21.09.2012 09:20	21.09.2012 09:25	teilgenommen und beendet	2	2
3636307	21.09.2012 10:18	21.09.2012 10:26	teilgenommen und beendet	1	0
3636486	21.09.2012 10:49	21.09.2012 11:00	teilgenommen und beendet	2	2
3638151	21.09.2012 15:22	21.09.2012 15:26	teilgenommen und beendet	1	1
3640176	21.09.2012 20:30	21.09.2012 20:33	teilgenommen und beendet	2	2
3643886	22.09.2012 20:17	22.09.2012 20:22	teilgenommen und beendet	3	2
3644682	23.09.2012 01:39	23.09.2012 01:46	teilgenommen und beendet	1	1
3645726	23.09.2012 14:27	23.09.2012 18:31	teilgenommen, aber noch nicht beendet	1	1
3651016	24.09.2012 15:16	24.09.2012 15:21	teilgenommen und beendet	1	1
3653295	24.09.2012 20:12	24.09.2012 20:16	teilgenommen und beendet	1	3

2. Es wird mehr Disziplinprobleme in meiner Übungsgruppe geben, wenn ein Teilnehmer lern- oder körperbehindert ist.		3. Sportler mit Lern- oder Körperbehinderungen werden schneller lernen, wenn sie in den Übungsbetrieb der nichtbehinderten Teilnehmer einbezogen werden.		4. Die Inklusion von Teilnehmern mit Lern- oder Körperbehinderungen in den allgemeinen Übungsbetrieb erhöht auf Seiten der Nichtbehinderten das Verständnis für individuelle Unterschiede.	
Körperbehinderte KuJ	Lernbehinderte KuJ	Körperbehinderte KuJ	Lernbehinderte KuJ	Körperbehindert e KuJ	Lernbehinderte KuJ
3	3	1	1	1	1
3	3	3	3	1	1
3	3	1	2	1	2
3	3	1	1	0	0
3	2	2	2	1	2
3	3	1	1	1	1

2. Es wird mehr Disziplinprobleme in meiner Übungsgruppe geben, wenn ein Teilnehmer lern- oder körperbehindert ist.		3. Sportler mit Lern- oder Körperbehinderungen werden schneller lernen, wenn sie in den Übungsbetrieb der nichtbehinderten Teilnehmer einbezogen werden.		4. Die Inklusion von Teilnehmern mit Lern- oder Körperbehinderungen in den allgemeinen Übungsbetrieb erhöht auf Seiten der Nichtbehinderten das Verständnis für individuelle Unterschiede.	
Körperbehinderte KuJ	Lernbehinderte KuJ	Körperbehinderte KuJ	Lernbehinderte KuJ	Körperbehinderte KuJ	Lernbehinderte KuJ
2	2	2	2	1	1
3	3	1	1	1	1
2	1	0	1	0	3
3	3	1	1	2	2
3	2	2	2	1	1

5. Sportler mit einer Lern- oder Körperbehinderung werden von den nichtbehinderten Teilnehmern nicht akzeptiert.		6. Die Inklusion von Sportlern mit Lern- oder Körperbehinderungen in den regulären Übungsbetrieb belastet den Übungsleiter zu sehr.		7. Im Allgemeinen haben Übungsleiter nicht die notwendige Ausbildung zur Inklusion von Sportlern mit Lern- oder Körperbehinderungen in ihren Gruppen.	
Körperbehinderte KuJ	Lernbehinderte KuJ	Körperbehinderte KuJ	Lernbehinderte KuJ	Körperbehinderte KuJ	Lernbehinderte KuJ
3	3	2	2	1	1
2	2	2	2	1	1
3	3	3	3	3	3
3	2	2	2	2	2
2	2	1	1	2	2
3	3	3	0	2	0
3	3	2	2	1	1
3	3	3	3	1	1
2	1	3	3	0	0
2	2	3	3	1	1
3	3	3	2	1	1

8. Im Allgemeinen ist die Zeit im Übungsbetrieb zu knapp, um den unterschiedlichen Ansprüchen von Teilnehmern mit Lern- oder Körperbehinderungen einerseits und Nichtbehinderten andererseits gerecht zu werden.		9. Ich fühle mich hinreichend qualifiziert, den Übungsbetrieb in einer inkludierten Gruppe zu leiten.		10. Welche Übungsleiterlizenzen haben Sie?
Körperbehinderte KuJ	Lernbehinderte KuJ	Körperbehinderte KuJ	Lernbehinderte KuJ	
2	2	1	1	Fußball alte B-Lizenz
2	2	2	2	Rehasport Block 30, 40, 60 und 70
2	2	1	1	Fachübungsleiter C + R
3	3	2	2	Sportstudium und Übungslizenz Jugend
2	2	1	1	Rehabilitationsport Innere, Orthopädie, Krebs
3	0	1	3	keine
1	2	0	0	C-Lizenz
3	3	1	1	Allgemeiner, Präventionsübungsleiter, Motopäde und Psychomotoriker
3	3	1	1	
2	2	2	2	Lizenz L
2	2	1	3	

11. Welche Sportart betreiben Sie hauptsächlich mit ihrer Übungsgruppe?	12. Haben Sie in ihrer Übungsgruppe Lern- oder Körperbehinderte?	13. Haben Sie Erfahrung mit der Inklusion von Behinderten?	14. Keinen Sie die Inhalte der UN-Behindertenrechtskonventionen?	15. Kennen Sie im privaten Bereich Personen mit Lern- oder Körperbehinderungen?
Fußball	ja	ja	nein	ja
Tanz. Gymnastik und kleine Spiele	ja	ja	ja	ja
Wassergymnastik + Schwimmen	ja	ja	nein	ja
Lehrplan KinderSportSchule (vielfältige sportliche Ausbildung)	ja	ja	nein	nein
allgemeine	ja	ja	nein	ja

11. Welche Sportart betreiben Sie hauptsächlich mit ihrer Übungsgruppe?	12. Haben Sie in ihrer Übungsgruppe Lern- oder Körperbehinderte ?	13. Haben Sie Erfahrung mit der Inklusion von Behinderten?	14. Keinen Sie die Inhalte der UN-Behindertenrechtsko nventionen?	15. Kennen Sie im privaten Bereich Personen mit Lern- oder Körperbehinderunge n?
Grundlagen				
Laufen	ja	ja	nein	ja
Turnen	ja	ja	nein	ja
Kinderturnen und Psychomotorik	ja	ja	ja	ja
Kinderturnen	nein	nein	nein	ja
Rollstuhlbasketball	ja	ja	ja	ja

16. Sie haben noch etwas auf dem Herzen? Hier ist Platz um dies mitzuteilen:

ich leite im PTSV-Jahn Freiburg eine integrative Sportgruppe, die sich einmal in der Woche zum Fußballspielen trifft. Das Ganze läuft seit 4 Jahren. (als Kooperation unseres Vereins mit der Akademie Himmelreich(bitte googeln), die den Großteil der Teilnehmer stellt. (etwa 8 pro Kurs). Es ist also zunächst eine Fußballgruppe von Jugendlichen mit Handicap, in die dann Jugendliche ohne Handicap integriert werden. Wir haben jede Woche andere Zusammensetzungen, weil jeder ohne Handicap mitmachen kann. Das sind manchmal Freunde, oder Bekannte von mir, die gerade Zeit haben, ein anderes Mal Schüler, die auf dem Vereinsgelände gerade mit ihrem Unterricht fertig sind, oder auch Jugendliche unseres Vereins, sprich ,wer halt gerade vorbei schaut. Für mich ist es jedes Mal toll zu erleben wie reibungslos dieses Zusammenspielen klappt, wie natürlich hier eine Inklusion stattfindet. Wir machen immer kleine Turniere auf einem Soccerfeld mit Bande und Kunstrasen, wir haben die Regel dass nach einem von einem Spieler ohne Handicap geschossenen Tor das nächste Tor seiner Mannschaft von einem Spieler mit Handicap geschossen werden muss.

Wir haben in unseren Gruppen maximal 1-2 Kinder integriert. Es funktioniert nur mit Kindern mit leichten Behinderungen, deshalb kann nicht jedes behinderte Kind integriert werden. Es ist sehr abhängig von der jeweiligen Einschränkung.

Ich arbeite schon immer integrativ in meinen Gruppen und hoffe, dass durch diese Studie die Akzeptanz zunimmt und sich die Sportgruppen für Menschen mit Behinderung weiter öffnen.

_Antwort-ID	Start Datum und Zeit	Ende Datum und Zeit	Teilnahmestatus	1. Durch die Inklusion lern- oder körperbehinderter Sportler in allgemeine Übungsgruppen lernen alle zusammenzuarbeiten, um ein bestimmtes Ziel zu erreichen.	
				Körperbehinderte KuJ	Lernbehinderte KuJ
3653447	24.09.2012 20:33	24.09.2012 20:41	teilgenommen, aber noch nicht beendet	1	1
3654054	24.09.2012 22:10	24.09.2012 22:15	teilgenommen und beendet	2	2
3656000	25.09.2012 10:49	25.09.2012 10:54	teilgenommen und beendet	1	2
3666219	26.09.2012 18:20	26.09.2012 18:24	teilgenommen und beendet	2	2
3666742	26.09.2012 19:31	26.09.2012 19:36	teilgenommen und beendet	2	2
3719487	05.10.2012 08:41	05.10.2012 08:52	teilgenommen und beendet	1	1
3721889	05.10.2012 15:23	05.10.2012 15:28	teilgenommen und beendet	2	1
3766462	12.10.2012 15:46	12.10.2012 15:52	teilgenommen und beendet	1	1
3782015	15.10.2012 11:48	15.10.2012 11:51	teilgenommen und beendet	1	1
3782511	15.10.2012 12:57	15.10.2012 13:03	teilgenommen und beendet	1	1
3783871	15.10.2012 15:08	15.10.2012 15:11	teilgenommen und beendet	1	2
3785196	15.10.2012 17:06	15.10.2012 17:09	teilgenommen und beendet	1	2
3787893	15.10.2012 22:32	15.10.2012 22:36	teilgenommen, aber noch nicht beendet	1	1

2. Es wird mehr Disziplinprobleme in meiner Übungsgruppe geben, wenn ein Teilnehmer lern- oder körperbehindert ist.		3. Sportler mit Lern- oder Körperbehinderungen werden schneller lernen, wenn sie in den Übungsbetrieb der nichtbehinderten Teilnehmer einbezogen werden.		4. Die Inklusion von Teilnehmern mit Lern- oder Körperbehinderungen in den allgemeinen Übungsbetrieb erhöht auf Seiten der Nichtbehinderten das Verständnis für individuelle Unterschiede.	
Körperbehinderte KuJ	Lernbehinderte KuJ	Körperbehinderte KuJ	Lernbehinderte KuJ	Körperbehinderte KuJ	Lernbehinderte KuJ
2	2	2	1	1	1
3	3	1	2	1	1

2. Es wird mehr Disziplinprobleme in meiner Übungsgruppe geben, wenn ein Teilnehmer lern- oder körperbehindert ist.		3. Sportler mit Lern- oder Körperbehinderungen werden schneller lernen, wenn sie in den Übungsbetrieb der nichtbehinderten Teilnehmer einbezogen werden.		4. Die Inklusion von Teilnehmern mit Lern- oder Körperbehinderungen in den allgemeinen Übungsbetrieb erhöht auf Seiten der Nichtbehinderten das Verständnis für individuelle Unterschiede.	
3	3	1	1	1	1
3	3	3	2	1	1
3	3	2	2	1	2
3	2	2	1	1	1
2	1	2	3	2	2
3	3	1	1	1	1
3	2	1	1	1	1
3	2	1	1	1	1
3	1	2	2	2	2
3	3	1	1	1	1
2	2	1	1	1	1

5. Sportler mit einer Lern- oder Körperbehinderung werden von den nichtbehinderten Teilnehmern nicht akzeptiert.		6. Die Inklusion von Sportlern mit Lern- oder Körperbehinderungen in den regulären Übungsbetrieb belastet den Übungsleiter zu sehr.		7. Im Allgemeinen haben Übungsleiter nicht die notwendige Ausbildung zur Inklusion von Sportlern mit Lern- oder Körperbehinderungen in ihren Gruppen.	
Körperbehinderte KuJ	Lernbehinderte KuJ	Körperbehinderte KuJ	Lernbehinderte KuJ	Körperbehinderte KuJ	Lernbehinderte KuJ
3	2	2	2	0	0
3	3	3	2	2	2
3	3	3	2	2	2
2	3	3	3	1	2
3	3	2	3	1	2
3	3	3	3	3	3
2	2	2	2	1	1
3	3	3	3	0	0
3	3	2	3	1	1
3	2	3	2	2	2
3	3	3	2	2	2
2	2	3	3	1	1

8. Im Allgemeinen ist die Zeit im Übungsbetrieb zu knapp, um den unterschiedlichen Ansprüchen von Teilnehmern mit Lern- oder Körperbehinderungen einerseits und Nichtbehinderten andererseits gerecht zu werden.		9. Ich fühle mich hinreichend qualifiziert, den Übungsbetrieb in einer inkludierten Gruppe zu leiten.		10. Welche Übungsleiterlizenzen haben Sie?
Körperbehinderte KuJ	Lernbehinderte KuJ	Körperbehinderte KuJ	Lernbehinderte KuJ	
1	2	0	0	keine
3	3	1	2	
2	2	0	0	keine
2	2	1	1	C und Berufsausbildung im behinderten Bereich
2	2	1	1	Fachübungsleiter, Trainer C Lizenz, Trainer Diplom Sporthochschule Köln
3	3	1	1	Übungsleiter B für Rehabilitationssport Orthopädie, Neurologie, Innere Medizin
1	1	2	2	Reha-Sport, GB-Sport, Allgem.Beh.Sport
3	3	1	1	Orthopädie, geistige Behinderung
2	3	2	1	ÜL B Stütz- und Bewegungsapparat
3	3	1	1	Trainer im DKB
3	2	1	3	C-Lizenz
3	3	1	1	Sportlehrer
2	2	2	2	B

11. Welche Sportart betreiben Sie hauptsächlich mit ihrer Übungsgruppe?	12. Haben Sie in ihrer Übungsgruppe Lern- oder Körperbehinderte ?	13. Haben Sie Erfahrung mit der Inklusion von Behinderten?	14. Keinen Sie die Inhalte der UN-Behindertenrechtsko nventionen?	15. Kennen Sie im privaten Bereich Personen mit Lern- oder Körperbehinderunge n?
	ja	ja	nein	ja

273

11. Welche Sportart betreiben Sie hauptsächlich mit ihrer Übungsgruppe?	12. Haben Sie in ihrer Übungsgruppe Lern- oder Körperbehinderte?	13. Haben Sie Erfahrung mit der Inklusion von Behinderten?	14. Keinen Sie die Inhalte der UN-Behindertenrechtsko nventionen?	15. Kennen Sie im privaten Bereich Personen mit Lern- oder Körperbehinderunge n?
Rollstuhlbasketball	ja	ja	nein	ja
Turnen / Spiele	nein	ja	ja	ja
Rollstuhl Rugby	ja	ja	ja	ja
Rollstuhlsport, Wassergymnastik	ja	ja	ja	ja
Gymnastik, kl. Spiele, Schwimmen	ja	ja	ja	ja
Schwimmen	ja	ja	ja	ja
Sportspiele	ja	ja	ja	ja
Kegeln / Leichtathletik	ja	ja	nein	ja
Leichtathletik	ja	ja	ja	ja
Gymnastik	nein	ja	nein	ja

16. Sie haben noch etwas auf dem Herzen? Hier ist Platz um dies mitzuteilen:

Diese Umfrage ist viel zu oberflächlich.

aus meiner Sicht ist es ein Problem, dass die Träger (z.B. Lebenshilfe, Werkstätten) ihre Angebote vorwiegend Menschen mit geistiger oder psychischer Behinderung vorbehalten. Wir würden gerne mehr Körperbehinderte mit geistig oder psychisch Behinderte im Sport zusammen bringen. Da wären sicherlich auch gute Ergänzungen möglich. Aber diese Träger, die sich auf die Personengruppen geistiger und psychisch Behinderter "spezialisiert" haben, wollen diese Inklusion nicht. Aber wie soll dann die Inklusion mit Nichtbehinderten funktionieren, wenn Behinderte schon in "Bereiche unterteilt" werden?

Wir allen arbeiten ehrenamtlich, unentgeltlich! Vielleicht sollten Kommunen in ihren Haushalten zumindest einen kleinen Teil hierfür einplanen. Aber auch die Einrichtungen, in denen Menschen mit Behinderungen arbeiten, sollten hier etwas Geld (z.B. für den Transport zur Sportstätte und zurück) bereit stellen.

_Antwort-ID	Start Datum und Zeit	Ende Datum und Zeit	Teilnahmestatus	1. Durch die Inklusion lern- oder körperbehinderter Sportler in allgemeine Übungsgruppen lernen alle zusammenzuarbeiten, um ein bestimmtes Ziel zu erreichen.	
				Körperbehinderte KuJ	Lernbehinderte KuJ
3787913	15.10.2012 22:34	15.10.2012 23:00	teilgenommen und beendet	2	2
3789069	16.10.2012 07:36	16.10.2012 07:40	teilgenommen und beendet	2	2
3789358	16.10.2012 08:50	16.10.2012 09:02	teilgenommen und beendet	1	1
3789566	16.10.2012 09:27	16.10.2012 09:31	teilgenommen und beendet	1	1
3789841	16.10.2012 10:18	16.10.2012 10:28	teilgenommen und beendet	2	1
3790224	16.10.2012 11:19	16.10.2012 11:23	teilgenommen und beendet	1	1

2. Es wird mehr Disziplinprobleme in meiner Übungsgruppe geben, wenn ein Teilnehmer lern- oder körperbehindert ist.		3. Sportler mit Lern- oder Körperbehinderungen werden schneller lernen, wenn sie in den Übungsbetrieb der nichtbehinderten Teilnehmer einbezogen werden.		4. Die Inklusion von Teilnehmern mit Lern- oder Körperbehinderungen in den allgemeinen Übungsbetrieb erhöht auf Seiten der Nichtbehinderten das Verständnis für individuelle Unterschiede.	
Körperbehindert e KuJ	Lernbehinderte KuJ	Körperbehindert e KuJ	Lernbehinderte KuJ	Körperbehindert e KuJ	Lernbehinderte KuJ
2	2	2	2	2	2
2	2	1	1	2	2
3	2	3	3	1	1
3	2	2	2	1	1
3	2	3	3	3	3
2	3	2	3	1	2

275

5. Sportler mit einer Lern- oder Körperbehinderung werden von den nichtbehinderten Teilnehmern nicht akzeptiert.		6. Die Inklusion von Sportlern mit Lern- oder Körperbehinderungen in den regulären Übungsbetrieb belastet den Übungsleiter zu sehr.		7. Im Allgemeinen haben Übungsleiter nicht die notwendige Ausbildung zur Inklusion von Sportlern mit Lern- oder Körperbehinderungen in ihren Gruppen.	
Körperbehindert e KuJ	Lernbehinderte KuJ	Körperbehindert e KuJ	Lernbehinderte KuJ	Körperbehindert e KuJ	Lernbehinderte KuJ
2	2	1	1	1	1
2	2	2	1	1	1
3	3	3	2	3	3
2	2	2	2	1	1
3	1	3	2	3	2
3	3	2	3	1	2

8. Im Allgemeinen ist die Zeit im Übungsbetrieb zu knapp, um den unterschiedlichen Ansprüchen von Teilnehmern mit Lern- oder Körperbehinderungen einerseits und Nichtbehinderten andererseits gerecht zu werden.		9. Ich fühle mich hinreichend qualifiziert, den Übungsbetrieb in einer inkludierten Gruppe zu leiten.		10. Welche Übungsleiterlizenzen haben Sie?
Körperbehinderte KuJ	Lernbehinderte KuJ	Körperbehinderte KuJ	Lernbehinderte KuJ	
1	1	3	3	Trainer C
2	2	3	3	c
3	3	1	1	B/C
2	2	2	2	Trainier B Westernreiten
1	1	2	2	C-leistungsfußball
1	3	2	1	ÜL-C Breitensport

11. Welche Sportart betreiben Sie hauptsächlich mit ihrer Übungsgruppe?	12. Haben Sie in ihrer Übungsgruppe Lern- oder Körperbehinderte ?	13. Haben Sie Erfahrung mit der Inklusion von Behinderten?	14. Keinen Sie die Inhalte der UN-Behindertenrechtsko nventionen?	15. Kennen Sie im privaten Bereich Personen mit Lern- oder Körperbehinderunge n?
Rock`n`Roll Tanzsport	nein	nein	nein	ja
Kraft & Fitness	nein	nein	nein	ja

11. Welche Sportart betreiben Sie hauptsächlich mit ihrer Übungsgruppe?	12. Haben Sie in ihrer Übungsgruppe Lern- oder Körperbehinderte ?	13. Haben Sie Erfahrung mit der Inklusion von Behinderten?	14. Keinen Sie die Inhalte der UN-Behindertenrechtsko nventionen?	15. Kennen Sie im privaten Bereich Personen mit Lern- oder Körperbehinderunge n?
Rückenschule	ja	ja	nein	ja
Westernreiten	nein	ja	nein	ja
Fußball	nein	ja	nein	ja
Kegeln	ja	nein	nein	ja

16. Sie haben noch etwas auf dem Herzen? Hier ist Platz um dies mitzuteilen:

Es ist sicher eine Frage der Sportart und auch eine Frage der Anzahl der Kinder und vor allem Zahl der Trainer in einer Trainingsgruppe. Als einziger Trainer bei ca. 20 bis 30 Kindern in der Turnhalle ist dies fast unmöglich, da die Kinder möglichst immer wieder was neues lernen wollen. Sie werden ungeduldig wenn es nicht vorwärts geht, langweilen sich, wenn wir zu viele Wiederholungen machen und verlieren die Lust und den Spaß am Training. Wir hatten ein lernbehindertes Mädchen dabei, ca. 4 Monate, obwohl wir zu der Zeit meist 2 Trainer in der Halle waren und wir uns Mühe gegeben haben, war es für sie dann doch zu schwierig und sie hat aufgehört.; In anderen Sportarten ist dies vielleicht einfacher.

Es kommt sicher immer auf die Zusammensetzung der Übungsgruppen darauf an, ob die Integration problemlos von statten geht oder eher nicht. In unseren Gruppen gibt es keinerlei Probleme, auch wenn jemand auf Gehhilfen angewiesen ist, beim Sport sitzen muss, das ist völlig egal, jeder so wie er kann. Und gemeinsam geht alles viel leichter und besser. Ein körperbehinderter Jugendlicher hat vor 2 Monaten in einer Gruppe angefangen und übt fleißig mit den älteren Patienten. Jeder hat Verständnis, und es macht allen viel Spaß. So wie man den körperbehinderten entgegen kommt, so kommt auch sein Fleiß wieder zurück. Dieser körperbehinderte Jugendliche ist vom ersten Moment an voll in der Gruppe anerkannt worden, und auch über dem Sport hinaus nimmt dieser gern an zusätzlichen gemeinsamen Veranstaltungen teil. Auf keinem Fall sollte man Ihn allein stehen lassen, von Anfang an voll in der Gruppe aufgenommen fühlt er sich sehr wohl und freut sich von Woche zu Woche, wenn wir gemeinsam trainieren.

Das Thema spielt in meiner Arbeit im Leistungssport (Bundesliga) keine oder fast keine Rolle. Im Breitensport sollte es aber durchaus Thema sein, da hier die sportliche Zielstellung anders ist.

_Antwort-ID	Start Datum und Zeit	Ende Datum und Zeit	Teilnahmestatus	1. Durch die Inklusion lern- oder körperbehinderter Sportler in allgemeine Übungsgruppen lernen alle zusammenzuarbeiten, um ein bestimmtes Ziel zu erreichen.	
				Körperbehinderte KuJ	Lernbehinderte KuJ
3790284	16.10.2012 11:24	16.10.2012 12:09	teilgenommen und beendet	1	1
3790985	16.10.2012 12:53	16.10.2012 13:00	teilgenommen und beendet	3	2
3792056	16.10.2012 14:46	16.10.2012 14:51	teilgenommen und beendet	1	1
3794059	16.10.2012 17:36	16.10.2012 17:39	teilgenommen und beendet	1	1
3794862	16.10.2012 18:58	16.10.2012 19:07	teilgenommen und beendet	2	2
3795054	16.10.2012 19:21	16.10.2012 19:32	teilgenommen und beendet	1	2
3795455	16.10.2012 20:02	16.10.2012 20:09	teilgenommen und beendet	0	1
3795482	16.10.2012 20:06	16.10.2012 20:19	teilgenommen und beendet	1	1

2. Es wird mehr Disziplinprobleme in meiner Übungsgruppe geben, wenn ein Teilnehmer lern- oder körperbehindert ist.		3. Sportler mit Lern- oder Körperbehinderungen werden schneller lernen, wenn sie in den Übungsbetrieb der nichtbehinderten Teilnehmer einbezogen werden.		4. Die Inklusion von Teilnehmern mit Lern- oder Körperbehinderungen in den allgemeinen Übungsbetrieb erhöht auf Seiten der Nichtbehinderten das Verständnis für individuelle Unterschiede.	
Körperbehinderte KuJ	Lernbehinderte KuJ	Körperbehinderte KuJ	Lernbehinderte KuJ	Körperbehinderte KuJ	Lernbehinderte KuJ
1	1	1	1	1	1
2	3	3	2	1	1
3	2	3	3	1	1
3	2	1	1	1	1
3	2	2	3	1	2
1	2	1	2	1	1
0	3	0	2	0	2
2	2	1	2	2	2

5. Sportler mit einer Lern- oder Körperbehinderung werden von den nichtbehinderten Teilnehmern nicht akzeptiert.		6. Die Inklusion von Sportlern mit Lern- oder Körperbehinderungen in den regulären Übungsbetrieb belastet den Übungsleiter zu sehr.		7. Im Allgemeinen haben Übungsleiter nicht die notwendige Ausbildung zur Inklusion von Sportlern mit Lern- oder Körperbehinderungen in ihren Gruppen.	
Körperbehindert e KuJ	Lernbehinderte KuJ	Körperbehindert e KuJ	Lernbehinderte KuJ	Körperbehindert e KuJ	Lernbehinderte KuJ
1	1	2	3	0	0
3	3	2	2	1	1
3	3	2	1	1	1
2	2	3	3	2	2
2	1	2	2	1	1
3	3	2	2	1	1
0	3	0	2	0	2
1	2	2	2	1	1

8. Im Allgemeinen ist die Zeit im Übungsbetrieb zu knapp, um den unterschiedlichen Ansprüchen von Teilnehmern mit Lern- oder Körperbehinderungen einerseits und Nichtbehinderten andererseits gerecht zu werden.		9. Ich fühle mich hinreichend qualifiziert, den Übungsbetrieb in einer inkludierten Gruppe zu leiten.		10. Welche Übungsleiterlizenzen haben Sie?
Körperbehind erte KuJ	Lernbehinderte KuJ	Körperbehinderte KuJ	Lernbehinderte KuJ	
2	3	1	1	ÜL/B Sport in der Rehabilitation
1	2	3	3	C-Lizenz
1	1	3	3	B
0	0	2	2	C, B, Reha
1	1	3	3	Trainer B Leistungssport
1	1	2	3	Trainer-A
0	1	0	2	Teamassistent
1	1	3	3	Trainer C Breitensport - Gymnastik, Tanz

11. Welche Sportart betreiben Sie hauptsächlich mit ihrer Übungsgruppe?	12. Haben Sie in ihrer Übungsgruppe Lern- oder Körperbehinderte ?	13. Haben Sie Erfahrung mit der Inklusion von Behinderten?	14. Keinen Sie die Inhalte der UN-Behindertenrechtsko nventionen?	15. Kennen Sie im privaten Bereich Personen mit Lern- oder Körperbehinderunge n?
Judo	ja	ja	nein	ja
Handball	nein	nein	nein	ja
LA	nein	ja	nein	ja
Gymnastik	nein	nein	nein	ja
Volleyball	nein	ja	nein	ja
Turnen, Ringen	ja	ja	nein	nein
Fußball	ja	ja	nein	ja
Tanzen, Gymnastik, Frauensportgruppe	ja	nein	nein	ja

16. Sie haben noch etwas auf dem Herzen? Hier ist Platz um dies mitzuteilen:

Ich habe 1994 einer Judo-Gruppe für Behinderte begonnen. Es sind, Lernbehinderte, geistig Behinderte und Körperbehinderte in der Gruppe. Ein Teil der Gruppe ist mehrfach behindert, geistig und körperlich. Nach einiger Zeit habe ich die Gruppe aufgeteilt. 1. Die stärker Behinderten 2. Die weniger stark Behinderten. Außerdem habe ich eine Gruppe - Gesund und fit durch Judo - in dieser Gruppe sind alle Berufsgruppen vertreten. Es sind Akademiker, Handwerker, Schüler und Studenten. ; In dies Gruppe habe ich nach und nach die, die nach meiner Meinung in die Gruppe passen, integriert. Ich habe der Gruppe nichts von meinem Plan gesagt, einfach gemacht. Es hat funktioniert! Die behinderten sind zu 100% in der Gruppe angenommen worden.

Ich wünsche euch viel Erfolg bei eurer Erstellung der Arbeit! Es wäre schön, Ergebnisse und Auswertungen eurer Umfrage zu lesen. Könnt ihr dieses per Mail wieder zusenden?

Als Lehrer in einer Schule mit integrativen Kindern, funktioniert der Umgang der Kinder untereinander, gegenseitige Hilfe super.

Die koordinativen und konditionellen Fertigkeiten und Fähigkeiten von Kindern haben sich in den letzten 20 Jahren enorm verschlechtert.

Wird ein bestimmtes Ziel verfolgt (z.B. Auftritte beim Tanzen, öffentliche Vorführungen), dann hatte ich es schwer, ein lernbehindertes Mädchen in die Gruppe zu integrieren. Sie konnte sich vieles nicht so schnell merken, war in den Bewegungen zeitverzögert oder konnte die Bewegung nicht entsprechend umsetzen. Eine Tanzgruppe nur aus Mitgliedern der Wefa wird toleriert und bekommt Applaus. Tanzt in der normalen Gruppe ein Mädchen "aus der Reihe", stört das den Ablauf. Da wir auch bei Wettkämpfen tanzten, konnte ich sie nicht mit einbeziehen. Das war für mich eine Art Ausgrenzung. Auch bei den anderen Mädchen war die Akzeptanz gering. Deshalb hat das Mädchen wieder aufgehört. Im reinen Breitensport (es geht nur um die sportliche Betätigung), ist die Integration sicher einfacher. Aber es verlangt vom Trainer / Übungsleiter viel mehr Vorbereitung. Das ist für ehrenamtliche Übungsleiter kaum zu schaffen.

_Antwort-ID	Start Datum und Zeit	Ende Datum und Zeit	Teilnahmestatus	1. Durch die Inklusion lern- oder körperbehinderter Sportler in allgemeine Übungsgruppen lernen alle zusammenzuarbeiten, um ein bestimmtes Ziel zu erreichen.	
				Körperbehinderte KuJ	Lernbehinderte KuJ
3796051	16.10.2012 21:22	16.10.2012 21:35	teilgenommen und beendet	2	1
3796455	16.10.2012 22:28	16.10.2012 22:37	teilgenommen und beendet	2	2
3797919	17.10.2012 07:49	17.10.2012 07:52	teilgenommen und beendet	1	1
3797994	17.10.2012 08:15	17.10.2012 08:20	teilgenommen und beendet	1	1
3798070	17.10.2012 08:37	17.10.2012 08:40	teilgenommen, aber noch nicht beendet	1	1
3799622	17.10.2012 12:26	17.10.2012 12:30	teilgenommen und beendet	1	1
3799884	17.10.2012 13:04	17.10.2012 13:08	teilgenommen und beendet	2	2
3800059	17.10.2012 13:29	17.10.2012 13:34	teilgenommen und beendet	1	1
3804758	17.10.2012 19:37	17.10.2012 19:43	teilgenommen und beendet	1	2
3809362	18.10.2012 09:46	18.10.2012 09:50	teilgenommen und beendet	2	2
3812503	18.10.2012 15:45	18.10.2012 15:48	teilgenommen und beendet	3	3
3813893	18.10.2012 18:29	18.10.2012 18:33	teilgenommen und beendet	1	2

2. Es wird mehr Disziplinprobleme in meiner Übungsgruppe geben, wenn ein Teilnehmer lern- oder körperbehindert ist.		3. Sportler mit Lern- oder Körperbehinderungen werden schneller lernen, wenn sie in den Übungsbetrieb der nichtbehinderten Teilnehmer einbezogen werden.		4. Die Inklusion von Teilnehmern mit Lern- oder Körperbehinderungen in den allgemeinen Übungsbetrieb erhöht auf Seiten der Nichtbehinderten das Verständnis für individuelle Unterschiede.	
Körperbehindert e KuJ	Lernbehinderte KuJ	Körperbehindert e KuJ	Lernbehinderte KuJ	Körperbehindert e KuJ	Lernbehinderte KuJ
3	3	2	1	1	1
3	3	1	1	1	1
3	3	1	1	1	1

2. Es wird mehr Disziplinprobleme in meiner Übungsgruppe geben, wenn ein Teilnehmer lern- oder körperbehindert ist.		3. Sportler mit Lern- oder Körperbehinderungen werden schneller lernen, wenn sie in den Übungsbetrieb der nichtbehinderten Teilnehmer einbezogen werden.		4. Die Inklusion von Teilnehmern mit Lern- oder Körperbehinderungen in den allgemeinen Übungsbetrieb erhöht auf Seiten der Nichtbehinderten das Verständnis für individuelle Unterschiede.	
2	2	1	1	1	1
2	2	2	2	1	1
2	2	1	1	1	1
2	1	2	3	2	2
3	2	2	2	1	2
3	2	2	1	1	1
2	2	1	1	2	2
2	2	3	3	2	2
2	2	2	1	1	2

5. Sportler mit einer Lern- oder Körperbehinderung werden von den nichtbehinderten Teilnehmern nicht akzeptiert.		6. Die Inklusion von Sportlern mit Lern- oder Körperbehinderungen in den regulären Übungsbetrieb belastet den Übungsleiter zu sehr.		7. Im Allgemeinen haben Übungsleiter nicht die notwendige Ausbildung zur Inklusion von Sportlern mit Lern- oder Körperbehinderungen in ihren Gruppen.	
Körperbehinderte KuJ	Lernbehinderte KuJ	Körperbehinderte KuJ	Lernbehinderte KuJ	Körperbehinderte KuJ	Lernbehinderte KuJ
3	3	3	3	2	2
3	2	2	2	2	1
3	3	2	2	1	1
2	2	2	2	1	1
2	2				
2	2	2	2	1	1
3	3	2	2	1	1
3	2	2	2	1	1
2	2	2	2	1	2
3	3	1	1	2	1
2	2	1	1	1	1
2	2	2	2	1	1

282

8. Im Allgemeinen ist die Zeit im Übungsbetrieb zu knapp, um den unterschiedlichen Ansprüchen von Teilnehmern mit Lern- oder Körperbehinderungen einerseits und Nichtbehinderten andererseits gerecht zu werden.		9. Ich fühle mich hinreichend qualifiziert, den Übungsbetrieb in einer inkludierten Gruppe zu leiten.		10. Welche Übungsleiterlizenzen haben Sie?
Körperb ehindert e KuJ	Lernbehinderte KuJ	Körperbehinderte KuJ	Lernbehinderte KuJ	
2	2	2	2	c
2	1	1	3	Prävention H+B, HKL und Stressbewältigung; Reha H+B
2	2	2	2	B
1	1	3	3	
2	2	2	2	Rehasport Orthopädie
1	1	3	2	Grundlagenlehrgang C Breitensport, JuLeiCa A
3	3	3	3	keine
1	2	3	2	Breitensport-Grundlehrgang
1	1	2	3	Breitensport
1	1	3	3	Fußball DFB C-Lizenz
2	2	3	2	

11. Welche Sportart betreiben Sie hauptsächlich mit ihrer Übungsgruppe?	12. Haben Sie in ihrer Übungsgruppe Lern- oder Körperbehinderte ?	13. Haben Sie Erfahrung mit der Inklusion von Behinderten?	14. Keinen Sie die Inhalte der UN-Behindertenrechtsko nventionen?	15. Kennen Sie im privaten Bereich Personen mit Lern- oder Körperbehinderunge n?
Breitensport	nein	ja	ja	ja
Yoga	ja	ja	nein	nein
Herz-Kreislauftraining	nein	nein	nein	nein
Hockey	nein	ja	ja	ja
Rehasport /Gymnastik	nein	nein	nein	ja

11. Welche Sportart betreiben Sie hauptsächlich mit ihrer Übungsgruppe?	12. Haben Sie in ihrer Übungsgruppe Lern- oder Körperbehinderte?	13. Haben Sie Erfahrung mit der Inklusion von Behinderten?	14. Keinen Sie die Inhalte der UN-Behindertenrechtskonventionen?	15. Kennen Sie im privaten Bereich Personen mit Lern- oder Körperbehinderungen?
Hockey	nein	ja	nein	ja
tanzen	nein	ja	nein	ja
Fußball	nein	nein	nein	ja
Fußball	nein	nein	nein	ja
Fußball	nein	nein	nein	ja
Fußball	nein	ja	nein	ja

16. Sie haben noch etwas auf dem Herzen? Hier ist Platz um dies mitzuteilen:

Lern- und Körperbehinderung sind so nicht zu vergleichen. Die Fragestellung ist zu allgemein und oberflächlich. Trainer, die nicht qualifiziert sind für Körperbehinderung können nicht optimal auf ein Leistungsniveau eingehen. Mit der Lernbehinderung ist besser umzugehen, da die sportlichen Leistungen besser mit den sogenannten Normallernenden vergleichbar sind. Körperbehinderung ist sehr speziell. Von der Inklusion her betrachtet ist natürlich ein gemeinsames Sporttreiben sehr optimal, aber vom Leistungssport sehr weit entfernt. Also in welche Richtung soll denn die Arbeit gehen? Ich bin ein Verfechter von Inklusion dort, wo es passt. Viel Erfolg bei Ihrer Arbeit. Bei der Fragestellung sollte schon eine rechtschreibliche Sicherheit da sein.

Der SSC Jena plant ab März 2013 in Kooperation mit der Hockey Company Jena e.V. ein Inklusions-Pilotprojekt, das im Rahmen einer universitären Auswertung begleitet werden sollte. Können Sie mir einen Kontakt verschaffen? Eine entsprechende Projektskizze gibt es bereits, ; Kontakt unter xxx

Dieses Thema brauch viel Zeit, welche selten zur Verfügung steht in der Praxis.

_Antwort-ID	Start Datum und Zeit	Ende Datum und Zeit	Teilnahmestatus	1. Durch die Inklusion lern- oder körperbehinderter Sportler in allgemeine Übungsgruppen lernen alle zusammenzuarbeiten, um ein bestimmtes Ziel zu erreichen.	
				Körperbehinderte KuJ	Lernbehinderte KuJ
3814458	18.10.2012 19:40	18.10.2012 19:42	teilgenommen, aber noch nicht beendet	1	1
3818019	19.10.2012 09:54	19.10.2012 09:57	teilgenommen und beendet	1	1
3818570	19.10.2012 11:08	19.10.2012 11:21	teilgenommen und beendet	2	2
3819708	19.10.2012 13:59	19.10.2012 14:04	teilgenommen und beendet	1	1
3830796	21.10.2012 18:40	21.10.2012 18:44	teilgenommen und beendet	1	1
3831316	21.10.2012 20:01	21.10.2012 20:14	teilgenommen und beendet	1	1
3833904	22.10.2012 09:29	22.10.2012 09:35	teilgenommen und beendet	1	2
3838185	22.10.2012 16:42	22.10.2012 16:47	teilgenommen und beendet	2	2
3840415	22.10.2012 19:17	22.10.2012 19:23	teilgenommen und beendet	2	2
3840846	22.10.2012 19:38	22.10.2012 19:41	teilgenommen und beendet	2	2
3841407	22.10.2012 20:21	22.10.2012 20:32	teilgenommen und beendet	2	2
3845473	23.10.2012 08:56	23.10.2012 09:00	teilgenommen und beendet	2	2
3852045	23.10.2012 19:27	23.10.2012 19:33	teilgenommen und beendet	1	2
3874791	25.10.2012 22:31	25.10.2012 22:40	teilgenommen und beendet	2	3
3897292	29.10.2012 14:33	29.10.2012 14:43	teilgenommen und beendet	2	2

2. Es wird mehr Disziplinprobleme in meiner Übungsgruppe geben, wenn ein Teilnehmer lern- oder körperbehindert ist.		3. Sportler mit Lern- oder Körperbehinderungen werden schneller lernen, wenn sie in den Übungsbetrieb der nichtbehinderten Teilnehmer einbezogen werden.		4. Die Inklusion von Teilnehmern mit Lern- oder Körperbehinderungen in den allgemeinen Übungsbetrieb erhöht auf Seiten der Nichtbehinderten das Verständnis für individuelle Unterschiede.	
Körperbehindert e KuJ	Lernbehinderte KuJ	Körperbehindert e KuJ	Lernbehinderte KuJ	Körperbehindert e KuJ	Lernbehinderte KuJ
3	3	1	1	1	1
2	2	2	2	1	1
1	1	2	2	2	2
3	3	2	2	1	1
3	3	0	1	1	1
1	1	2	3	2	2
2	1	2	3	1	1
2	2	1	1	1	1
2	2	2	3	2	2
3	3	1	1	2	2
3	2	1	2	2	2
3	3	0	2	1	1
3	1	1	2	1	1
3	2	3	3	1	2
2	1	3	3	1	1

5. Sportler mit einer Lern- oder Körperbehinderung werden von den nichtbehinderten Teilnehmern nicht akzeptiert.		6. Die Inklusion von Sportlern mit Lern- oder Körperbehinderungen in den regulären Übungsbetrieb belastet den Übungsleiter zu sehr.		7. Im Allgemeinen haben Übungsleiter nicht die notwendige Ausbildung zur Inklusion von Sportlern mit Lern- oder Körperbehinderungen in ihren Gruppen.	
Körperbehindert e KuJ	Lernbehinderte KuJ	Körperbehindert e KuJ	Lernbehinderte KuJ	Körperbehindert e KuJ	Lernbehinderte KuJ
1	1				
2	2	2	2	2	2
3	3	2	2	1	1
3	3	3	3	2	2
3	3	3	3	2	2
3	3	1	2	2	2
2	2	2	2	1	1
2	2	2	2	1	1
3	3	2	2	2	2

5. Sportler mit einer Lern- oder Körperbehinderung werden von den nichtbehinderten Teilnehmern nicht akzeptiert.		6. Die Inklusion von Sportlern mit Lern- oder Körperbehinderungen in den regulären Übungsbetrieb belastet den Übungsleiter zu sehr.		7. Im Allgemeinen haben Übungsleiter nicht die notwendige Ausbildung zur Inklusion von Sportlern mit Lern- oder Körperbehinderungen in ihren Gruppen.	
3	3	2	2	2	2
2	2	2	2	1	1
2	2	2	2	1	1
3	3	2	2	3	3
3	3	1	1	1	2
3	3	3	3	1	2

8. Im Allgemeinen ist die Zeit im Übungsbetrieb zu knapp, um den unterschiedlichen Ansprüchen von Teilnehmern mit Lern- oder Körperbehinderungen einerseits und Nichtbehinderten andererseits gerecht zu werden.		9. Ich fühle mich hinreichend qualifiziert, den Übungsbetrieb in einer inkludierten Gruppe zu leiten.		10. Welche Übungsleiterlizenzen haben Sie?
Körperbehinderte KuJ	Lernbehinderte KuJ	Körperbehinderte KuJ	Lernbehinderte KuJ	
2	2	2	2	Fußballtrainer C-Lizenz
1	1	3	3	ÜL-C-Lizenz
3	3	1	1	C1
3	3	2	1	Trainer C Leichtathletik
1	0	2	2	c
1	1	3	2	C-Lizenz Leichtathletik und Fußball
1	1	3	3	keine
1	1	3	3	ÜL Gerätturnen
2	2	2	2	A-Lizenz Fußball
2	2	2	2	Übungsleiter
1	1	1	2	C - Trainer
2	2	1	1	d
3	2	1	1	B
1	1	3	1	Fußballtrainer C-Lizenz

11. Welche Sportart betreiben Sie hauptsächlich mit ihrer Übungsgruppe?	12. Haben Sie in ihrer Übungsgruppe Lern- oder Körperbehinderte ?	13. Haben Sie Erfahrung mit der Inklusion von Behinderten?	14. Keinen Sie die Inhalte der UN-Behindertenrechtsko nventionen?	15. Kennen Sie im privaten Bereich Personen mit Lern- oder Körperbehinderunge n?
Fußball	nein	nein	nein	ja
Leichtathletik	ja	nein	nein	ja
Kegeln	ja	ja	nein	ja
Leichtathletik	ja	ja	nein	ja
Breitensport	nein	ja	nein	ja
Fußball	nein	ja	nein	ja
Fußball	nein	nein	nein	ja
Tanz, Gymnastik, Reha-Sport	ja	ja	nein	ja
Fußball	nein	ja	nein	nein
Kegeln	nein	nein	nein	nein
Schach	nein	nein	nein	ja
Tischtennis	ja	ja	nein	ja
Handball	nein	nein	nein	ja
Fußball	nein	ja	nein	ja

16. Sie haben noch etwas auf dem Herzen? Hier ist Platz um dies mitzuteilen:
Auch im Wettkampf könnte man diese Inklusion fortschreiben, z.B. durch Nachteilsausgleich.
Zur Info Ich selbst habe beim Fußball ein Auge verloren und spiele trotzdem wieder bei den Alten Herren.
Integration von behinderten Kindern ist einfacher möglich, da Kinder bereits durch den Schulalltag oft damit vertraut sind. Zeitlich ist eine Integration im Übungsbetrieb sehr schwierig und eine echte Aufgabe für den Übungsleiter.
Das rote Sternchen wird nicht erläutert.

16. Sie haben noch etwas auf dem Herzen? Hier ist Platz um dies mitzuteilen:

Es gibt in Göttingen eine Gruppe Behinderter die sich mit dem Handball beschäftigen bzw. spielen. Das finde ich Klasse, davon sollte es mehr geben.

Im Leistungssport wären integrative Übungsgruppen unmöglich. Aber auch im Freizeit- und Breitensport gäbe es Probleme. Ich bin Trainer einer Mannschaft, wo der Spaß und nicht die Leistung im Vordergrund stehen SOLLTE. Doch an mir selbst, meinen Spielern und meiner eigenen Zeit als Spieler erkenne ich, dass immer die Leistung im Vordergrund steht und alle Erfolg haben wollen. Egal in welcher Liga man spielt. In Sportkursen und Gruppen, die an keinem Wettkampfbetrieb teilnehmen, könnte das allerdings funktionieren.

Anhang 7

Sehr geehrte Damen und Herren,

ich schreibe meine Examensarbeit zum Thema "Inklusion von Kindern und Jugendlichen mit Behinderungen im Sport".

Ich bitte Sie, mir mitzuteilen, ob es in ihrem Sportverein bereits Sportgruppen gibt, in denen Personen mit und ohne Behinderungen gemeinsam trainieren.

Weiterhin wäre ich Ihnen dankbar, diesen Fragebogen http://www.umfrageonline.com/live.php?code=91dcc6e an ihre Trainer weiterzuleiten bzw. den Fragebogen selbst kurz zu beantworten.

Der Fragebogen besteht aus 10 Fragen und wir anonym ausgewertet. Ihre Daten werden nirgends erscheinen oder weitergegeben.

Bei der Online-Umfrage (unter 5min) geht es hauptsächlich darum, ein allgemeines Meinungsbild zum Thema "Inklusion im Sport" zu entwickeln. Daher ist es wichtig, dass auch Trainer/Übungsleiter/Betreuer, welche noch keinen oder geringen Kontakt zu Personen mit Lern- und Körperbehinderungen hatten, mir durch diesen Fragebogen ihre Ansichten mitteilen.

Vielen Dank für Ihre Unterstützung:

Pieter Heubach

Link für den Fragebogen:

http://www.umfrageonline.com/live.php?code=91dcc6e

Dauer: Unter 5min

Sehr geehrte,

vielen Dank für Ihre schnelle Antwort.

Falls Sie an der Online-Umfrage teilgenommen haben, möchte ich mich bei Ihnen Bedanken.

Bei der Online-Umfrage (unter 5min) geht es hauptsächlich darum, ein allgemeines Meinungsbild zum Thema „Inklusion im Sport" zu entwickeln. Daher ist es wichtig, dass auch Trainer/Übungsleiter/Betreuer, welche noch keinen oder geringen Kontakt zu Personen mit Lern- und Körperbehinderungen hatten, mir durch diesen Fragebogen ihre Ansichten mitteilen.

Mit freundlichen Grüßen:

Pieter Heubach

Link für den Fragebogen: http://www.umfrageonline.com/live.php?code=91dcc6e

Dauer: Unter 5min

Sehr geehrte Damen und Herren,

ich schreibe meine Examensarbeit zum Thema "Inklusion von Kindern und Jugendlichen mit Behinderungen im Sport".

Ich bitte Sie, mir mitzuteilen, ob es an ihrer Schule bereits Sportunterricht gibt, in denen Personen mit und ohne Behinderungen gemeinsam trainieren. Weiterhin wäre ich Ihnen dankbar, diesen Fragebogen „http://www.umfrageonline.com/live.php?code=94851fa" kurz zu beantworten. Der Fragebogen besteht aus 10 kurzen Fragen und wird anonym ausgewertet. Ihre Daten werden nirgends erscheinen oder weitergegeben.

Bei der Online-Umfrage (unter 5min) geht es hauptsächlich darum, ein allgemeines Meinungsbild zum Thema „Inklusion im Sport" zu entwickeln. Daher ist es wichtig, dass auch LehrerInnen, welche noch keinen oder geringen Kontakt zu Menschen mit Lern- und Körperbehinderten hatten, mir durch diesen Fragebogen ihre Ansichten mitteilen.

Vielen Dank für Ihre Unterstützung:

Pieter Heubach

Link für den Fragebogen: http://www.umfrageonline.com/live.php?code=94851fa

Dauer: Unter 5min

Lightning Source UK Ltd.
Milton Keynes UK
UKHW010734180419

341238UK00002B/680/P